心理委员
标准化教程

主　编　詹启生　刘正奎　吴　捷
副主编　姚　斌　李永慧　张江华
　　　　李东艳　肖　斌　王　群

清华大学出版社
北　京

内容简介

本书围绕心理委员的工作职责与角色定位、心理健康标准、常见发展性心理问题与常见障碍性心理问题的识别、心理危机预防与应对、心理委员沟通技能以及可了解的心理疗法进行阐述，对学习、专业与职业、家庭关系、宿舍关系、恋爱关系及其他人际关系、网络使用等问题进行专题讲述，本书还围绕心理委员的性别、专业与年级等进行了综合描述。本书编委来自全国高校心理委员研究协作组108个理事单位。本书总结了从2004年天津大学首倡在全校创建心理委员制度以来，中国高校心理委员培训的16年经验。本书的编写方式为案例切入，问题引导，具有方法明确、操作性强、应用性广的特点。

本书适合作为心理委员标准化培训课程的教材，也可供各类高校中的心理健康工作者、辅导员、管理者以及对心理健康教育感兴趣的中小学教师与管理人员参考使用。

本书封面贴有清华大学出版社防伪标签，无标签者不得销售。
版权所有，侵权必究。举报：010-62782989，beiqinquan@tup.tsinghua.edu.cn。

图书在版编目(CIP)数据

心理委员标准化教程/詹启生，刘正奎，吴捷主编．—北京：清华大学出版社，2020.10（2025.1重印）
ISBN 978-7-302-56236-8

Ⅰ.①心… Ⅱ.①詹… ②刘… ③吴… Ⅲ.①大学生－心理健康－健康教育－高等学校－教材 Ⅳ.①G444

中国版本图书馆CIP数据核字(2020)第151608号

责任编辑：王剑乔
封面设计：刘　键
责任校对：刘　静
责任印制：丛怀宇

出版发行：清华大学出版社
网　　址：https://www.tup.com.cn，https://www.wqxuetang.com
地　　址：北京清华大学学研大厦A座
邮　　编：100084
社 总 机：010-83470000
邮　　购：010-62786544
投稿与读者服务：010-62776969，c-service@tup.tsinghua.edu.cn
质量反馈：010-62772015，zhiliang@tup.tsinghua.edu.cn
课件下载：https://www.tup.com.cn，010-83470410

印 装 者：三河市科茂嘉荣印务有限公司
经　　销：全国新华书店
开　　本：185mm×260mm　　印　张：9.75　　字　数：235千字
版　　次：2020年10月第1版　　印　次：2025年1月第12次印刷
定　　价：39.00元

产品编号：089005-01

编 委 会

主　编：詹启生　刘正奎　吴　捷
副主编：姚　斌　李永慧　张江华　李东艳　肖　斌　王　群

编委(以姓氏拼音排序)：

曹玮(浙江师范大学)
丁闽江(福建中医药大学)
高娟(山东劳动职业技术学院)
高玮(四川师范大学)
郭彦霞(河南中医药大学)
侯燕(扬州大学)
胡铂(秦皇岛职业技术学院)
焦文洁(西安石油大学)
康纯佳(滨州学院)
孔祥军(山东第一医科大学)
李东艳(北京林业大学)
李凤梅(南阳理工学院)
李积鹏(天津商业大学)
李建耀(南昌航空大学)
李静娴(岭南师范学院)
李丽(贵州财经大学)
李雪飞(长安大学)
李永慧(华东理工大学)
梁宇颂(武汉理工大学)
刘春雷(吉林师范大学)
刘玲玲(江西师范大学)
刘明波(复旦大学)
刘取芝(河海大学)
刘晓佳(吉林铁道职业技术学院)
刘正奎(中国科学院心理研究所)
刘忠岳(济南工程职业学院)
钱淑红(东北林业大学)
乔佳(江苏师范大学科文学院)
尚宇红(河南工业大学)
沈克祥(中国科学技术大学)
史秀玉(浙江交通职业技术学院)
索梦弦(兰州大学)
王红菊(山东农业大学)
王敬群(江西师范大学)

王立前(河北轨道运输职业技术学院)
王青华(江西师范大学)
王群(重庆大学)
王文霞(兰州理工大学)
王铿(河北医科大学)
王自华(河北工业大学)
魏争(太原理工大学现代科技学院)
吴捷(天津师范大学)
吴青芳(华东理工大学)
吴冉(华东师范大学)
武艺(天津音乐学院)
肖斌(中国科学院大学)
肖琼(西安石油大学)
肖文学(辽宁工程技术大学)
杨爽(天津商业大学)
姚斌(西安交通大学)
叶芹(绵阳职业技术学院)
尹明证(安徽财经大学)
余金聪(中南财经政法大学)
詹启生(天津大学)
张虹(新疆财经大学)
张洪英(西北工业大学)
张慧敏(河北工业大学)
张江华(中南大学)
张晶(浙江海洋大学)
张丽波(长春工业大学)
张雪婷(河北农业大学)
张影侠(济南工程职业技术学院)
赵军(南昌航空大学)
赵军燕(首都师范大学)
赵卫平(南阳理工学院)
赵志川(河北经贸大学)
钟志兵(江西中医药大学)
周颖萍(济南职业学院)

序 1

收到詹启生老师发来的《心理委员标准化教程》电子版书稿,我非常欣喜！2019年4月参加教程编委会第一次会议时,我曾在发言中提到,心理委员是高校社会心理服务体系建设的一支重要队伍,标准化是社会心理服务规范发展的必由之路,《心理委员标准化教程》是很好的探索,期待早日看到成书。短短一年时间,其间还经历了新冠肺炎疫情,高校的心理工作者几乎都在疫情期间投身紧急而繁重的心理援助工作,仍然没有耽误书稿编写进程,最终形成了这本兼具科学性、实操性和规范性的标准化教程,所有编者为这项事业付出的努力让我肃然起敬。

《心理委员标准化教程》自始至终重视科学性。我在参加本书编委会第一次会议时了解到,心理委员制度的建立源于2004年天津市教委资助的科研课题,研究在高校以"心理委员"为基础建立危机干预快速反应机制。这个课题是具有前瞻性的,特别是在高校心理服务需求越来越凸显的当下,在社会基本矛盾发生变化、人们的心理需求与物质需求共同构成"美好生活需要"的当下,我越发能够感受到心理委员制度的必要性、心理委员工作的重要性。心理学是一门科学,使用心理学研究成果服务社会,首先需要尊重心理服务本身的科学性。《心理委员标准化教程》在2004年课题研究的基础上,对心理委员的角色定位、主要任务、机制建设等进行了长期探索和积累,对心理委员开展心理服务的技术和方法进行了详细阐述,从诞生到发展,一直遵循心理学应用研究和社会实践的科学性,这一点是难能可贵的。

《心理委员标准化教程》自始至终强调实操性。这是我在阅读全书过程中的强烈感受。我参与2019年全国社会心理服务体系建设试点工作以来,调研了不少社区、中小学、医院,但还没有深入调研高校,对学校心理委员具体如何开展工作不是很了解。通读本书后,我感觉比自己实地调研的收获更全面、更生动。本书写作的体例是以"问题"为导向,针对高校学生可能遇到的心理方面的需求,以及心理委员发挥作用的关键环节,逐章就一个主题进行详细阐述,每一个案例都来自实践,对问题的阐述紧扣实践,对心理委员如何发挥作用更是立足实践。从实践中提炼形成的教学内容是非常有生命力和说服力的。

《心理委员标准化教程》自始至终体现规范性。社会心理服务在我国的发展尚处于起步阶段,公众对社会心理服务的认识也处于不断提升的过程中。社会心理服务又是覆盖全人群和社会生活各个方面的一项工作。为此,2016年原国家卫生计生委等22个部委联合发文,出台《关于加强心理健康服务的指导意见》,这也是我国第一份心理服务的政府指导性文件,文中专门提到,各部门、各行业对所属心理健康服务机构和人员加强培训、继续教育及规范管理,制定本部门、本行业心理健康服务标准和工作规范,明确岗位工作要求,定期进行考评。心理委员作为高校社会心理服务体系建设的一分子,首先加强标准化建设,真是很好、很有益的探索。

心理委员这个社会角色在中国已有16年的发展历史。16年,从无到有,再到茁壮成长,而且一定会继续发展并发挥更大的作用。做出这个预测的原因在于,社会的心理需求正在不断增加。这种心理需求不仅是对解决心理问题、促进心理健康的需求,更是对提升心理素质、提高生活品质的需求。在人群中,发生心理行为问题,甚至罹患精神障碍的人群占有一定比例,但只是人群中的极少数。大部分人所面临的心理问题其实是人生烦恼,在大学生群体中可以称为"成长的烦恼"。心理委员这个社会角色诞生之初的角色定位是"危机干预",但发展到现阶段,除了危机干预,更多的职责是通过学习和掌握的一些科学方法,帮助同伴获得成长和追求更好的生活,在人生发展的关键期助力身心健康成长。

在高校中,社会心理服务的需求在增长。在全社会,社会心理服务的需求也在增长。正因为如此,2016年以来中央密集出台了一系列加强心理服务的举措。2016年8月,习近平总书记在全国卫生与健康大会上强调"要加大心理健康问题基础性研究,做好心理健康知识和心理疾病科普工作,规范发展心理治疗、心理咨询等心理健康服务"。2016年12月,22部委《关于加强心理健康服务的指导意见》正式推出。2018年11月,国家卫健委、中央政法委等10部委联合印发《全国社会心理服务体系建设试点工作方案》,明确在全国60个以上设区市(包括直辖市的城区)作为试点。2019年7月,国务院启动"健康中国行动(2019—2030)",心理健康促进行动是十五个专项行动之一。

国家很重视、社会有需求、发展有基础、作用不可替代。我想,每一位心理委员,每一位为心理委员事业的发展付诸努力、做出贡献的心理学工作者,都能够感受到这一点,也都能够感受到前进的动力。社会在飞速前进,新冠肺炎疫情使传统的面对面心理服务很难开展,极大地推动了"互联网+心理服务"的发展,进而也推动了各种心理服务伦理规范的建设。这些心理服务的新发展也会不断推动心理委员的规范化发展。事业的发展没有止境,唯有不断努力、不断前进。

再次感谢詹启生老师及各位编者,向你们致敬!

陈雪峰

中国科学院心理研究所副所长

2020年7月3日

序 2

2017年,习近平总书记在党的十九大报告中指出"加强社会心理服务体系建设,培育自尊自信、理性平和、积极向上的社会心态",这一方面体现了党对全民心理健康的重视;另一方面为全国心理健康工作者指明了方向。

为了落实到心理健康工作服务,2018年7月6日,教育部党组发布《高等学校学生心理健康教育指导纲要》,明确指出推进知识教育、开展宣传活动、强化咨询服务与加强预防干预四个主要任务。特别地,在论及"加强预防干预"的主要任务时,强调指出:"健全心理危机预防和快速反应机制,建立学校、院系、班级、宿舍'四级'预警防控体系,完善心理危机干预工作预案,做好对心理危机学生的跟踪服务。"高校心理健康工作乃至整个社会的心理健康工作都是千头万绪的,需要全体心理健康工作者的共同努力。

2004年,天津大学在全校范围内首次创建以"心理委员"为基础的危机干预快速反应机制,并且迅速得到了全国各高校的响应。心理委员的创建为"学校、院系、班级、宿舍'四级'预警防控体系"的建立奠定了实体队伍基础。

天津大学詹启生博士致力于心理委员工作的实践与研究,并在2006年发起组织了全国高校心理委员研究协作组,举办了首届全国高校心理委员工作研讨会,至2019年共举办了十四届心理委员工作的专题研讨,积累了大量心理委员遴选、培训、评价与激励的成果。心理委员工作的关键点之一就是做好相应的培训,全国高校心理委员研究协作组在心理委员培训教材建设方面做了大量的专题讲座、课程教学与心理委员MOOC教学等。从2019年年初,由詹启生、刘正奎、吴捷等组织策划主编的《心理委员标准化教程》(以下简称《教程》)在高校心理健康工作中具有重要意义。《教程》紧密结合大学生心理健康的主题,大量工作案例来自40多位一线从事心理委员工作与高校学生心理健康工作的教师,有的工作案例直接来自各高校优秀心理委员或全国百佳心理委员的工作实践,这将有助于提高心理委员培训的实效。《教程》的出版不仅有利于心理委员开展日常工作,也为心理委员筹办各种活动等提供指导。

2017年,天津师范大学首次发起并主办了天津市第一届心理委员职业技能大赛,这是第一次在全国各省、市、区范围内举行的心理委员职业技能大赛。2018年,由天津师范大学与天津大学联合主办了第一届全国高校心理情景剧大赛,此大赛实际上也是从心理委员开展的班级心理情景剧开始的。两个大赛都呈现出同一个议题:心理委员工作迫切需要规范化与标准化。《教程》对心理委员需要掌握的知识与技能用标准化的要求来设计,将有利于进一步推动上述系列工作。

《教程》的出版对心理委员开展班级学生心理健康工作具有一定的指导作用，为广大大学生的心理健康起到保驾护航的作用！

白学军

中国心理学会原理事长

天津师范大学副校长

教育部人文社会科学重点研究基地——天津师范大学心理学部部长

2020年6月28日

前 言
FOREOWRD

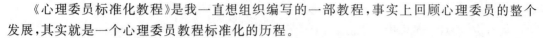

《心理委员标准化教程》是我一直想组织编写的一部教程,事实上回顾心理委员的整个发展,其实就是一个心理委员教程标准化的历程。

2004年,天津大学在全校各年级的本科生、硕士生与博士生中实施心理委员制度,并产生了1119名2000级至2004级的首批心理委员。心理委员作为专职心理咨询师视角的延伸、辅导员与学生之间的桥梁,在高校学生心理健康工作中发挥了重要的纽带作用,是学生心理危机早发现的至关重要的力量。当然,让心理委员充分发挥作用的前提条件是做好心理委员的培训工作。

为了做好心理委员的培训,我首先编制了《天津大学心理委员工作手册》,并免费给每一位心理委员发放,16年来,手册的内容每年更新。与此同时,我于2006年在天津大学组织发起首届全国高校心理委员研讨会时,还特地联合所有参会的教师共同策划编写了一本《心理委员工作手册》,在2007年由哈尔滨工业大学出版社出版,并在第二届全国高校心理委员工作研讨会上正式发布。《心理委员工作手册》的出版标志着心理委员的规范化培训迈出了重要一步。直到2011年3月,由人民出版社出版发行《心理委员的基础知识与实用技能》,从而把心理委员的专题培训发展为课程化教学。

实际上,第一次接受课程化教学的是2010级全体心理委员,距今已经整整十年了。十年来,我几次到美国访学,学习交流美国的朋辈辅导培训经验,在2016年开始尝试心理委员MOOC教学,并在2017年开始创建心理委员MOOC平台,组织全国21所高校的29名心理专家录制了首批心理委员MOOC,这是把纸质版的《心理委员的基础知识与实用技能》首次实行网络化,也是心理委员培训教程标准化在新时代的新成果与新发展。

随着心理委员培训经验的日积月累,特别是自2006年以来一年一度的全国高校心理委员工作研讨会的举办,也为心理委员培训提供了大量教学示范。

正式启动《心理委员标准化教程》的编写是在2019年1月12日全国高校心理委员研究协作组常务理事(南京大学)会议之后,在总结全国心理委员MOOC视频的基础上,精选知识、优化案例、会谈技术实用化与操作化等,朝着打造精品课程的方向努力。近两年来,全体编委会的团队先后召开了8次会议(3次线下会议,5次线上会议)。

第一次《心理委员标准化教程》编委会会议于2019年4月27—28日在南昌航空大学召开,中国科学院心理研究所副所长陈雪峰、中国科学院心理研究所研究员刘正奎、中国心理学会心理学标准与服务研究委员会主任梅建以及40多位编委出席。

第二次《心理委员标准化教程》编委会会议于2019年9月28—29日在天津大学召开,天津市心理健康发展中心主任吴捷以及40多位编委出席。

第三次《心理委员标准化教程》编委会会议于 2019 年 11 月 14—15 日在四川师范大学召开。

第四次《心理委员标准化教程》编委会会议于 2020 年 2 月 2 日（星期日）晚 7:30—9:00 召开网络会议。2020 年 2 月 23 日（星期日）晚 7:00—8:00 召开主编网络会议。

第五次《心理委员标准化教程》编委会会议于 2020 年 3 月 2 日（星期一）晚 7:30—9:00 召开网络会议。2020 年 4 月 1 日（星期三）晚 7:00—8:00 召开主编网络会议。

第六次《心理委员标准化教程》编委会会议于 2020 年 4 月 2 日（星期四）晚 7:30—9:00 召开网络会议。2020 年 4 月 11 日（星期六）晚 7:00—8:00 召开临时主编网络会议。

第七次《心理委员标准化教程》编委会会议于 2020 年 5 月 4 日（星期一）晚 7:30—9:00 召开网络会议。2020 年 5 月 17 日（星期日）晚 7:00—8:00 召开主编网络会议。

第八次《心理委员标准化教程》编委会会议于 2020 年 6 月 1 日（星期一）晚 7:30—9:00 召开网络会议。

每一次编委会会议时，大家都不断在章节结构与细节内容上进行充分讨论，不断完善相关内容。各个章节形成专题小组，各位主编与副主编参与具体章节讨论，主编与副主编还定期、不定期开会讨论或随时两两讨论。正是大家无私地付出，才终于有了《心理委员标准化教程》的出版。在此感谢所有参与此教程编写的教师们，所有为此教程编写提出过建议的教师们。

参与此教程编写的教师及各自编写的章节情况如下。

詹启生编写第一章第一节与第二节、第七章第一节合理情绪疗法、第十五章与第十六章；肖斌与王立前编写第一章第三节；刘明波与王铎编写第一章第四节。

李永慧编写第二章与第七章第一节。

姚斌编写第三章第一节；郭彦霞编写第三章第二节。

张江华编写第四章。

赵卫平编写第五章第一节；李凤梅编写第五章第二节；梁宇颂编写第五章第三节。

李雪飞编写第六章第一节与第二节；周颖萍编写第六章第三节；侯燕编写第六章第四节与第五节；李东艳编写第六章第六节。

王自华编写第七章第一节安全岛技术与 PM＋技术；赵军燕编写第七章第一节系统脱敏法与冲击疗法；肖文学编写第七章第二节。

孔祥军编写第八章第一节；王群编写第八章第二节。

肖琼、焦文洁与吴青芳编写第九章。

吴冉编写第十章第一节；高玮、张洪英编写第十章第二节。

张雪婷编写第十一章第一节；杨爽编写第十一章第二节；刘取芝、王文霞、武艺、蔡淑婷参与了本章部分案例等的撰写。

曹玮、刘忠岳、张影侠编写第十二章第一节；王敬群、刘玲玲、王青华编写第十二章第二节。

王红菊、余金聪编写第十三章第一节；余金聪编写第十三章第二节。

尹明证编写第十四章第一节；沈克祥、魏争编写第十四章第二节。

感谢我的研究生许俊、张晨、李承泽、刘新颖、刘美、王琴、夏天宇、丁奕文、张舒雅、张丽莎、刘洋所做的大量幕后工作与默默付出。

感谢姚斌、李永慧、张江华、李东艳、肖斌、王群六位副主编辛勤地工作,我们一起在网上讨论书稿的日子铭刻心间,终生难忘。

感谢中国科学院心理研究所副所长陈雪峰、中国科学院心理研究所研究员刘正奎、中国心理学会心理学标准与服务研究委员会主任梅建在百忙之中专程前往南昌参加首届编委会会议,对本书的编写给予指导并提出要求。感谢天津师范大学心理学部副部长吴捷莅临第二次编委会会议,给全体编委提出编写建议。

感谢清华大学出版社编辑的鼎力支持,在疫情期间以绿色通道快速运行的方式支持着本书的出版!

詹启生

2020年6月23日于北洋园

目录
CONTENTS

第一章　心理委员工作概述 ·· 1
　　第一节　心理委员角色发展历史 ·································· 1
　　第二节　心理委员的工作职责与角色定位 ·························· 4
　　第三节　心理委员工作可参照的相关法规和伦理 ···················· 5
　　第四节　心理委员工作与朋辈咨询的关系 ·························· 9

第二章　心理委员应掌握的心理健康标准 ·························· 14
　　第一节　心理健康的概念 ······································· 14
　　第二节　心理健康的标准 ······································· 15

第三章　常见发展性心理问题及识别 ······························ 17
　　第一节　心理发展与发展性心理问题 ····························· 17
　　第二节　常见发展性心理问题的识别 ····························· 20

第四章　心理委员对异常心理现象的识别 ·························· 26
　　第一节　抑郁症与双相情感障碍 ································· 26
　　第二节　厌食症、贪食症与强迫症 ······························· 29
　　第三节　精神分裂症 ··· 33

第五章　心理委员应掌握的心理危机知识 ·························· 35
　　第一节　心理危机概述 ··· 35
　　第二节　心理危机的排查 ······································· 37
　　第三节　心理危机的干预 ······································· 41

第六章　心理委员的人际沟通技术 ································ 43
　　第一节　倾听 ··· 43
　　第二节　询问 ··· 45
　　第三节　共情 ··· 47
　　第四节　积极关注 ··· 50

第五节　无条件接纳 ……………………………………………………… 52
　　第六节　其他会谈技术 …………………………………………………… 54

第七章　心理委员需要了解的心理疗法与技术 ………………………………… 56
　　第一节　个体心理疗法与技术 …………………………………………… 56
　　第二节　团体心理行为训练技术 ………………………………………… 63

第八章　心理委员如何应对学业问题 …………………………………………… 67
　　第一节　大学生常见的学业困惑 ………………………………………… 67
　　第二节　心理委员对学业问题的应对 …………………………………… 72

第九章　心理委员如何应对专业与职业发展 …………………………………… 78
　　第一节　大学生专业与职业发展的心理困扰 …………………………… 78
　　第二节　心理委员的应对与朋辈互助 …………………………………… 83

第十章　心理委员对家庭问题的应对 …………………………………………… 88
　　第一节　大学生常见的家庭困惑 ………………………………………… 88
　　第二节　心理委员对家庭问题的应对 …………………………………… 93

第十一章　心理委员对宿舍关系的应对 ………………………………………… 98
　　第一节　宿舍关系常见问题表现 ………………………………………… 98
　　第二节　宿舍关系问题的应对 …………………………………………… 102

第十二章　心理委员如何应对恋爱问题 ………………………………………… 107
　　第一节　大学生常见恋爱问题 …………………………………………… 107
　　第二节　心理委员对恋爱问题的应对 …………………………………… 112

第十三章　其他人际交往问题 …………………………………………………… 119
　　第一节　大学生常见的其他人际交往问题 ……………………………… 119
　　第二节　心理委员对人际交往问题的应对 ……………………………… 121

第十四章　心理委员如何应对网络过度使用问题 ……………………………… 125
　　第一节　大学生网络过度使用的概述 …………………………………… 125
　　第二节　心理委员面对大学生网络过度使用的应对策略 ……………… 127

第十五章　心理委员的性别、专业、人际关系与其工作实务 ………………… 132
　　第一节　性别与心理委员 ………………………………………………… 132

第二节 专业与心理委员 …………………………………………………………… 134
第三节 人际关系与心理委员 ……………………………………………………… 135

第十六章 心理委员对心理问题的分年级筛查 …………………………………………… 137

第一节 本科生心理问题的分年级筛查 …………………………………………… 137
第二节 研究生心理问题的分年级筛查 …………………………………………… 138

参考文献 …………………………………………………………………………………… 141

第一章

心理委员工作概述

第一节 心理委员角色发展历史

心理学在1879年成为一门正式的科学,而心理委员在2004年成为一个正式的社会角色,彼此相距125年,它们之所以成为一个标志性的年限,是因为它们分别有标志性实质内容。

1879年,心理学才开始成为正式的科学,其标志性是德国心理学家威廉·冯特在莱比锡大学建立了第一个心理实验室。

2004年,在毫无经验借鉴的背景下,天津大学独立开展探索,经天津市教委批准,"建立以'心理委员'为基础的危机干预快速反应机制的研究"科研课题得以立项,同时在2004年独立完成了"创建配备心理委员的新班委,建立心理危机干预的新机制"为主题的全校调研。基于心理委员的调研数据,在时任校党委副书记于立军与时任学工部部长李义丹的亲自主持下召开两次关于创建心理委员制度的专题研讨,最终确定在天津大学建立心理委员制度。调研数据撰写成论文并投稿核心期刊《高等工程教育研究》,论文正式发表。[①]

心理委员作为新的社会角色正式诞生的标志性内容具体体现在以下四个方面。

一是首次理论上论证。第一次系统地从理论上论证了创建班级心理委员制度的必要性与可行性,以上关于心理委员研究与论证的论文也是至今在CNKI中以"心理委员"为关键词查询到的第一篇论文。

二是首次开拓性实践。第一次在全校范围内的各学院、各年级、各班级全覆盖地建立了班级心理委员制度,从2000级到2004级本、硕、博中同时遴选设立心理委员1119名,在毫无相关经验借鉴的情况下进行了开拓性实践。

三是首次规范性实施。首次出版了每位心理委员人手一份的《心理委员工作手册》,手册中系统地规范了心理委员的遴选、职责、培训、考核等内容,使心理委员制度在其他高校得以实施具备了良好的可操作性。

四是首次全国性报道。2015年1月19日,《中国青年报》首次以"班里有了心理委员"为标题进行了全国性报道,为心理委员制度在全国高校得以推广创造了良好的舆论基础。

天津大学心理研究所不仅第一次开拓性地在全校范围内实施心理委员制度,而且从一

---

① 詹启生,李义丹.建立大学生心理危机干预新模式[J].高等工程教育研究,2005(3):44-47.

开始就注重心理委员工作的研究,以科学研究为基础提出心理委员制度,又以科学研究为基础推进心理委员制度。

2006年12月,为实现心理委员工作的规范化发展,天津大学又开拓性地组织了首届全国高校心理委员工作研讨会(原称"全国首届'班级心理委员'工作机制研讨会")。

此次会议取得了以下三项重要成果。

第一,成立了"全国高校心理委员研究协作组"。经天津大学心理研究所所长詹启生提议,为了加强对心理委员工作的研讨,建议由参会代表组成一个关于"心理委员"的专门研究组织。此提议得到了所有参会代表的肯定,经大家充分讨论,最后通过举手表决,一致同意成立研究机构,名称为"全国高校心理委员研究协作组",并选出天津大学为组长单位,中国科学技术大学、北京林业大学、天津理工大学、合肥工业大学、浙江大学、浙江海洋学院(2016年3月更名为浙江海洋大学)等高校为副组长单位,北京交通大学、哈尔滨工业大学、中国民航大学以及来自吉林、山东、河南、陕西等省市的高校全部为发起成员单位。"全国高校心理委员研究协作组"负责主办"全国高校心理委员工作研讨会",并确定此研讨会的具体时间、具体地点以及每届会议研讨的主题等。

第二,经"全国高校心理委员研究协作组"讨论,确定了今后三年举办"全国高校心理委员工作研讨会"的时间与地点。其中第二届全国高校心理委员工作研讨会将于2007年在中国科学技术大学举行(后因故改为在天津大学举行,中国科学技术大学承办第五届会议),第三届全国高校心理委员工作研讨会将于2008年在北京交通大学举行,第四届全国高校心理委员工作研讨会将于2009年在浙江海洋学院举行。同时还确定了第二届研讨会的主题为心理委员与心理素质拓展。

第三,大会决定成立"全国十七所高校《心理委员工作手册》编写组",并就出版的细节进行了充分的讨论。哈尔滨工业大学出版社负责承担了有关出版事宜。

到目前为止,全国高校心理委员工作研讨会已经成功举办了十四届,同时确定了未来两年会议的承办单位。各届会议的举办时间与承办单位如下。

第一届全国高校心理委员工作研讨会(2006,天津大学)
第二届全国高校心理委员工作研讨会(2007,天津大学)
第三届全国高校心理委员工作研讨会(2008,北京交通大学)
第四届全国高校心理委员工作研讨会(2009,浙江海洋学院)
第五届全国高校心理委员工作研讨会(2010,中国科学技术大学)
第六届全国高校心理委员工作研讨会(2011,中山大学)
第七届全国高校心理委员工作研讨会(2012,中南大学)
第八届全国高校心理委员工作研讨会(2013,华北电力大学)
第九届全国高校心理委员工作研讨会(2014,西安电子科技大学)
第十届全国高校心理委员工作研讨会(2015,天津交通职业学院)
第十一届全国高校心理委员工作研讨会(2016,南阳理工学院)
第十二届全国高校心理委员工作研讨会(2017,南京大学)
第十三届全国高校心理委员工作研讨会(2018,安徽财经大学)
第十四届全国高校心理委员工作研讨会(2019,四川师范大学)
第十五届全国高校心理委员工作研讨会(2020,中国科学院大学)

第十六届全国高校心理委员工作研讨会(2021,桂林理工大学)

心理委员作为高校学生骨干成员之一,其独特的角色定位在持续研究与规范化发展中正在不断走向成熟。

在过去已经开展的十四届全国高校心理委员工作研讨会中,特别是在梳理中国心理委员创建历史过程中,也不断发现一些关于心理委员工作的早期探索的重要文献资料,如中国农业大学于2004年在全校各本科生班级中开始设置心理委员,成为最早一批探索班级心理委员制度的高校之一;西安交通大学在2004年4月9日下午4:30举行心理联络员培训班开学典礼,并且把心理联络员设置在班上,为班级心理委员的诞生迈出了关键的一步。

回顾心理委员发展的16年历程并展望未来,心理委员工作大概可以分为以下四个阶段。

第一阶段:心理委员工作的初期探索阶段(2004—2006年)。在初期探索阶段,各高校分别基于本校的情况,尝试在本校建立心理委员制度。此阶段的心理委员角色定位基本集中在以"心理委员"为基础的危机干预快速反应机制方面,心理委员扮演的最重要的角色是协助做好学生心理危机问题的早发现,培训工作则集中在危机预防与干预专题方面。

第二阶段:心理委员工作的协作发展阶段(2006—2017年)。在协作发展阶段,2006年12月在天津大学召开首届全国高校心理委员工作研讨会,并成立全国高校心理委员研究协作组,标志着心理委员工作进入了高校之间联合协作、密切交流、共享经验、共同发展的时期。直到2017年在南京大学举办第十二届全国高校心理委员工作研讨会,心理委员工作进入快速发展的阶段。这11年间,心理委员工作处在稳步发展过程中,步伐虽稳但发展相对比较缓慢。11年间全国高校心理委员研究协作组理事单位从2006年第一届的7所高校,到2016年第十一届的33所高校,十年增加了26所理事高校。而2017年净增加理事高校22所,全国高校心理委员研究协作组理事单位总数达到55所。

在协作发展阶段,全国高校心理委员研究协作组的培训事务也从专题化教学逐步发展到课程化教学,并进而发展为MOOC教学。

第三阶段:心理委员工作的制度建设阶段(2017—2019年)。2017年,第十二届全国高校心理委员工作研讨会的重大成果不仅体现在理事高校数量的快速增长,也体现在全国高校心理委员工作平台的创建等方面。在信息化发展的时代,充分发挥互联网的优势,整合优势资源,全力推进心理委员培训工作的网络化建设,为全国心理委员MOOC建设奠定了基础。正是在第十二届全国高校心理委员工作研讨会(南京大学会议)的推动下,对如何规范协作组的队伍建设提出了新的要求。

在2017—2019年的三年时间内,全国高校心理委员研究协作组已经成功完成了基本的制度化建设。最重要的是通过了《全国高校心理委员研究协作组工作条例》,对理事、常务理事、组长等的产生与换届提出了明确方案。同时根据条例在2019年11月举行的第十四届全国高校心理委员研究协作组理事会议上完成了组长换届,为心理委员工作的制度化建设迈出了最关键的步伐。

在心理委员工作的制度建设阶段,还建立了常务理事的分工制度、理事单位的新增与退出机制、全国高校心理情景剧大赛制度、全国百佳心理委员的遴选制度、全国高校心理委员工作平台运行与监管机制、全国高校心理委员工作示范单位评选制度等。

第四阶段:心理委员工作的全面深化阶段(2020—2022年)。全国高校心理委员研究协作组将在制度化发展的基础上,利用大约三年的时间把当前开创的各项工作全面深化,建立品牌,为建立有中国特色的心理危机问题早发现与早干预机制做出更大的贡献。2022年是国际应用心理学大会在中国举办之年,争取到2022年逐步开创建立国际朋辈辅导论坛。同时继续保持开拓创新,将心理委员工作的开展不断推进到新阶段!

第二节 心理委员的工作职责与角色定位

心理委员工作在中国自2004年起步,至今已经走过了16年的历程。通过16年来的执着探索,关于心理委员的工作职责与角色定位皆达成了一定共识。

一、心理委员的工作职责

当前对心理委员的工作职责有了比较规范化的内容。心理委员的工作职责主要就是讲述"心理委员可以做的事",同时也提示"心理委员不可以做的事"。具体包含十一条。

(1)保密原则。心理委员对自己所从事的工作必须严格遵守保密原则。

(2)心理委员负责全班同学的心理问题工作。考虑男女性别差异,心理委员分男心理委员与女心理委员。其中,男心理委员主要负责全班男生心理问题工作,女心理委员主要负责女生心理问题工作。男心理委员与女心理委员的工作内容可以交叉进行。

(3)心理委员应敏锐观察并及时记录本班学生心理变化动态。参照《心理委员工作手册》的"常见心理问题的识别"与"应急心理问题的识别"。

(4)心理委员对本班同学所观察到的"常见心理问题"与"应急心理问题"应按规定程序进行汇报。报告包含两种方式:一是口头汇报;二是书面汇报。

(5)心理委员对"常见心理问题"的汇报实行"零报告"制度。心理委员要做好每月记录,并且至少应在学期结束前一周之内把"零报告"结果向所在学院的心理辅导员汇报一次。

(6)心理委员对"应急心理问题"的汇报实行"即时报告"制度。与心理辅导员或学校心理咨询中心及时联系。

(7)心理委员在面对本班同学向心理委员本人提出的心理援助时,心理委员应严格按照手册中提供的"心理学常识与心理咨询常识"进行。在超出自身的干预能力范围时,心理委员应及时向有关同学建议转介到校心理咨询中心。

(8)心理委员协助学校心理咨询中心做好一年一度全班同学的心理建档工作。

(9)定期收集本班同学提出的一般性心理困惑问题并及时反馈到上一级机构寻求专业解答。

(10)对需要做心理测验的同学进行集中登记并与心理咨询部门取得联系。

(11)组织开展全班性的其他相关心理活动,如组织编创班级心理情景剧等。

二、心理委员的角色定位

社会角色是个体在特定的社会关系中的身份及由此而规定的行为规范和行为模式的总和。心理委员作为一个社会角色也需要做内涵界定,心理委员就是负责班级同学心理健康事务的干部成员。

结合角色理论,心理委员角色可以包括角色行为边界、角色认知、角色学习、角色期待、角色实践以及角色冲突等内容。

心理委员角色行为边界是与心理委员的工作职责密切相关的,其中可以区分为可以做的事务与不适合做的事务等。

心理委员的角色认知是根据心理委员所实际表现出来的各种言语、行为以及表情、姿态等来认识心理委员,从而形成对心理委员这个社会角色的认知。

心理委员的角色学习是准备担任心理委员的学生接受任职前的一系列培训,也是一名学生从准心理委员到正式心理委员的过渡阶段。

从角色期待的视角来看,心理委员的角色可概括为以下四类。

(1) 自身心理健康维持的示范者。
(2) 心理健康基本知识的宣传者。
(3) 同学心理健康维护的支持者。
(4) 心理危机问题学生的发现者。

心理委员的角色实践是心理委员在角色期待、角色认知或领悟的基础上,在自己所处班级表现其社会角色的过程,也就是正式行使心理委员的日常职责的过程。

心理委员的角色冲突可以分为心理委员的角色间冲突与心理委员的角色内冲突。前者是指心理委员的两个或两个以上角色之间的矛盾所导致的冲突,后者是指由于不同人群对心理委员有不同的期待所引起的冲突。

第三节 心理委员工作可参照的相关法规和伦理

心理委员通过推荐自荐、教育培训、考核评估等程序产生,同时具有高校学生干部和准心理学工作者两类角色的工作性质。心理委员开展工作,需要依照《中华人民共和国教育法》《普通高等学校学生管理规定》《中华人民共和国精神卫生法》等多项法律、法规中的相关内容进行。

一、心理委员在工作中涉及的法律、法规和相关政策

(一) 基于高校学生干部角色的心理委员工作职能及要求

基于高校学生干部角色的心理委员工作职能及要求具体如下。

(1) 遵纪守法。《中华人民共和国高等教育法》第五十三条规定:高等学校的学生应当遵守法律、法规,遵守学生行为规范和学校的各项管理制度,尊敬师长,刻苦学习,增强体质,树立爱国主义、集体主义和社会主义思想,努力学习马克思列宁主义、毛泽东思想、邓小平理论,具有良好的思想品德,掌握较高的科学文化知识和专业技能。

作为一名大学生,需要依照国家和学校的各项规章制度,规范自身行为,提升思想境界。

(2) 注重心理疏导。《普通高等学校学生安全教育及管理暂行规定》第七条规定:高等学校对学生进行安全教育须注重心理疏导,加强思想政治工作,教育学生注意保持健康的心理状态,帮助学生克服因各种原因造成的心理障碍,把事故消除在萌芽状态。

心理委员是由班级学生担任,是更了解学生生活和心理变化的人员,因此在关注同学心理健康水平和预防危机产生等方面有着至关重要的责任和作用。

(3) 不诊断、不治疗、要保密。《中华人民共和国精神卫生法》第二十三条规定:心理咨询人员应当提高业务素质,遵守执业规范,为社会公众提供专业化的心理咨询服务。心理咨

询人员不得从事心理治疗或者精神障碍的诊断、治疗。心理咨询人员发现接受咨询的人员可能患有精神障碍的,应当建议其到符合本法规定的医疗机构就诊。心理咨询人员应当尊重接受咨询人员的隐私,并为其保守秘密。

心理委员需做到以下几点:第一,担任心理委员工作,需要遵守相应的规范并且不断提高自身能力;第二,心理委员不治疗、不诊断同学;第三,在工作过程中发现自身胜任力不足,应该告知受助者,并为其提供合适的转介机构;第四,心理委员除保密例外部分必须尊重并保护受助者的隐私,其保密内容包括但不限于姓名、肖像、住址、工作单位、病历资料以及其他可能推断出其身份的信息。

(4) 不伤害。《中华人民共和国精神卫生法》第七十六条包含的内容有:心理咨询人员、专门从事心理治疗的人员在心理咨询、心理治疗活动中造成他人人身、财产或者其他损害的,依法承担民事责任。

心理委员在从事助人工作的过程中,不得利用、索取、损害他人的生命财产安全。

(二) 相关部门对心理委员工作的监督和支持

相关教育部门应为心理委员提供支持和成长空间,心理委员也需要配合相关部门完成有关工作。

(1) 不影响学业,服从管理。《中华人民共和国高等教育法》第五十六条规定:高等学校的学生在课余时间可以参加社会服务和勤工助学活动,但不得影响学业任务的完成。高等学校应当对学生的社会服务和勤工助学活动给予鼓励和支持,并进行引导和管理。第五十七条规定:高等学校的学生,可以在校内组织学生团体。学生团体在法律、法规规定的范围内活动,服从学校的领导和管理。

心理委员开展心理活动时需要在法律、法规的规定内进行,并保证自己学业任务不受影响,接受学校对活动的引导和管理,参加学校组织的学习和培训活动。

(2) 分级处置,及时报备。《中华人民共和国精神卫生法》第十四条规定:各级人民政府和县级以上人民政府有关部门制定的突发事件应急预案,应当包括心理援助的内容。发生突发事件,履行统一领导职责或者组织处置突发事件的人民政府应当根据突发事件的具体情况,按照应急预案的规定,组织开展心理援助工作。

在学校内部,相关部门也需要制定突发事件的应急预案,主要的干预方在学校的相关部门、心理健康中心、危机情况出现的对应学院,以及与学校协同合作的相关医院。心理委员首先作为非心理学专业人员,不具备心理咨询以及干预的能力,同时出于对心理委员身心健康以及危机事件当事人隐私两方面的保护,应在必要的情况下减少心理委员在危机事件中的卷入度,以及危机事件可能对心理委员造成的负面影响。其次,由于心理委员担负着部分发现和报备班级同学异常情况的责任,因此,在心理委员具备良好的精神状态评估能力和危机评估能力的前提下,在其职责范围内应及时向学校相关部门汇报可能存在危机风险的学生情况。最后,从心理委员助人职能的角度而言,对于心理委员自身已知晓的危机个案,当对方希望寻求心理委员的帮助时,心理委员在评估求助者当前状况的前提下,可给对方倾听和支持,并且在必要时为求助者提供更为专业有效的咨询或治疗途径。

(3) 专业培训,定期学习。《中华人民共和国精神卫生法》第六十七条规定:师范院校应当为学生开设精神卫生课程;医学院校应当为非精神医学专业的学生开设精神卫生课程。县级以上人民政府教育行政部门对教师进行上岗前和在岗培训,应当有精神卫生的内容,并定期组织心理健康教育教师、辅导人员进行专业培训。

心理委员上岗前必须经过培训,通过考核才能上岗,在岗期间必须持续学习和训练相关技能。

(三) 心理委员的注意事项

心理委员在工作中要注意以下事项。

(1) 心理委员在校的最主要身份是学生,因此心理委员需要在自身学习不受影响,并能进行自我照顾的前提下参与助人工作。

(2) 心理委员是高校心理健康教育工作体系中,最为贴近同学的工作岗位,在发现和预防同学心理异常状态上有着极为关键的作用。

(3) 心理委员在助人过程中,要警惕和觉察自身是否对受助者的隐私、财产等权利造成伤害。同时,心理委员要懂得有限度地助人,明确自身的职责和能力边界,接纳自身能力的有限性。

(4) 心理委员需要服从本校心理健康部门的专业领导与管理,配合开展相关工作。高校应为心理委员提供专业的心理学培训,包括但不限于精神状态评估、危机评估、谈话技巧、伦理知识等方面。心理委员也应在其任职过程中,觉察自身的胜任力的变化,并根据自身需求或职位需求参加必要的培训。

二、心理委员在任职过程中涉及的专业伦理

心理委员的伦理总则是心理委员在进行日常工作时,需要遵守的最为基本的道德和伦理原则,在这些原则指导下,心理委员的工作伦理涉及责任、能力、道德和法律标准、公开声明、保密、求助者福利、助人技术的应用等更为细节的伦理要求。

(一) 伦理总则

心理委员在工作过程中,需要牢记以下三点原则,即无伤害原则、自主原则和守正原则。

(1) 无伤害原则。无伤害原则是指心理委员在接受心理专业技能训练的基础上,有义务承诺不会对自己和他人带来或很大可能伤害的行为,其中包括身体上或精神上的伤害。通常情况下,无伤害原则最重要的可能体现在不要评判。此外,无伤害原则可看作最为基础的原则。

(2) 自主原则。自主原则是指心理委员在服从本校心理健康部门的专业领导与管理的前提下,有权利自己做决定、独立地行动,包括思想的自由和选择的自由。同时,本原则也是在法律允许的范围内和在保证他人的权益不受侵犯的前提下,在出现危急情况时,心理委员有权采取行动,并尽快寻求专业人士的帮助。

(3) 守正原则。守正原则是指心理委员在树立正向阳光、积极向上的"三观"基础上,觉察并平衡自己的行为对他人和自己权益的影响,尊重受助者并履行知情同意与保密的义务,为受助者获得最大福祉提供帮助。

(二) 心理委员工作伦理

在明确心理委员工作原则之后,我们需要对心理委员具体的工作行为进行规范,其中所涉及的伦理可包含责任、能力、道德和法律标准、公开声明、保密、受助者福利、准专业关系、咨询技术的应用等方面。

1. 责任

（1）心理委员有责任认识到自己的潜力和发展空间，意识到自身非专业工作者的局限，同时意识到受助者与自己是朋辈关系。

（2）心理委员有责任让受助者明白心理委员工作的局限性，以及这种局限性在出现束缚的时候，心理委员会采取一些措施来改善这种情况，包括向受助者介绍专业的咨询师或相关专业人员。要避免或者解决会产生利益冲突的关系和情境。

（3）心理委员要参与商讨机制运作的问题，或者如何辅助专职人员的问题，这些问题可以与学校心理健康教育部门沟通。

（4）心理委员要清楚自己有可能影响他人的生活，同时要时时警惕因自身权利的滥用而导致的个人的、社会的、组织的、经济的或政治性的压力。心理委员须对自身施加于受助者的影响或潜在的影响负责。

（5）心理委员有责任维护所属心理健康教育部门的信誉，包括在工作时间内随时保持良好的工作状态。

2. 能力

（1）心理委员有责任掌握最基本的专业能力，包括掌握最新技术和知识，以及保持与专业人士长期地交流并在其督导下开展学生工作。

（2）心理委员有责任通过持续地接受教育来扩展自己的知识和能力，其中包括参加研讨会或与专业人士长期交流。

（3）心理委员要明确自己的能力和可以解决的问题范围，并在必要的时候将受助者介绍给更有能力解决问题的咨询师。当遇到问题需要帮助时，要主动寻求专业人士的帮助。

（4）心理委员要意识到个体之间的差异，包括年龄、性别、性取向、社会经济状况、道德背景、教养方式等，如有所需，须结合相关的培训、经验保证自身对于这些差异有接受能力。

（5）心理委员应关注自我保健，警惕因自己的身心健康问题伤害他人的可能性，必要时应寻求专业人员或教师的帮助。

（6）心理委员有责任与朋辈进行长期交流。

3. 道德和法律标准

（1）心理委员的工作应在学校心理健康教育部门的管理下进行。

（2）心理委员应意识到工作的最终目的是有益于受助者。因此，在受助者没有充分的准备和知情的情况下，设计辅导活动以单纯满足自身的好奇心，或利用受助者及其信息来满足其他的需求，如完成课堂作业，是违背道德的。

（3）心理委员不应因种族、肤色、信仰、国籍、某人的来历、宗教取向、性别、身体缺陷或性取向而歧视受助者。

（4）心理委员有责任维护受助者所有的法律和民事权利。只有在特殊情况下才可以打破这个规则，这些特殊情况包括阻止极端行为，如自杀行为的时候。

（5）心理委员要熟知并一贯坚持维护学校心理健康教育部门的伦理标准。在按照部门标准进行操作的同时，自身行为也须符合部门标准。

4. 公开声明

（1）在工作过程中可能发出的公开声明，如宣传语，心理委员须保证其真实性，确保不引起误解并坚守保密性。

(2)心理委员在没有得到受助者和相关机构授权的情况下,即使不出现受助者的名字,也不准出版任何包含受助者信息的材料。

5. 保密

(1)在为受助者提供帮助之前,心理委员须向受助者申明保密与保密例外准则。关于受助者的信息需严格保密,除非专业机构提出直接的、合法的要求。

(2)受助者有权了解在专业人士或准专业人士内进行的、任何关于自己的讨论内容。类似的信息可在心理委员的选择下透露给受助者,前提是得到了所有讨论过此问题的咨询师或机构的同意。

(3)心理委员应清楚地了解保密原则的应用有其限度,有责任将一些特殊情况告知专业人士,这些情况包括受助者计划实施或实施过针对一个人或多个人的犯罪行为,受助者表现出严重的心理或情绪障碍,受助者出现自杀的想法、计划或行动。

6. 受助者福利

(1)心理委员对自己可能造成的影响要保持清醒的认识,并因此对所有受助者报以尊重,确保自己不会以任何形式滥用权力。心理委员不得以收受实物、获得劳务服务或其他方式作为其工作服务的回报,以防止引发冲突、剥削、破坏专业关系等潜在危险。

(2)心理委员在任何情况下须对受助者保持尊重,将他们视为自己的同龄伙伴而非患者。

7. 准专业关系

(1)心理委员有责任维护学校心理健康教育部门的信誉并努力提高本部门的声誉。

(2)心理委员可向部门提任何建设性的意见,以帮助本部门获得更好的发展。

(3)心理委员所属部门应提供适当的工作环境、定期的评估、有建设性的咨询服务和实践经验。以上活动皆需要在一贯的伦理要求和本部门的相关政策下进行。

(4)心理委员应遵守所属部门的规则。

(5)当发现朋辈出现不当的行为时,心理委员应直接告知对方自己的想法,并指出其不道德的行为。这种提醒在行为不严重,或行为是由于缺乏意识或经验而导致的时候是合理的。但如果在提醒后情况依然持续甚至恶化,就要直接向相关部门或专业人士提出。

8. 咨询技术的应用

(1)在采取任何咨询技术之前,心理委员须受过专业的培训并精通其操作。这么做是为了维护受助者对心理委员的信任以及营造专业气氛。

(2)心理委员要确保受助者有权利获得对于所采取的咨询技术的解释。

(3)心理委员要确保受助者充分理解应用某咨询技巧的后果。受助者了解咨询技术的精确度和适用范围是至关重要的。

(4)心理委员只可使用那些被本部门授权的咨询技术。

(5)心理委员明白自己并不是心理咨询师。

第四节 心理委员工作与朋辈咨询的关系

心理委员制度是指在学校班级设立专门负责心理健康教育相关职责的班委成员的制度,它于2004年前后诞生并在我国内地的部分高等院校以及中小学校中迅速传播开来,它是在我国学校心理健康教育蓬勃发展中应运而生的,是将学校心理健康教育逐步推向深入的产物,是学生自助与助人需求相统一的体现,也是我国学校教育中学生干部制度和学生自我管理制度相结合这一传统的沿革与新发展。朋辈咨询(peer counseling)又称同辈咨询、朋辈辅导、同辈辅导,是指年龄相仿者,对周围需要心理帮助的同学或朋友给予心理上的开导、安慰和支持,提供一种具有心理咨询功能的帮助,是一种由非专业心理咨询师提供的心理咨询式的帮助。朋辈咨询又常常被称为准心理咨询(para-counseling)或准专业心理咨询(para-professional counseling)。从20世纪60年代发展至今,朋辈咨询已经成为美国普遍采用的同龄人互助方式。朋辈咨询源于同伴教育,同伴教育则源于18世纪初英国学校教育中创立的班长制度,即由教师先教育班长,再由班长去教育其他同学。

一、心理委员制度与朋辈咨询之间的共同点

心理委员制度与朋辈咨询服务虽然产生于不同的文化背景和时代背景,但它们在工作的主体身份、受助者身份、主体的资格、工作职责、工作特性、优势和局限性等方面都有许多共同之处。

(一)主体身份

心理委员和朋辈咨询员作为实施助人行为的主体,他们拥有相同的身份,他们都来自学生,是学生群体中的一员。心理委员和朋辈咨询员,他们都是受助者的同龄人或年龄相仿的个体,他们都和受助者生活在同一环境中,他们都与受助者具有相似或相仿的学习生活方面的经验和感受。

(二)受助者身份

在实际工作中,心理委员和朋辈咨询员作为施助者都是对周围同学或朋友中需要心理方面帮助的人提供相关帮助,受助者身份在两种制度之下是相同的,他们都是普通在校学生。

(三)主体的资格

心理委员和朋辈咨询员本身是普通学生的一员,由于工作本身的特殊性,他们在承担心理助人工作之前,都必须接受系统的培训,经过考核和选拔,同样都需要接受长期的监督和指导。

(四)工作职责

心理委员是肩负基层学生心理健康教育工作责任的学生干部,他们也和朋辈咨询员一样,承担着为周围同学提供诸如情绪调整、人际交往、学习生活等方面的心理健康相关帮助的责任,他们都要利用所掌握的心理学知识和技能,通过主动或被动的晤谈、交流来帮助有需要的同学。

(五)工作特性及优势

心理委员和朋辈咨询员都扎根于广大学生之中,他们都拥有学校心理咨询专职教师所不具备的优势。

(1)涉及范围广。心理委员和朋辈咨询员都是在朋辈、同学、朋友之间展开心理咨询(辅导)活动的,因而能更及时地在更广泛的范围内帮助有需要的同学。

(2)发现问题及时。当身边同学出现异常时,心理委员和朋辈咨询员能及时发现异常,并帮助解决或帮助寻找相关的辅导教师,为及早发现和干预学生心理健康问题提供信息和

帮助。

(3) 防患于未然。心理委员和朋辈咨询员分布范围广,他们深入在学生之中,对于学生中发生的种种心理危机,能及早发现、及早判断、及早干预,从而有效帮助学校防止校园内不良事件的发生。

(4) 易于建立良好关系。心理委员和朋辈咨询员工作对象是同辈人群,他们彼此之间有着共同的经历和情感体验,因此,他们容易互相理解,便于沟通交流,这成为发挥心理助人效果的重要基础。

(5) 利于自身成长。心理委员和朋辈咨询员都必须经过专业的培训才能上岗,他们具备了一定的心理学知识,并在帮助别人的同时也在对自己进行着内部的整合,实现助人与自助的统一,因而有利于朋辈咨询员自身的健康成长。

(六) 局限与困难

心理委员制度和朋辈咨询制度都面临着同样的局限性,也面临着相似的困难。

(1) 人员选拔困难。优秀的心理委员和朋辈咨询员都应具备完善的知识结构、正确的自我概念、积极的人生观、和谐的价值观、完整的人格特征、灵活的技能技巧、帮助人的爱心与认真负责的态度等良好品质,但实际工作中按这些要求去选拔学生是一件非常艰难的事情。

(2) 人员培养困难。心理委员和朋辈咨询员都必须接受专业训练,工作量大、时间长。

(3) 人员流动性大。心理委员和朋辈咨询员都来自本校学生,在经过系统培训掌握了相当知识、技能,拥有一定经验之后,他们往往又已面临毕业或升学,有效发挥其能力的时间很短。

(4) 解决问题程度不深。心理委员和朋辈咨询员都是学生,虽然上岗之前已经接受了专业培训,但是毕竟没有系统深入的学习过程,因而仅能解决比较表面的问题。

(5) 容易出现过失。心理委员和朋辈咨询员都只能提供准心理咨询服务,由于专业知识方面的欠缺,有可能造成过失或贻误。

(七) 在心理健康教育工作体系中的地位

无论是心理委员制度还是朋辈咨询,都是学校心理健康教育工作体系中很重要的组成部分。由于心理委员和朋辈咨询员都是来自基层班级的普通学生,他们深入基层、深入学生群体,与基层学生有着广泛而密切的联系,因此,构成了学校心理健康教育工作的基层网络,对学校层面的心理健康教育工作的开展是非常有益的。

二、心理委员制度与朋辈咨询之间的不同点

心理委员制度与朋辈咨询分别产生于不同的文化背景和时代背景,因此,它们之间必然存在着一些不同之处,如职责范围、对象范围、管理机制、工作方式等。

(一) 职责范围

目前,国内学校所设置的班级心理委员的职责范围较西方高校朋辈咨询员的职责范围更为宽泛,通常包括:接受心理健康知识和技能培训,宣传普及心理健康知识,在班级中组织促进交往和身心健康的活动,积极参与院系和学校举办的各种心理健康教育活动,及时反馈学生中存在的心理问题和心理需求,帮助有心理困惑的学生学会自助并进行初步的指导。心理委员的职责与学校心理健康教育工作范畴比较一致,不限于实施个别的心理咨询,且重

点在于组织班级学生开展多种形式的心理教育训练活动,推动班级形成良好的心理氛围和健康的人际关系,提高班级学生心理素质。相对而言,朋辈咨询员的工作职责则主要集中于针对有需要的个体实施初步的、类似心理咨询的辅导和帮助,它更加强调个别心理咨询这一功能,班级团体性的心理健康教育工作则不是他们工作的重点。

(二) 对象范围

班级心理委员的工作对象,通常是自己所在班级或基层组织的覆盖范围,对象人群相对固定。朋辈咨询员的工作对象并不限于本人所在班级或基层组织,反而更有可能跨越班级、年级甚至专业的界限,工作对象的分布更为广泛。

(三) 管理机制

心理委员是班级党团组织成员,受到所在院系及班团组织和学校心理健康教育机构的双重管理和领导,向班级辅导员教师和学校心理健康教育专业教师负责,并接受心理健康教育机构的培训、指导和监督。朋辈咨询员通常直接接受学校心理健康教育机构的管理和领导,并不直接受院系层面的管理。

(四) 工作方式

心理委员在经过初步培训、考核和选拔后,往往通过以下方式开展工作。

(1) 继续学习相关心理知识,打好知识理论基础。

(2) 以发展性心理辅导为主的心理健康教育模式为导向,组织班级学生开展多种形式的心理教育训练活动(如角色扮演、团体讨论、专题报告、行为训练、游戏活动、心理剧、参观访问和观影室观赏等),提高班级学生心理素质,推进班级形成良好的心理氛围和健康的人际关系。

(3) 在日常学习生活中,调节学生情绪,化解学生的心理困惑,协调班级关系,关心、关注心理不健康学生的学习生活,运用切实有效的办法改善其周边环境,促进其心理状态的调整。

(4) 对有必要接受心理咨询的学生提供力所能及的咨询工作,必要时为其预约专业心理教师或心理医生。

(5) 建立班级心理危机预警机制,对班级同学的心理危机能及时做出反应,参与干预。

(6) 关注学生心理健康,及时反映学生中存在和面临的主要问题,提出建议和意见,定期开展经验交流和研讨,接受监督和指导。

朋辈咨询员则是通过主动或被动地针对有咨询需要的同学开展准心理咨询工作,工作方式上较为单一,形式较为固定。

(五) 局限和不足

心理委员的职责重点并不在于个别的心理咨询或辅导,而在于推进班级性的心理健康教育工作,且以发展性的心理需求为主,而朋辈咨询员则通常以个别的心理咨询或辅导为工作重点,通常更容易碰到一些障碍性的心理咨询问题,因而面临更大风险,其局限性也因此更容易体现。与朋辈咨询相比,心理委员相对淡化心理咨询功能,而突出针对团体的知识普及、氛围营造、信息获取等功能,可以降低其犯过失的风险,但同时也造成其在咨询辅导、深入帮助同学的功能上发挥不够的缺点。

三、心理委员制度和朋辈咨询的联系

我国学校心理健康教育和咨询工作起步晚于西方发达国家,我国的学校心理健康教育在很多方面参考着西方发达国家的经验,学生朋辈心理健康服务也是如此。心理委员制度在其建立和发展过程中,在心理委员的选拔、培训、管理、督导等工作环节上,都参考了西方发达国家高校有关朋辈咨询方面的具体经验。国内也有些高校还直接借鉴西方高校的朋辈咨询制度而建立起朋辈咨询员队伍。

当然,作为中国的朋辈心理帮扶组织,学生心理委员制度也有自己的中国特色,在不少具体内容方面仍不同于西方高校的朋辈咨询制度,我们的心理委员在职责范围上较朋辈咨询员有更大的拓展,在工作对象上则更加专注和聚焦于本人所在班级的同学,在工作方式上则更为多样和丰富。这是由于心理委员制度是服务于我国当前学校心理健康教育工作大局的,是学校心理健康教育工作的有机组成和重要环节,与西方朋辈咨询之间有所不同或呈现出自身特点,是因为它契合了我国当前学校心理健康教育所面临的挑战和新形势,有助于实现当前学校心理健康教育的目标。

总之,我们认为,心理委员制度是西方朋辈咨询在中国学校心理健康教育领域的新发展和再创造,心理委员制度继承了朋辈咨询的一些好的传统,如系统培训、严格考核、精心选拔、科学管理、长期督导等,同时又兼顾了当前我国学校心理健康教育工作的现实需要,如强化宣传普及、推动群体参与,工作形式多样与内容丰富相统一,强调危机预防与干预等,目的在于使学校心理健康教育工作机制更加全面、更加合理、更加有效。

第二章

心理委员应掌握的心理健康标准

第一节 心理健康的概念

健康是人生的首要财富。正如古希腊哲学家赫拉克利特（Heraclitus）所说，如果没有健康，智慧就难以实现，文化就无从施展，力量就不能战斗，知识也无法利用了。有了健康就有了希望，有了希望就有了一切。健康包括身体和心理两方面，而心理健康尤为重要。作为一名心理委员，其职责之一就是要宣传正确的"心理健康"理念，并让心理委员所在的班级成员都能明确心理健康的科学内涵。那么，什么是心理健康？我们先要澄清心理健康的含义。

什么是心理健康？

说到心理健康，我们首先需要明确健康的概念，随着各学科的发展，健康的概念也在不断地演变和发展。最初它被定义为"机体处于正常运作状态，没有疾病"。1946年，世界卫生组织（WHO）成立时提道："健康乃是一种在身体上、心理上和社会上的完满状态，而不仅仅是没有疾病和虚弱的状态。"1989年，世界卫生组织再次提出："健康不仅是躯体没有疾病，还要具备心理健康、社会适应良好和有道德。"

通过健康概念的完善，可以看出心理健康在健康的概念中逐渐占有一席之地。这不禁引起我们的思考——什么是心理健康？怎样才算是心理健康呢？

1946年，第三届国际心理卫生大会指出："心理健康是指在身体上、智能以及情绪上能保持同他人的心理不相矛盾，并将个人心境发展到最佳的状态。"

通俗地讲，心理健康是指一种持续的、积极的、自我满意的心理状态，在这种状态下，人们的知（认知）、情（情绪、情感）、意（意志）、行（行为）统一，能够充分地发挥自身的潜能，较好地适应环境。通过这个概念可以看出，心理健康并不是一个绝对的标准和界限，在心理健康连续体上，除了心理健康和心理疾病两个端点之外，从心理健康到心理疾病中间存在着过渡的状态，如同从白到黑，中间存在着不同程度的灰色状态，即亚健康状态。按苏联学者Berkman提议，人的一般状态分为健康状态、病理状态及亚健康状态（即诱发病态）。所谓亚健康状态，是指人的身心处于疾病与健康之间的一种健康低质状态（也有人称之为"第三状态""中间状态"）；这是机体虽无明确疾病，但在躯体上、心理上出现种种不适应的感觉和症状，从而呈现活力减退和对外界适应力降低的一种生理状态。这种状态多由人体生理机能或代谢机能低下、退化或老化所致。

当亚健康状态（即诱发病态）积累到一定程度时，便转化为疾病；反之，若采取措施，则走向健康。这一认识使人们把健康与疾病之间理解为一个互为联系的渐进过程,有助于在形成明确的病理改变之前未雨绸缪,采取具有针对性的防治措施。

心理健康和心理疾病是一个连续体的两端,它们像一对孪生姐妹贯穿于人类的发展进程。心理疾病是比较严重或严重的心理异常,是多种心理障碍集中或综合的表现。心理疾病可分为轻性心理疾病和重性心理疾病。轻性心理疾病是比较严重的心理异常,一般是指非精神病性的精神障碍,患者通常具有自知力或自知力稍有不足,能应付日常生活要求或保持对现实的恰当接触,其中包括神经症、人格障碍和性心理障碍。重性心理疾病是严重的心理异常,一般是指精神病性的精神障碍,患者通常自知力严重缺乏,不能应付日常生活要求或保持对现实的恰当接触,其中包括器质性精神障碍和功能性精神障碍。

作为一名心理委员,应了解和掌握心理健康、亚健康、心理疾病等的科学内涵,在日常工作中向班级同学进行正确的心理健康知识的宣传普及工作,创设良好的班级心理环境。

第二节　心理健康的标准

我们每天都在面对喜、怒、哀、乐等各种纷杂的情绪,对不同的事情也有不同的态度和行为。如果从心理健康到心理问题是一个过渡的状态,那么我们的心理怎样才算健康呢?它的评判标准是什么呢?

一、世界卫生组织界定的健康标准

世界卫生组织(WHO)根据现代生物—心理—社会医学模式提出了个体健康的 10 条标准。

(1) 有充沛的精力,能从容不迫地担负日常工作和生活而不感到疲劳和紧张。
(2) 处事乐观、态度积极、勇于承担责任、心胸开阔。
(3) 精神饱满、情绪稳定、善于休息、睡眠良好。
(4) 自我控制能力强,善于排除干扰。
(5) 应变能力强,能适应外界环境的各种变化。
(6) 体重得当,身材匀称。
(7) 牙齿清洁、无空洞、无痛感、无出血现象。
(8) 头发有光泽,无头屑。
(9) 反应敏锐、眼睛明亮、眼睑不发炎。
(10) 肌肉和皮肤富有弹性,步伐轻松自如。

WHO 的 10 条标准既突出了人的躯体健康的生物学指标,也考虑了人的心理健康和社会适应性。这意味着衡量一个人是否健康,必须从生理、心理、社会行为等因素分析,不仅要看其有没有器质性或功能性异常,还要看其有没有主观不适感,有没有社会公认的不健康行为。这种丰富的健康内涵再次让我们体验了什么是现代人应有的健康状态。

二、心理健康的一般标准

关于心理健康,目前并没有一个完全的、绝对的统一标准,但各类不同标准中,都有一定的共同部分,同时又有一定相对独特的内涵。本书对各类心理健康的有关标准进行了总结,并提出了"心理健康七标准",以便各位心理委员向班级同学做规范的宣传。

(1) 智力正常。智力是人的观察力、注意力、记忆力、想象力、思维力、创造力及实践活动能力等的综合,是人一切心理活动最基本的心理前提,也是大学生适应周围环境变化所必需的心理基础。衡量大学生的智力是否正常,关键在于其在学习、工作中是否保持好奇心、求知欲,是否能充分发挥自己的智慧学习知识、掌握技能、解决问题、获得成就,是否正常地、充分地发挥了自我效能。

(2) 情绪健康。情绪健康的标志是情绪稳定和心情愉快。包括的内容有:正性情绪多于负性情绪,乐观开朗,富有朝气,对生活充满希望;情绪较稳定,善于控制与调节自己的情绪,既能克制又能合理宣泄;情绪的表达既符合社会的要求又符合自身的需要,在不同的时间和场合有恰如其分的情绪表达;情绪反应的强度与引起这种情绪的情境相符合。一个心理健康的人,他的情绪表达恰如其分,仪态大方,不拘谨且不放肆,能保持愉快、乐观、开朗的心境,对生活和未来充满希望,能主动调节消极情绪。

(3) 意志健全。意志是人在完成一种有目的的活动时,所进行的选择、决定与执行的心理过程。意志健全者在行动的自觉性、果断性、顽强性和自制力等方面都表现出较高的水平。意志健全的大学生在各种活动中都有自觉的目的性,能适时地做出决定并运用切实有准备的方式解决所遇到的问题,在困难和挫折面前,能采取合理的反应方式,能在行动中控制情绪和言行,而不是行动盲目、畏惧困难、顽固执拗。

(4) 自我评价正确。正确的自我评价是大学生心理健康的重要条件。一个人如果能够正确如实地认识和评价自己,就能正确地对待和处理个人与社会、集体及他人的关系,有利于自己扬长避短。大学生要学会客观正确地认识自己,进行合理的自我评价,做到自知,恰如其分、实事求是地认识自己,摆正自己的位置,既不以自己在某些方面高于别人而自傲,也不以自己在某些方面低于别人而自惭形秽,能够自我悦纳,喜欢自己,接受自己,自尊、自强、自制、自爱适度,正视现实,积极进取。

(5) 人际关系和谐。良好而深厚的人际关系是事业成功与生活幸福的前提。大学期间营造良好的人际氛围是获得心理健康的重要途径。其表现为乐于与人交往,既有广泛而深厚的人际关系,又有知心朋友;在交往中保持独立而完整的人格,有自知之明,不卑不亢;能客观评价别人和自己,善取人之长补己之短,宽以待人,乐于助人,积极的交往态度多于消极态度,交往动机端正。

(6) 心理行为符合大学生的年龄特征。年龄特征是指在一定的社会和教育条件下,不同年龄阶段的学生在身体和心理发展方面所表现出来的一般的、典型的和本质的特征。心理健康的大学生其心理特征和行为表现符合大学生的年龄特点和性格特征。如果一个大学生总是显得老气横秋、心事重重,或者情绪喜怒无常、行为幼稚,则是心理不健康的表现。

(7) 逆境应对能力强。当个体面对逆境时能够理性地做出建设性、正向的选择和采取合适的处理方法,能够引领个体在身处恶劣环境下懂得如何处理不利的条件,从而产生正面的结果。同时应对逆境也是一个过程,可以通过学习而获得相关的能力并且该能力不断增强。逆境应对能力强的大学生在面对挫折和困境时,能够以健康的心态去面对,并相信自己拥有能够解决挫折和困难的能力。

心理委员如何把这些标准在同学中更好地宣传普及呢?为了做好这项工作,我们可以在心理委员中开展相关活动,例如,"心理健康七标准"创作设计比赛、演讲比赛、心理情景剧展示等,通过活动加深同学们的理解,真正达到宣传普及的目的。

第三章

常见发展性心理问题及识别

大学生处于人生重要的发展阶段。大学期间开始专业学习,为未来的职业发展打下坚实的基础,大学还是了解接触社会,培养适应能力,促进心理发展成熟的重要时期。由于高中以前比较单纯的学习生活,部分大学生缺乏社会阅历,人格发展滞后,对自我和未来缺乏深入的思考,出现很多发展性问题。

第一节 心理发展与发展性心理问题

从刚出生时的一张白纸,到18、19岁人格相对稳定,每一个人都经历了心理发生发展的过程。《发展心理学》是研究人生不同年龄阶段心理发展的特点和规律的学科,一般来说,将人一生的发展分为婴儿期、幼儿期、童年期、少年期、青年期、中年期和老年期,每一个时期都有其特殊的心理特点和人生发展的任务。

一、心理发展及其影响因素

(一)心理发展的概念

人的心理发展是指从出生到成熟,再到衰老的整个生命历程中心理活动由简单到复杂、由低级到高级、连续不断的发展变化过程。儿童的天真烂漫,少年的朝气蓬勃,青年的风华正茂,中年的老成持重,老年的安稳祥和,人生的每一个年龄阶段都有其在认识水平、情绪特点、行为模式方面的一些共性的东西,这就是人生不同阶段的心理特征,而这个连续的发展变化过程就是人的心理发展。

人的心理发展有其发展内容的差异,也有其发展速度的不同。在不同年龄阶段,尤其在青年期以前,人的心理发展有着明显的差异。比如人掌握语言,幼儿期和童年期就有很大差别;人的思维形式,在童年期,也就是小学阶段,以形象思维为主,少年期到青年期抽象思维逐步发展完善。在青年期以前,心理发展速度较快,成年以后就保持相对稳定,老年期一些心理特征还会有所衰退。

(二)心理发展的影响因素

人的心理发展受到先天遗传因素和后天环境因素的影响,主要体现在以下几个方面。

1. 遗传和生理发育因素

遗传素质是心理发展的基础。遗传基因决定了一个人的身体发育特征,也包括大脑发育情况。许多对同卵双生子在智力、患病情况等方面的研究证明了遗传素质对心理发展和生理发育的影响。出生以后的生理发育情况,比如,受营养、运动等因素的影响,有的人个头长得快,大脑发育好,有的人个头长得慢,大脑发育差,有的人健壮,有的人肥胖,等等,这些因素都会影响心理发展。比如,肥胖可能使得个体成为周围人开玩笑的对象,使得个体产生低自尊水平,并进而影响个体的人际关系、性格等。

2. 家庭因素

父母是孩子的第一任老师,孩子出生后就不断接受家庭环境潜移默化的教养。家庭不仅给个体提供了物质基础,也提供了精神上的支持,让个体习得良好的人际关系能力和生活实践能力,成长为成熟的个体并履行社会责任。父母工作的性质不同、经济条件不同决定了他们的社会交际圈,行为方式和态度,以及对孩子的要求,这些都会影响对子女的教育。家庭的教养方式不同,造就了个体不同的心理特点和人格特征,如拒绝和接纳的教养态度会影响孩子的自信心,以及人际关系的形成。

3. 学校教育因素

学校是专门的社会教育机构,学生在学校里学习系统的、有目的的、有计划的科学知识。学校按照个体的年龄发展和心理成熟程度制定适宜的教学内容和目标,发挥个体的智力和潜能,帮助个体最大限度地了解现有的科学技术水平,塑造健全的人格特征,为其进入社会奠定良好的基础。不同的教学环境不仅包括校舍的硬件资源,也包括学风、校风等人文环境,以及教师的态度都会影响个体的心理发展。

4. 社会文化因素

每个人都是社会的一分子,在社会生活中不可避免地受到社会环境的影响,社会制度、政治环境、风俗习惯、宗教信仰等多种因素对个体的心理发展都会产生影响。比如,大家熟悉的"代沟",其实就是因为两代人成长的社会环境不同,导致价值观、生活习惯方面的差异造成的;不同国家、不同地域、不同民族群体的个性特征各不相同,也是社会文化因素影响的结果。

二、大学生所处的心理发展阶段及其特点

(一)大学生所处的心理发展阶段

大学生处于人生发展的青年期,是心理基本成熟,情绪基本稳定,准备进入社会承担责任义务的阶段。青年期一般是指14、15岁到27、28岁这一段时间,是个体经历生理、心理和社会的成熟的重要时期。其中,14、15岁到18岁是青年早期;19岁到21、22岁是青年中期;22、23岁到27、28岁是青年晚期。青年中期以前的主要任务是接受中学和高等教育,青年晚期则在各方面趋于成熟,个体陆续开始职业生涯,步入婚姻生活,并逐渐进入成年期。

(二)大学生的心理特点

大学阶段虽然还是以学习为主,但学业已经是与未来工作紧密相连的专业与职业教育,而且大学不仅仅有学习的任务,而且有了解适应社会、自我发展与完善、学会人际交往等多种个人发展任务。青年期的心理特点可以从以下几个方面来理解。

1. 青年期的智力发展

智力是指人们在获得并应用知识解决实际问题时心理能力的总和。个体在青年期智力结构已经基本成熟,在稳定的基础上缓慢发展,表现出高于其他发展阶段的特点。心理学家编制了多种标准化智力测验来评估个体的智力水平、不同年龄的常模,结果发现智力的发展

速度呈负加速的特点,即刚出生增长的速度很快,以后逐渐减慢,高峰期在 22~25 岁,衰退的速度随年龄的增长递增。心理学家对不同的智力成分进行了更细致的研究,发现不同的智力成分发展的速度和程度不同,其中观察力的高峰在 10~17 岁,记忆力的高峰在 18~29 岁。青年期还是一生中创造力水平较高的时期,青年人受到传统的束缚较少,创新意识强,敢于标新立异,思维活跃,灵感丰富,容易产生创造性思维。

2. 青年期的情感发展

情感是个体对客观事物是否满足自己需要的一种态度,是对事物喜好或厌恶的倾向。情感与社会性需要是否得到满足有关。随着知识经验水平的提高,青年人的情感水平日益提高,并稳定成为个体的个性特征。在道德感方面,青年人的道德水平不断增高,符合社会道德标准的行为和表现逐渐增多;在理智感方面,青年人的好奇心和求知欲强,对事物的认识日益深刻,不断对自己进行内省和反思,自信心增强,并将这种情感带到学习、生活中去;在美感方面,青年人对生活中和谐的社会风气和人间的真情感到欣喜,热爱美好的自然景观,并成为展示美好行为、创造美好事物的动力。爱情是青年人情感体验的一个重要组成部分,青年人的生理发育日益成熟,产生异性交往的心理需要。大学生最感兴趣的莫过于情感问题了,发展亲密关系是青年人幸福的核心。

3. 青年期的个性发展

个性是一个人区分于他人的稳定而统一的心理品质,是人的整个精神面貌,包括外在的表现和内在的心理特质。青年期是个性塑造和养成的一个重要阶段,青年期人生观、世界观、价值观逐渐稳定,情绪情感表达和反应特点也逐渐模式化,自我意识发展成熟,个性品质的各个部分基本稳定,个性发展成熟。

三、发展性心理问题

心理发展是一个连续的过程,与年龄有着密切的关系。每个人在成长的过程中,普遍遵循生理的、社会的发展顺序,按一定的成熟程度分阶段地向前发展。在人生的不同发展阶段,都有其成长和发展的任务,某个阶段没有很好地完成发展任务,就可能对以后的发展产生不良影响。

(一)什么是发展性心理问题

发展性心理问题可以有两种理解。一种理解是与心理发展相关的心理问题。比如,大学生适应问题,是因为心理不够成熟,面临新的环境不能适应导致的问题。另一种理解是与希望得到更好地成长与发展相关的问题。很多大学生希望有更高的学习效率,希望明确未来的职业发展方向,都属于这类问题。所以发展性心理问题在两种情况下就会出现,一种是心理发展不够成熟,不能满足现实需要;另一种是希望自己有更好的表现、未来有更好的发展。

发展性心理问题是相对于障碍性心理问题而言的。障碍性心理问题是人的心理健康状态出现问题,存在认知、情感及行为方面的偏差,并影响到人的工作学习效率以及正常的生活状态。出现障碍性心理问题的人在自我感觉、外在表现等方面明显与以往不同。比如,一位出现焦虑障碍的同学,会在一段时间里感觉烦躁不安,学习效率下降,入睡困难,在交往中容易被激惹,经过自我调整或是心理咨询的帮助,又恢复到以前心情平静、学习效率高、自我感觉好的状态。

发展性心理问题是每一位大学生都会遇到的。一位学习成绩非常优秀，获得校级优秀学生标兵的同学去寻求心理咨询的帮助，主要问题是如何搞好与舍友的关系，这位同学平时心情好，学习效率高，其实与舍友也没有矛盾，但他希望与舍友关系更好一些，并且能够影响舍友一起搞好学习。

（二）大学生出现发展性心理问题的背景

大学生发展性心理问题非常普遍，主要是基于四个背景。

第一，高中以前学习生活太单纯，缺乏对自我、对社会的思考与实践。要想在高考中取得好成绩，就需要投入大量的时间去不断强化复习，有不少高中生都是学校—家里（或宿舍）两点一线，每天除了学习就是学习；很多家长也要求高中生别的什么都不要考虑，只要把成绩搞上去就行。这样单纯的学习生活使得高中生就像是被包裹在温室里的幼苗，没有经历过什么风雨，一旦离开温室，就会出现问题。

第二，教育教学内容中缺乏心理发展及社会适应方面的内容。我们大多数教育内容是以掌握科学文化知识为目标的，比较缺乏与心理成长、适应社会相关的内容，所以出现一些"高分低能"的学生，只会学习，不会待人接物，不能适应社会。

第三，大学的学习生活内容更加丰富，社会对大学生的期待和要求更高。和高中一样，大学里的学习成绩仍然非常重要，但大学生活更加丰富，只知道一味死读书的学生并不是好学生。一些大学生学习方面没有问题，但在参与社团活动、参加社会实践、与舍友同学交往过程中就会出现很多问题。

第四，大学毕业以后就要走向社会，需要在大学期间完善自我。虽然有部分大学生在毕业后要攻读研究生，并没有工作，但研究生期间的生活与本科阶段有很大差异，其实更像是工作。当毕业走向社会时，大学生就不再是学生了，就需要以成熟的心理面对工作、生活各方面的问题。所以大学阶段也是走向社会前成长发展的关键时期，大学生需要在不断发现和解决发展性心理问题过程中得到成长，不断完善自我，为未来的社会生活做好准备。

第二节　常见发展性心理问题的识别

在大学生的成长过程中，可能会遇到各种各样发展性心理问题，这些心理问题不同于心理障碍，是属于正常的心理活动。对于大学生而言，这类心理问题都是在其年龄成长阶段中出现，大多数可以通过自我调节或者他人的帮助得以解决，如果这些问题解决好，就能促进个体良好的发展成长，如果受到阻碍或者解决不好，有可能会造成发展停滞等，甚至会出现心理异常，最后发展为障碍性心理问题，不能很好地适应各种社会环境和生活。心理委员应该有清醒的认识和基本的常识，帮助同学们提高自我保健意识，及时调整，积极矫正。常见的发展性心理问题涉及大学生学习和生活环境的方方面面，如学业问题、专业与职业发展、宿舍关系、恋爱问题、家庭问题、人际交往问题、网络成瘾问题等。

一、学业问题

学业问题是和大学生成长最密切的一类发展性心理问题。进入大学后，学习仍然是主要任务，但是，大学的学习时间自由灵活、管理自主宽松，和中小学养成的学习习惯有较大的不同和冲突，再加上各种诱惑、价值观的冲击，很多人不能很好地适应学习方式的变化，出现了一系列问题。常见的学业问题有以下三个方面。

（一）学习动机不明

从高中进入大学，突然缺乏了教师和家长的监督，很多大学生没有明确的学习动机和目标，认为只要在期末前进行"通宵突击"，保证不挂科就可以了。此外，大学丰富的课余生活带来的诱惑也越来越多，如果本身自律性较差，无法正确取舍，大部分精力就极易被吸引，可能会导致上课注意力不集中，课后不愿意复习等，长期疏于学习会使学生渐渐失去学习兴趣，没有了努力的方向，形成一个恶性循环。

（二）学习效率低下

由于学习方法效果不佳、对教师讲授不重视、师生互动交流少等情况，使得一部分大学生学习效率比较低下，学习能力下降，无法对学业课程进行针对性的预习与复习，甚至会出现上课出勤率低、学习积极性差等情况，最终导致难以适应学校开设的各类课程的学习，出现挂科等现象。

（三）学习规划缺乏

很多学生，特别是大一刚入学的新生，不明白如何去正确制订适合自己的学习计划，更无法结合自身未来职业发展来规划学习。有研究表明，有22.9%的学生完全没有制订学习计划的习惯，做事就像无头苍蝇，很多事情因为缺少计划一直堆积着、拖延着，慢慢地形成了懒惰的习性，甚至连最基本的专业技能也无法掌握。由于缺乏学习规划，导致一些学生在遭受挫折时会有厌倦、畏难情绪或者无助感等，甚至放弃学习或者出现厌学问题。

二、专业与职业发展

对于大学生而言，专业与职业对其未来的发展和成长具有重要的意义。专业与职业密不可分，是选择职业的重要依据，专业在一定程度上决定了大学生们未来的生活方式和生活状态，关系到大学生们社会地位、未来发展甚至是人生轨迹。当前，就业困难成为大学生毕业后不得不面对的一个重要现实，而就业困难，很大一部分原因是缺乏职业发展和规划，所学专业知识与用人单位所需的职业不匹配引起的。常见的专业与职业发展问题有以下三个方面。

（一）专业认同度低

有研究发现，大学生对专业的认同度越高，越能积极主动地寻找相关职业信息，在进行职业决策时会更清晰决断；相反，专业认同度越低，越会缺乏兴趣，未来的职业目标就模糊，职业决策较困难。大学生在进行专业选择时，常以就业、收入为导向，听从家长意见居多，忽视自己的兴趣和特点，造成入学后对专业的认同度低的现象，可能会出现一系列相关的心理问题。

（二）职业发展缺乏长期规划

在融媒体时代，职业发展越来越呈现出专业化、综合化的趋势，大学生需要正确把握学习方向，科学规划职业发展，积累职业发展资本，才能更好地在未来的就业竞争中胜出。对于大部分大学生而言，专业选择是在高考结束，而职业选择是在大学毕业后。大学四年或者五年时间，无论是社会发展，还是个人成长都会有一个较大的变化，社会环境也会发生变化。一些大学生缺乏对未来个人发展的长期规划，就可能会错失很多信息资源，难以找到发挥自己知识和特长的职业。

（三）就业与发展的冲突

在巨大的就业压力之下，一方面大学生在职业选择时会表现为风险规避型，抱着"先就业再换工作、先解决温饱再考虑发展"的心态，更愿意选择竞争较小而确定能进入的企业；另一方面，还有很多大学生盲目跟风，失去理性分析和放弃自身所拥有的信息资源，这使得毕业生在工作中缺乏稳定性，无法保证就业质量和长远发展，可能会出现焦虑、担忧等各种负面情绪。

三、宿舍关系

宿舍是大学生在校的重要活动场所，对大学生的人生发展起着重要作用。积极、良好的宿舍关系会对大学生的发展起到积极向上的作用，如果宿舍关系处理不好，可能会出现孤独感和失落感，甚至会导致心理问题，乃至影响学业。常见的宿舍关系问题有以下三个方面。

（一）相互冷漠疏远

宿舍内部各成员之间差异性较大，有各自相对独立的生活习惯，关系比较疏远、相互联系不紧密，各自有各自的朋友圈，缺乏沟通与合作，难以有亲密的关系，但是不存在明显的冲突或矛盾。由于宿舍成员缺乏团体意识，宿舍层面的集体荣誉感淡薄，大家没有共同目标和凝聚力，成员较为自私和冷漠。

（二）内部矛盾冲突

在大学宿舍中，有的宿舍成员缺少集体生活经历，不习惯大学的集体宿舍生活，有的宿舍成员缺乏独自生活的能力，自主生活能力差，不注意个人卫生，有的宿舍成员以自我为中心，追求自我的释放和个性的张扬，有的宿舍成员在出现矛盾时，不主动从自身寻找原因，一味责怪别人，这些都会加剧宿舍的矛盾，使得内部矛盾不断增多、冲突程度不断升级，甚至到达不可调和的状态，极易造成人际关系紧张。

（三）宿舍小团体间矛盾

有的学生宿舍内部因为性格、兴趣或者生活习惯等，分成两个或者多个小群体，小群体内部成员间关系和谐，交往密切，行为一致，一同上课、用餐、参加学生活动，遇到事情态度统一，指向明确；小群体之间一般情况下交流较少但是可以和平相处。但当各群体的成员间产生矛盾时，很容易扩大影响面，因一两个矛盾延伸到两个群体间对立，群体间即使关系相对平和也存在较大的冲突隐患。

四、恋爱问题

大学是开始从单一学生角色向社会角色过渡的阶段，也是从青涩转向成熟的重要阶段，在这个年龄段，他们的身心，包括性意识迅速发展，并开始产生了恋爱情感和结婚愿望。现实中，恋爱并不全是幸福与美好，也会伴随着冲突和矛盾，恋爱心理问题时有发生。大学生常见的恋爱问题有以下几种：单相思或爱情错觉、失恋、恋爱受挫、恋爱与学业矛盾等。

（一）单相思或爱情错觉

单相思是指在异性关系中，其中的一方倾心于另一方，但是却得不到对方回应的单方面的"爱情"，14~22岁是问题多发年龄段。爱情错觉是指在异性间的正常交往中，一方错误地把另一方正常的行为理解为对自己有感觉，从而错误地认为爱情已经到来的一种感受。单相思和爱情错觉都是恋爱中的认知与情感的失误，往往会使某些大学生陷入痛苦的境地，出现空虚、烦恼甚至绝望等不良情绪。如果处理不好,对大学生今后的恋爱和婚姻生活都可能会产生消极影响。

(二) 失恋

失恋也是大学校园中比较常见的恋爱挫折形式,也是人生中最严重的心理挫折之一。失恋后的大学生通常会出现抑郁、焦虑、沮丧、痛苦、颓废和冷漠等消极情绪和行为。有的人甚至出现绝望、暴怒,失去理智,因极度占有欲而产生报复心理,可能会造成毁坏性的结局。而有些人由于失恋所带来的强烈的自卑、悲观、空虚、羞辱、悲愤和挫败感等极端的负性情绪,与个体心理特征共同作用的结果而导致自杀,是失恋者寻求解脱的一种方式。

(三) 恋爱受挫

目前,在校大学生中绝大部分是独生子女,他们大多自我意识较强,内心情感较丰富细腻,遇到挫折习惯独处解决,不善于向他人倾诉,受挫能力差。当恋爱双方出现矛盾时,极易产生挫败感、失落感,如果此类负面情绪长期积压得不到释放,容易促使大学生走向极端,给个体、家庭和社会造成不良的影响和损失。

(四) 恋爱与学业矛盾

当今社会竞争力越来越大,很多大学生会选择考研,甚至考博士,这个时候,繁重的学业和爱情总是让他们陷入深深的矛盾,过度地沉迷于爱情时,学业可能会受到影响,专注于学业时,对方会觉得你对他(她)不够重视,这两者应该怎么处理,重心应该放在哪里?另外,有些大学生就业时会因为选择工作和伴侣间产生矛盾,发生冲突,彼此心不安定,甚至整天吵架也有可能,这都会影响双方的心情。

五、家庭问题

家庭是社会组织的基本单位,是一个人生活、成长的重要基地。家庭对个人性格、行为、心理起着决定性的作用,并且会产生长期、深远的影响。家庭问题通常会导致学生缺乏安全感、疑心重,不信任他人、性格偏激等,常常会表现为以下几个方面。

(一) 家庭教养方式问题

家庭教养方式对个体的心理发展、性格养成、思想品德发展有着重要意义。有的家庭要求孩子服从权威,父母过于严厉和苛刻,有的家庭要求孩子按照父母的想法行事,对孩子的期望过于理想化,过分追求完美,有的家庭很少对子女提要求,给予他们最大的行动自由,易培养出具有反社会行为和犯罪行为的青少年,矛盾性大而亲密度不够的家庭环境中成长的大学生,容易用简单粗暴的方式去解决问题,这些家庭问题容易造成孩子自我评价低,出现自卑心理,有的孩子会产生绝对化思维,不容自己犯错,一旦失败,便会产生"我一事无成""我糟糕至极"的负性思维。

(二) 家庭关系问题

良好的家庭关系对大学生的情感发展具有重要的意义。在不停争吵、家暴的家庭环境中成长的学生会产生不安全感,认为自己是不值得被爱的和没有价值的,这种负面的认知模式会影响个体的亲密关系,容易变得畏首畏尾。还有一些家庭中,由于家庭环境变化,因父母离异、丧失、单亲等原因造成家庭教育中的性别缺失,导致大学生或多或少存在着情绪情感、性格、人际交往方面的问题,可能会使他们冷漠、孤僻,甚至出现抑郁、自杀等一系列心理问题。

（三）家庭经济问题

随着我国经济社会发展和高等教育大众化的发展，越来越多的青年走进了大学校园，接受高等教育。家庭经济困难学生是近年来高校中出现的一个特殊群体，由于经济困难，不能满足日常学习生活需求，从而导致他们在经济、学习、生活、情感、交往等方面压力比较大，相对于其他学生来说，更容易产生心理问题，可能出现自卑、孤僻，甚至虚荣等情况。

六、人际交往问题

大学生的人际交往涵盖面比较广，除了宿舍交往、恋爱交往外，还要学会处理学生社团中的同学关系、师生关系、与实习单位的关系等。

（一）社团中的人际交往问题

学生社团是指在大学校园里具有某些共同特征的人相聚而成的互益组织，类型丰富、活动多样，已经成为大学校园文化的重要组成部分。大部分的大学生会参加各种各样的社团，因此，如何处理好社团人际关系成为大学生活的重要内容之一。由于大部分学生是基于兴趣而参与社团，因此在社团更易交到志同道合的朋友，但社团成员个人性格特点、处事方式不一，能力参差不齐，特别是在加入社团之初，大家激情满满，对待活动各抒己见，容易产生意见分歧。在逐渐熟悉社团的管理方式和群体氛围后，有人可能产生负面情绪，归属感较弱，凝聚力不强，无法正确处理社团中的各种人际关系。

（二）师生关系问题

师生关系也是大学生人际交往的重要内容之一，良好、积极的师生关系有助于大学生的专业学习和健康成长。但由于高校班级观念较弱，自由时间较多，学生的主动性不高，教师的科研任务重，师生交往时间相对较少，缺乏相互了解、沟通和互动，师生关系越来越工作化。另外，学生对教师的期望值普遍偏高，现实与想象的矛盾阻碍了良好的相互信任的师生关系的建立，甚至会出现对立和冲突。

（三）与实习单位的关系问题

大学生都要经历毕业实习的过程，这既是高校培养高素质人才的重要阶段，也是检验毕业生学习效果的有效方式。但由于大学生仍处在校园这样一个特殊氛围中，对于竞争激烈的社会没有危机意识，缺乏吃苦精神和进取精神，责任感不够强，容易出现眼高手低，专业知识掌握不够牢固，理论与实践结合不够紧密，甚至在实践中不知道怎么应用等问题。大学生在实习时会遭遇大大小小的挫折，还要处理实习单位相对复杂的人际关系，在理想与现实的落差中，承受压力较大，对所学知识产生困惑，对自身能力产生怀疑，容易陷入毕业与择业的痛苦当中。

七、网络成瘾问题

网络是现代生活中不可缺少的一部分，是现代大学生学习、生活、娱乐和人际交往的重要工具。在享受网络的便捷高效的同时，有的大学生自制力较差，成为手机依赖和网络成瘾的"重灾区"，影响着学习、人际交往和身心健康。常见的网络成瘾问题主要有以下三个方面。

（一）网络依赖

网络成瘾者对上网有一种心理上的依赖感，主要表现为网络游戏成瘾、网上聊天与交际成瘾、网上收集信息成瘾等多种形式。一些大学生整天挂在网上，通宵达旦，导致体能下降、生物钟紊乱、思维模糊、头晕眼花、双手颤抖、疲乏无力、食欲不振等不良生理和心理反应，严重者甚至"走火入魔"，出现体能衰竭或精神异常。

（二）孤僻

网络成瘾会使大学生的性格变得更为孤僻，对网络的关注度不断增加，相应地对其他事物的关注和兴趣就会降低，容易沉浸在自己的世界，从而造成对正常的学习和娱乐活动无兴趣，消极地逃避现实，学习能力下降，甚至丧失独立思考的能力。另外，对于充斥在网络中的各种言论和信息，如果缺乏辨识的能力，大学生很容易被某些观念影响，沉迷于网络世界为他们带来的"舒适感"中，从而产生认知的混乱。长期上网或过度上网容易导致人格异常，出现性格上的孤僻、心理上的孤独、自我角色的混乱，甚至会出现手脚酸痛、头晕、失眠等躯体症状，进而引发焦虑、不安、暴躁和痛苦等多种负性情绪，让心理冲突加剧，这对于大学生的身心发展非常不利。

（三）适应不良

网络成瘾者长期生活在虚拟世界中，由于网络的虚拟性、隐蔽性、匿名性等特点，其生活和人际交往缺乏真正的情感交流沟通。大学生如果过度使用网络，情感可能会越来越冷漠，在现实社会交往时，就会出现无法适应，难以融入群体等现象，在与他人交往过程中要么缺乏信心，要么保持沉默，要么以自我为中心，从而导致人际交往困难，出现恐惧、害怕与焦虑等问题，甚至出现行为逃避、社会退缩、人际障碍等问题。

第四章

心理委员对异常心理现象的识别

心理委员了解常见的异常心理现象,对于做好同学们的心理问题排查和出现心理异常同学的帮扶工作是非常必要,也是非常重要的。本章介绍了一些常见心理疾病的主要临床表现和诊断标准,以便让心理委员对这些常见心理疾病有一个初步的了解和整体的印象。心理委员不需要掌握这些具体的诊断标准或对照这些标准对同学们的心理状态进行评判,而是要对这些心理疾病的典型症状有足够的敏感,当身边的同学出现这些典型症状时,能及时报告辅导员或学校心理健康教育中心的专职心理教师。对于失去部分或全部自知力,存在自伤或伤人风险的同学,在保证自身安全的前提下,照看好对方,并及时报告辅导员或学校保卫部门等;存在重大自伤或伤人风险的紧急情况下,可报警求助。

第一节 抑郁症与双相情感障碍

一、抑郁症

小D,女,大学二年级,法学专业,成绩中等偏下。平时性格内向,沉默寡言,能正常参加班级活动,但与同学交流较少。大一下学期以来,情绪明显低落,精神萎靡。以前经常打羽毛球,现在很少打了,以前喜欢追剧,现在很少看了。晚上入睡困难,平时十点多上床,十一点半前能睡着,现在到深夜一两点才能入睡,凌晨三四点就会醒。能坚持去上课,但感觉很疲倦,无法集中注意力,甚至会打瞌睡,学习成绩有所下降。没有食欲,吃什么都没胃口,一天只吃两餐甚至一餐,身形变得消瘦。经常暗自流泪,同学问她有什么事她也不说。喜欢看一些有关生命和死亡的哲理方面的书籍。偶尔会在QQ动态发一些自怨自艾的话语。曾经一次在QQ动态中表达了有轻生的念头,辅导员了解到后立即找其谈话并带其到医院看病,诊断为中度抑郁。

联系其家人,得知该生家中三姐弟,小D是家中的老大,还有妹妹和弟弟。家中重男轻女的思想严重,家境也很困难,父母长期在外打工,小D从小由奶奶带大,弟弟随父母在外,自己平时与父母联系也不多。父母表示无法前来陪读,也不同意该生休学,希望该生能尽早毕业工作分担家庭经济压力。

抑郁症是一种以显著而持久的心境低落为主要临床特征的心境障碍,抑郁症情绪的消沉可以从闷闷不乐到悲痛欲绝,甚至悲观厌世,产生自杀的念头或行为。它与有现实困境(如考试挂科、失恋或家庭变故等)作为诱因的抑郁情绪不同,患者心境低落的状态与他的处境并不相称,或者通常情况下不应该有这么强烈和持久的情绪反应,可伴有幻觉、妄想等精神病性症状,严重时可能发生抑郁性木僵。抑郁症是一种常见的精神障碍,它严重影响个体的情绪、思维、自我感觉以及人际交往,部分患者可有自伤、自杀行为。大学生处在青少年晚期向成人早期的过渡阶段,面临许多心理发展问题,大部分大学生都有过某些抑郁症状的体验。

(一)抑郁症的主要临床表现

抑郁症的主要临床表现具体如下。

(1)情绪低落。总是愁眉苦脸、无精打采、闷闷不乐、无故悲伤哭泣;自我评价过低,总是自责或有内疚感,对前途悲观失望,反复出现想死的念头或有自杀、自伤行为;情绪低落有晨重夜轻的特点。

(2)思维迟缓。思维活动显著减慢,联想困难,思考问题吃力;患者话少,语速慢,不主动,语音低沉,对刺激的反应迟钝;自觉思考能力下降,注意力集中困难,记忆力减退。

(3)意志行为减退。行动迟缓、动作减少、萎靡不振、生活懒散、回避集体活动、不愿与人接触,对工作学习的主动性和积极性大大降低,兴趣爱好丧失。严重时会逐渐丧失生活自理能力,达到终日不吃不喝、不语不动的木僵程度。

(二)抑郁发作的诊断标准

抑郁发作的诊断标准具体如下。

(1)几乎每天和每天中的大部分时间都心境抑郁,可以是主观体验(例如,感到悲伤、空虚、无望),也可以是他人的观察(例如,看见在流泪)(注:儿童或青少年可能表现为心境易激惹)。

(2)几乎每天和每天中的大部分时间,对于所有(或几乎所有)的活动的兴趣或乐趣都显著减低(主观陈述或他人的观察)。

(3)显著的体重减轻(未节食)或体重增加(例如,一个月内体重变化超过原体重的5%),或几乎每天都食欲减退或增加(注:儿童则为未达到应有的体重)。

(4)几乎每天失眠或嗜睡。

(5)几乎每天都精神运动性激越或迟滞(由他人观察所见,不仅仅是主观上感到坐立不安或反应迟钝)。

(6)几乎每天都感到疲倦乏力或精力不足。

(7)几乎每天都感到自己无用或过分地、不恰当地自责自罪(可以达到妄想程度,且不仅限于责备怪罪自己患了病)。

(8)几乎每天都感到思考能力或注意力减退,或者犹豫不决(可以是主观体验,也可以是他人的观察)。

(9)反复想到死亡(不只是害怕死亡),反复出现自杀意念(但没有具体的计划),或者有自杀企图,或者已有具体的计划准备实施自杀。

以上症状不是由于某种物质(药物)或躯体疾病所导致。

在连续两周时期内,出现5个或以上的上述症状,其中至少有1项是心境抑郁或丧失兴趣或愉悦感,并导致临床上明显的痛苦体验,或社交、职业以及其他重要功能的损害,就可以考虑为抑郁发作。

二、双相情感障碍

小东,男,19岁,大一。1个月前,室友发现小东发生了一些变化,他不太爱说话了,每天都是郁郁寡欢,无精打采的样子。寝室的集体活动经常以各种理由推脱,上午也经常缺课,躲在寝室睡觉。反应也变得迟钝起来,用他自己的话说,脑子好像生锈了一样,转动不起来了。以前喜欢打篮球和打游戏,现在不仅篮球不打了,甚至游戏也不想打了,干什么都提不起兴趣来。胃口也很差,不想吃东西,2个月来瘦了10多斤。

但最近一周,他来了个180°的大转弯,好像变了个人似的,每天精神抖擞,忙个不停,一会儿打扫宿舍,一会儿出去给大家买吃的;一会儿要去竞选社团负责人,一会儿要去长途骑行,还准备自己开网店和当网络主播。感觉脑子也开窍了,变得特别灵光,转得特别快,不停地有新的想法和思路,有时都觉得自己的嘴巴跟不上脑子里的想法了,说起话来滔滔不绝,情绪激昂。这一周小东还从网上买了一大堆东西,把一个学期的生活费都快花光了。小东不仅午睡取消了,晚上还经常熬夜写东西,但第二天仍然精力充沛。按他自己的话说,他觉得自己的人生开挂了,状态从来没有这么好过。

双相情感障碍是既有躁狂发作,又有抑郁发作的一类心境障碍,又称狂躁抑郁症或躁郁症。就像是情绪的跷跷板,在整个病程过程中,患者的情绪会间歇性地高低起伏,躁狂、抑郁两者交替发作或混合发作,具有周期性和可缓解性,间歇期患者精神活动完全正常。

(一)躁狂发作的主要临床表现

躁狂发作的主要临床表现具体如下。

(1)情感高涨。强烈而持久的喜悦与兴奋,自我感觉良好,整天兴高采烈,得意扬扬,笑逐颜开,洋溢着欢乐的神态,情绪具有一定的感染力。有些患者以易激惹为主,常为一些小事而大发雷霆,甚至出现破坏或攻击行为。

(2)思维奔逸。思维联想速度加快。患者话语增多,语速加快,联想丰富,口若悬河,高谈阔论,滔滔不绝,有时感觉言语跟不上思维的速度,话题随境转移。在情感高涨的基础上可出现自我感觉良好,言辞夸大,说话漫无边际,甚至达到夸大妄想的程度。

(3)意志行为增强。精力旺盛,兴趣范围广,动作快速敏捷,活动明显增多,整天忙忙碌碌,但是做任何事情都虎头蛇尾,有始无终。有时好管闲事,行为冲动,不顾后果,风险行为增多。

(二)躁狂发作的诊断标准

每天及每天的大部分时间里,表现出异常而且持续的心境高涨、夸大或易激惹,以及异常且持续的有目的活动的增加或者精力充沛,持续至少一周(如果已达到必须住院的程度,更短的时间也可以)。

在此活动增多、精力充沛的心境障碍期内,出现下列症状中的3项以上(如果仅是心境易激惹,则需4项),要求达到显著的程度,且与平时的行为相比有明显的变化:

(1)自我评估过高或夸大。

(2) 睡眠需要减少(例如,只睡 3 个小时就感到休息够了)。

(3) 比平时话多,或者有一种需要不停讲话的紧迫感。

(4) 意念飘忽,或者主观上体验到思维奔逸。

(5) 注意力随境转移(即注意力很容易被不重要和不相关的外界刺激所吸引),既可以是主观体验,也可以是别人观察到的。

(6) 有目的的活动增多(不论社交、工作或学习,或者性生活),或精神运动性激越(即无目的、无目标的活动增多)。

(7) 过分地参与一些很有可能造成痛苦后果的活动(例如,无节制地大量购物,轻率的性行为或愚蠢的商业投资)。

以上症状不是由于某种物质(例如,物质滥用、药物治疗,或其他治疗方法)或者躯体疾病所导致的生理效应。

符合以上症状和病程,并且严重到了导致社会和职业功能的显著损害,或者必须住院以防止患者伤害到自己或他人,或者具有精神病性症状,就可以考虑为躁狂发作。

轻躁狂发作与躁狂发作的主要区别在于前者不会出现精神病性症状,并且其社会功能受损不明显,无须住院治疗,且心境障碍症状持续 4 天即可。

(三) 双相情感障碍的诊断

双相情感障碍可以表现为以往有躁狂发作或轻躁狂发作,现在出现抑郁发作,也可以表现为以往有抑郁发作或轻抑郁发作,现在出现躁狂发作,或者出现躁狂和抑郁的混合发作。如果频繁的躁狂状态与抑郁状态交替发作,临床上称为快速循环型双相情感障碍。

第二节 厌食症、贪食症与强迫症

一、厌食症

小魏,大二女生,身高 160 厘米,体重只有 30 多公斤,身形消瘦,精神不好,感觉很虚弱、疲乏、沉默寡言。平时吃得很少,除了饼干、面包以及脱脂牛奶,稍油腻的食物几乎不吃,经常感觉恶心,然后把先前尚未消化的食物吐掉。

大一时,小魏体形正常,稍偏胖,性格开朗,成绩优秀,还担任了学生会干部。后来小魏与一男生谈恋爱,对男友非常依赖。但不久男友提出分手,并发现他与一身材苗条的女生走到了一起。从此,小魏开始厌恶自己的身体,疯狂减肥。每次吃饭都会计算摄入了多少卡路里,都会想着怎么把它消耗掉。经常采用的方法就是尽量少吃,吃了也要想办法吐出来,而且发现吃下去食物然后吐掉,可以缓解焦虑,因此养成了催吐的习惯。当心情陷入低潮时,食欲会变得更差,连饼干、面包都吃得很少,脸色显得苍白虚弱。除了恶心呕吐、食欲不振、体重下降外,月经量也变得非常稀少。尽管看上去骨瘦如柴,她还是担心体重过重。

据了解,小魏的父母都事业有成,尤其妈妈比较能干强势。但父母关系并不融洽,长期处于冷战和分居状态,也会在小魏面前互相讲对方的不好。父母都很爱小魏,对小魏要求很严,期望也很高。为了小魏,父母没有选择离婚,而是勉强凑合在一起过日子。以前她总害怕父母离婚,但现在宁愿父母离婚,也不想生活在这种隔阂、冷漠的家庭氛围中。

厌食症又称神经性厌食症,是以患者自己有意地严格限制进食、使体重下降至明显低于正常标准或严重的营养不良,此时仍恐惧发胖或拒绝正常进食为主要特征的一种进食障碍类精神疾病,主要发生于青少年女性。

(一) 厌食症的主要临床表现

厌食症的主要临床表现具体如下。

(1) 心理症状。对"肥胖"的强烈恐惧和对体形、体重的过度关注是患者的核心症状。患者存在对自身体像的歪曲认知,尽管体形正常,甚至已经骨瘦如柴仍认为自己胖,或认为身体的某些部位胖,如胸部或臀部太大,这种现象被称为体像障碍。否认病情,拒绝就医也是该症的另一个显著特征。抑郁情绪和强迫症状在厌食症患者中也很常见。

(2) 行为症状。患者严格限制进食,为减少每日热量摄入,通常吃得很少;进食后会采用催吐、服用泻药或减肥药等方式来避免体重的增加;有些患者会采用强度与体力极不相称的、过度的运动来减肥,让人感到患者好像在自我惩罚、自我折磨。物质滥用在厌食症患者身上也经常发生。

(3) 躯体症状。厌食症患者常伴有身形消瘦,常伴有营养不良、代谢和内分泌紊乱,皮肤干燥,易脱发,指甲易断裂,性欲减退,第二性征发育停滞等症状,女性患者常出现闭经或初潮不来。严重营养不良时,各器官功能低下,水电解质紊乱,会对生命造成严重威胁。

(二) 厌食症的诊断标准

厌食症的诊断标准具体如下。

(1) 相对于需求而言,在年龄、性别、发育轨迹和身体健康的背景下,因限制能量的摄取而导致显著的低体重。显著的低体重被定义为低于正常体重的最低值或低于儿童和青少年的最低预期值。

(2) 即使处于显著的低体重,仍然强烈害怕体重增加或变胖或有持续的影响体重增加的行为。

(3) 对自己的体重或体形的体像障碍,因为体重或体形产生对自我评价的不当影响,或持续地缺乏对目前低体重的严重性的认识。

二、贪食症

郝某,女,19岁,中等身材,大一。近两个月以来,出现了暴饮暴食不能自制的状况。每天都要去商店买一大堆零食,只要没课,就会在寝室里吃个不停,直到胃被撑得难受至极。吃进去这么多东西,又害怕变胖,于是会冲到卫生间,使劲抠着自己的喉咙,想把这些零食都吐出来,一直吐到胃返酸之后才停止。每次看着自己催吐时的狼狈样,越发鄙视自己,越发心里难受,人也变得越来越萎靡不振。在考试前或学习任务重时,暴食的情况会更加严重。到医院检查过身体,也没有甲状腺功能亢进等身体的疾病。

郝某有一个一起长大的堂妹,只比自己小一个月,但长得比自己高,也很漂亮,从小就很受家族人的喜爱。自己相貌平平,而且偏胖,妈妈有时也告诫自己要少吃点,不然会好丑的,因此,她嫉妒堂妹,也恨家人偏心。但自己学习比堂妹好,现在自己考上了大学,而堂妹没考上,自己得到了亲友的交口称赞,自尊心得到了极大的满足,踌躇满志地想要在大学里好好表现一番。但进入大学后,发现身边优秀的人太多,自己又变得毫不起眼,竞选学生会干部也被刷下来,因此陷入了深深的自卑和痛苦之中,出现了暴食的状况。

贪食症又称神经性贪食症,是以反复发作性地、不可控制地、冲动性地暴食,继之采用自我诱吐、使用泻药或利尿剂、禁食、过度锻炼等方法避免体重增加为主要特征的一组进食障碍类精神障碍。

(一) 贪食症的主要临床表现

贪食症的主要临床表现具体如下。

(1) 心理症状。患者多为完美主义,追求形体的苗条,追求成就感;情绪波动性大,易产生不良情绪,如愤怒、焦虑不安、抑郁、孤独、空虚、挫折感等。患者往往为暴食行为感到害羞,所以偷偷进行。暴食后患者会出现内疚、厌恶和自责。

(2) 行为症状。频繁的暴食行为,食量为常量的数倍,进食速度快。一旦开始吃,很难主动停止,常以腹胀疼痛而结束。随后因恐惧体重增加,又会采用手指抠吐或自发呕吐、过度运动、禁食、滥用利尿剂、泻药等补偿性清除行为,其行为常不被家人和朋友注意。患者中还常见偷窃食物及酒精滥用、性紊乱、自伤、自杀企图等冲动行为。

(3) 躯体症状。暴食行为可导致一系列胃肠道症状,以恶心、腹痛、腹胀、消化不良和体重增加较为常见。反复咀嚼和呕吐可导致腮腺肿大、龋齿、食道溃疡等体征;过度的呕吐可导致水电解质紊乱,甚至出现心律失常或肾脏损害。

(二) 贪食症的诊断标准

贪食症的诊断标准具体如下。

(1) 反复发作的暴食。暴食发作具有以下两项特征:

① 在固定的时间内进食(例如,在任何 2 小时内),食物量大于大多数人在相似时间段内和相似场景下的进食量。

② 发作时感到无法控制进食(例如,感觉不能停止进食或控制进食品种或进食数量)。

(2) 反复出现不适当的代偿行为以预防体重增加,如自我催吐,滥用泻药、利尿剂或其他药物,禁食或过度锻炼。

(3) 暴食和不适当的代偿行为同时出现,在 3 个月内平均每周至少 1 次。

(4) 自我评价过度地受身体的体形和体重影响。

(5) 该障碍并非仅仅出现在神经性厌食的发作期。

三、强迫症

案例

小陶,20 岁,男性,大三学生。两年前开始因隔壁宿舍被盗而非常注意安全,每次出门前都要仔细关好门窗,还要检查一两次。后来检查次数逐渐增多,关门时要反复开关十几次。有时在上课时会不自主回想自己是否已经关好门窗,为此无法集中注意听课。有时为了减轻这种担心和焦虑,他干脆回到宿舍检查清楚后再继续去上课,学习成绩也因此受到影响。虽然从没有真正忘记过关门,但仍然难以控制。同学们也觉得小陶谨慎得有点儿离谱,感到难以理解。

小陶这种反复检查的行为在假期会有明显好转,而在期中或期末考试时会显著加重。一年前在一次无缘无故的腹泻后,小陶总觉得自己手上可能有细菌,因此洗手时间变得越来越长,洗手次数也增加了。每次洗手要四五分钟,有时甚至会洗10多分钟,每天要洗二三十次,以至于手部皮肤都被洗破了。后来外出时,会随身带上一瓶酒精,无论手碰了什么东西后,都会用酒精喷手消毒。

近一个月来面临考试,小陶在复习时总怀疑自己是否跳过了几行或几页重要内容,不得不反复地从头看起,复习一小节内容都要花很长时间,学习效率明显下降,因此异常焦虑和苦恼,来到学校心理中心向教师求助。

心理中心教师在咨询中了解到,小陶平时性格内向,胆小。父母都是中学教师,从小对他的要求十分严格,也对他有着很高的期望。在父母眼中他一直是一个很优秀,也很乖的孩子。大一时成绩仍然很优秀,但目前成绩下降至中下水平,父母为此也很生气,经常责备他。

强迫症又称强迫性神经症,是以不被主观意志所控制,反复出现的观念、意向和行为为临床特征。患者认识到这些观念和行为是毫无意义的、不合理的,以致引起显著的焦虑或痛苦的一种心理障碍。其特点为有意识地强迫和反强迫并存,二者强烈的冲突使患者感到巨大的焦虑和痛苦,影响学习工作、人际交往甚至生活起居。

(一)强迫症的主要临床表现

强迫症的主要临床表现具体如下。

(1)强迫观念。强迫观念是指反复进入患者意识领域的思想、表象、情绪或意向,患者明知这些观念是不必要、不应该、不合理或毫无意义的,很想摆脱,又无能为力,因而感到十分苦恼。

强迫观念又可以分为强迫思维、强迫情绪和强迫意向。强迫思维是指一些字句、话语、观念或信念,反复进入患者意识领域,干扰了正常思维过程,但又无法摆脱,如反复思考出门是否锁门了,人为什么有两只手,脑子里反复出现与女友分手的场景等;强迫情绪是指患者对某些事物的担心或厌恶,明知不对,却无法摆脱,如担心自己会伤害别人,担心自己被脏东西污染等;强迫意向是指患者反复体验到想要做某种违背自己意愿的动作或行为的强烈内心冲动,如站在高处就想往下跳。

(2)强迫行为。强迫行为是指患者反复出现的、刻板的仪式动作,明知不合理,但又不得不做,往往继发于强迫观念之后。

常见的强迫行为有强迫检查、强迫清洗、强迫询问、强迫性仪式动作等。行为形式多样,例如,出门时会反复检查电器是否关电,外出回来后要长时间反复洗手,上楼时一定要数台阶数,同一个问题反复要求他人不厌其烦地给予解释或保证等。

(二)强迫症的诊断标准

强迫症的诊断标准具体如下。

(1)存在强迫观念或(和)行为。

(2)强迫观念或行为常需要消耗大量的时间(每天至少1小时),引起巨大的痛苦,明显扰乱其社会、职业或其他重要方面的功能。

(3)强迫观念或行为不是由于药物或物质滥用,或其他身体疾病所导致。

(4)这些困扰无法更合理地被其他精神障碍解释(如过度担心可见于广泛性焦虑障碍;关于外形存在先占观念可见于躯体形式障碍等)。

第三节 精神分裂症

小C,男,20岁,大一新生。军训结束后,同学向辅导员反映该生行为有些古怪,每次回宿舍会把宿舍上上下下都检查一遍,说是担心有人在宿舍装针孔摄像头或窃听器监视自己。大白天也会把窗帘拉上,怀疑对面楼有人监视自己。晚上睡觉也不安稳,总觉得听到有人在说悄悄话,而且看到窗外有人影晃动,担心是密谋要来害自己,所以会反复起床拿手电四处查看。为此室友对他提过多次意见,说影响到大家的正常休息,而他却认为同学故意针对他,成心跟他过不去。

小C每次看到同学在聊天,就会怀疑他们是在议论自己,说自己的坏话,因此会刻意避开大家,经常独来独往,与同学关系很疏远。唯独对班上一个女生有好感,这个女生曾经指导过他两次作业,因此认定这个女生喜欢自己。有两次邀请过该女生去看电影,被拒绝了,但不气馁,认为女生是在考验自己的毅力和忠贞。

辅导员跟家长联系后了解到,该生高三时,因为学业压力大,出现过失眠、多疑等症状。认为同学朗读课文是故意干扰自己,邻居发出一点儿声响就是故意跟自己过不去,让自己不能好好学习,因此经常跟同学和邻居发生冲突。有时在家学习会在头上戴一个铁盆,说是怕别人把自己大脑里的知识偷走。家人发现了他的异常状况,带他到医院看病,诊断为精神分裂,药物治疗后症状基本消失。进入大学后,因为怕别人知道自己在服用抗精神病药物,有精神病史,受到歧视,因此停止了服药,停药后不久,症状又开始出现并加重了。

精神分裂症是以基本人格改变,思维、情感、行为的分裂,精神活动与环境不协调为主要特征的一类病因未明的精神疾病。多起病于青壮年,常起病缓慢,一般无意识及智能障碍,部分患者可能出现认知功能损害,严重者自知力基本丧失。病程多迁延,呈反复加重或恶化,但部分患者可保持痊愈或基本痊愈状态。

一、精神分裂症的主要临床表现

(一)感知觉障碍

最典型的感知觉障碍是幻觉。幻觉是一种很重要的精神病性症状,它是指在客观现实中并不存在某种事物的情况下,却感知有它的存在并对此坚信不疑,是一种无对象的、虚幻的知觉。如无人在旁边时,听到有人在骂自己或看到有人在跟踪自己。根据感觉感官的不同可分为幻听、幻视、幻嗅、幻味、幻触、内脏性幻觉等;尤其是言语性幻听,如命令性幻听、争论性幻听、评论性幻听对精神分裂症有诊断意义,常会引发被害妄想、疑病妄想等。

(二)思维障碍

思维障碍是指思维联想过程缺乏连贯性和逻辑性,是精神分裂症的核心症状,包括思维形式障碍和思维内容障碍。常见的思维形式障碍有思维奔逸、思维散漫、思维破裂、思维插入、思维中断、语词新作、刻板语言等。常见的思维内容障碍有妄想、强迫观念和超价观念。

妄想是一种脱离现实的病理性思维,是缺乏事实根据地坚信自己的某种错误判断和推理,即使通过摆事实、讲道理,进行知识教育或亲身体验也无法纠正,是思维障碍中最常见、最重要的症状。妄想的最大特征是妄想内容的核心完全涉及自我,如"我有特异功能""有人要害我"等。

妄想按内容可分为关系妄想、被害妄想、影响妄想、夸大妄想、自罪妄想、疑病妄想、钟情妄想等。患者把与他无关的事物看成与他有关，是关系妄想；患者无中生有地坚信他被监视、打击、陷害等，是被害妄想；感到自己的心理活动受外力控制、干扰、操纵，是影响妄想；坚信别人爱慕自己，被异性追求，是钟情妄想。

（三）情感障碍

以性质改变为主的情感障碍，包括情感迟钝、情感淡漠和情感倒错，是精神分裂症的重要特征，表现为情感反应与思维内容以及外界刺激的不协调。情感迟钝是指对平时能引起鲜明情感反应的事情反应平淡，缺乏相应的情感反应。多是细微的情感逐渐丧失，如患者变得对亲属不体贴，对同学不关心，对学习不认真，荣誉感、责任感降低等，多见于精神分裂症早期。情感淡漠是指对外界任何刺激均缺乏相应的情感反应，即使一般能引起正常人的极大悲伤或高度愉悦的事件，如生离死别、久别重逢等也无动于衷。对周围事物漠不关心，面部表情冷淡呆板，内心体验贫乏。情感倒错是指情感反应与现实刺激的性质不相称，与思维内容不协调，如遇到悲伤的事时反而喜笑颜开。

（四）意志、行为障碍

意志障碍包括意志增强、意志减退、意志缺乏和意志倒错。精神分裂症的意志增强往往由妄想引起，患者受妄想的支配，不断地调查了解，寻找所谓的证据或到处控告等。精神分裂症更多表现出意志减退和意志缺乏。意志活动显著减少，宅居不出，孤僻，生活懒散，个人卫生差，对任何活动都缺乏明显的动机，学习、工作和事业上都缺乏追求，效率低下，严重时自卫、摄食及性等生活本能也丧失。意志倒错时，意志要求与一般常情相违背或为常人所不允许，行为让人感到难以理解。如伤害自己的身体，吃正常人不能吃、不敢吃的东西。

行为障碍包括精神运动性兴奋和抑制。精神分裂症常表现出不协调性精神运动性兴奋，患者的动作杂乱无章，动机和目的性不明确，缺乏指向性，使人难以理解。精神运动性抑制多表现为紧张性木僵，经常保持一种固定的姿势，一动不动，或任人摆布，也可有违拗、刻板动作、模仿动作、强迫动作等症状。

二、精神分裂症的诊断标准

精神分裂症的诊断标准具体如下。

(1) 具备下列症状中的2项以上，每项症状均应在1个月的大部分时间内呈现（若经成功有效治疗的可少于1个月），且至少包括①、②、③项症状中的1项。

① 妄想。

② 幻觉。

③ 言语紊乱（例如，常常说话跑题或前后不搭）。

④ 显著紊乱或者过度紧张的行为。

⑤ 负性症状（例如，情感淡漠或意志减退）。

(2) 自起病以来的大部分时间里，患者一个或多个方面的功能水平显著地低于起病前，例如，工作、人际关系、自我照料。对于儿童或青少年，则是人际、学业或职业功能未能达到预期的发展水平。

(3) 此病症至少持续6个月，这6个月内必须至少有1个月达到标准(1)。

(4) 此病症不是由于某种物质（例如，滥用的毒品、药物）的生理效应或其他躯体疾病所致。

第五章

心理委员应掌握的心理危机知识

心理委员是高校心理危机干预和预防体系的重要组成部分。高校心理委员制度缘起就是利用班干部的优势,有效地预防和干预大学校园自杀、自我伤害及暴力伤人等突发心理危机事件。因此,心理委员掌握危机预防及干预的相关知识,熟练危机排查和干预的标准化操作步骤,才能充分发挥高校危机干预"守门员"的重要作用。

第一节 心理危机概述

一、心理危机的概念

心理危机是个体遇到了突发事件或面临重大挫折和困难,当事人自己既不能回避又无法用自己的资源和应激方式来解决时所出现的心理反应。

心理危机来源于危机,危机就是平衡被打破、个体不能很好地处理和应对。由心理问题引发的危机,就是心理危机。人在紧急状态时原有的心理平衡状态被打破,继而出现无所适从,导致情绪、认知、行为功能失调而进入的一种失衡状态。心理危机包括发生诱发事件,个体感受到应对无效,引起危机个体意识、行为和情感方面的功能失调三个部分。

 案例

小美是大二学生,非常看重自己的身材,对外表总是不满意,常常节食和减肥,遇到不如意就会想要自杀。最近男朋友跟她提出分手,对她产生重大打击。一天下午正在上课时,小美情绪突然崩溃,跑到校园湖边,想要跳湖自杀,被同学们拉住。

小美是个大学生,对自己的外表不能接纳,平时就很情绪化,积聚了一些心理问题,当遇到男朋友分手这样的应激事件时,无法应对,出现心理危机。

大学生普遍处在所谓"心理断乳期"的特殊年龄阶段,随着年龄的增长,大学生选择自由度越来越大,他们在探索世界的过程中意味着要不断打破自身的平衡状态,寻求新的自我秩序和平衡,成长过程中必然要经历心理危机。同时他们还没有进入完全承担责任的成人世界,其心理发展和成熟度还不足以应对来自家庭、学习和人际交往等压力带来的挫折或打击,心理问题的积聚,长期得不到解决,就极易爆发心理危机。

二、心理危机的分类

心理危机按照性质可以分为以下三类。

（一）发展性危机

发展性危机也称成长性危机，是指在正常成长过程中，急剧的变化或转变所导致的心理方面的异常反应。包括入学、离开父母、毕业、结婚、生孩子、退休等。这是每个人一生中都会面临的危机，是可预见的，因而也被认为是正常的危机。对大学生而言，发展性危机的表现有入学心理危机、学业心理危机、人际关系心理危机、恋爱与性心理危机、就业心理危机等。发展性危机是大学生成长中必要和重大的转折点，每一次发展性危机的成功解决都是大学生走向成熟和完善的阶梯。

（二）境遇性危机

境遇性危机是指出现超出人们日常预期的事件或进行控制时出现的危机。这类危机往往具有随机性、突发性、震撼性、灾难性，比如，遭遇火灾、严重交通事故、亲人突然遇难、患病、性侵、校园暴力等，都可能构成个人或群体的境遇性危机。如2020年年初突发的新冠肺炎疫情不仅对人们的身体健康造成威胁，也同时增加了人们的心理痛苦：失去亲人的悲伤、失去收入来源的震惊、隔离和社交疏离措施的限制、对未来不确定性的恐惧等，可能造成严重的精神健康危机。对遇到境遇性危机的大学生来说，靠自己个人的已有能力是难以解决的，对个人的损害程度也比较大。

（三）存在性危机

存在性危机是一些人生重要而根本的问题，包括人生目的、意义、价值和责任，对死亡、孤独和自我认同等思考的困扰，导致的个人内心的冲突和焦虑。存在性危机常常是一种内在的深层的危机状况，往往不具有突发性，但贯穿于人生存发展的始终，易于形成反社会及颓废、消极的心理应对模式。存在性危机严重影响大学生个体的心理健康，成功应对和解决，对大学生确立正确的人生观、价值观和世界观有着深远的影响。

作为心理委员，了解心理危机的不同类型，可以更早、更好地发现危机，预防危机，做好心理援助工作。

三、心理危机发展阶段及三种结果

心理危机是一个动态过程，危机前期人处于平衡状态，能够应付日常生活中的应激事件。处于危机中的个体会经历以下三个阶段。

（一）冲击期

冲击期发生在危机事件发生后不久或当时，感到震惊、恐慌、不知所措，表现为不能合理思考、焦虑、惊恐，个别人会出现意识不清。

（二）防御期

冲击后的表现持续下来，通过努力发现通常的方法不能解决问题，焦虑开始加重，会出现否认问题的存在、退缩、合理化等。

（三）解决期

解决期也叫适应期。积极采取各种方法接受现实，寻求各种资源努力设法解决问题。

焦虑减轻,自信增加,自我评价上升,社会功能恢复。

个体心理危机的表现及应激源类别虽然有多种,但结局一般有以下几种。

第一种,当事人不仅顺利度过危机,而且学会处理困境的新方法。经历了危机变得更成熟,获得更多的积极应付技巧。如刚入学新生不适应角色变化和住宿生活,处理不好和同学们的关系,失去学习动力等,出现适应性危机。但随着学期结束,绝大部分同学顺利度过这一时期,逐渐适应大学校园生活。

第二种,危机虽然度过,但形成了适应性障碍。如被校园霸凌的学生变得自闭,因男友出轨分手的女生不再相信爱情等。危机在当事人的心中留下了一块"烙印",形成偏见,留下痛点,限制其今后的社会适应。有些则表现出人格改变,或表现出敌意、抑郁、滥用酒精、药物和食物。

第三种,未能度过危机,当事人心理适应水平明显降低,会出现创伤心理,或陷入神经症或精神障碍或慢性躯体不适,最严重的会出现自杀或伤人。心理危机不是时时有,可一旦突发后果往往会超出人们的预期,严重时可直接导致死亡。

第二节 心理危机的排查

一、心理危机的主要表现

了解心理危机的表现,就能够更好地识别危机信号和及时提供帮助。对于大学生而言,主要表现在以下几个方面。

(一)情绪方面的反应

情绪方面的反应包括紧张、焦虑、恐惧、羞愧、沮丧、混乱、麻木、无助、悲伤、绝望、易怒、很难平静下来。特点是极端的负面情绪和情绪失调,情绪不稳定且波动较大,各种情绪之间相互转换且有时又同时兼有,导致情绪紊乱。

每个处于心理危机中的个体的具体情绪状态是不一样的。例如,一个没有拿到学位证的毕业生,看到别人穿着学位服参与学位授予仪式及拍毕业照,会不自觉地产生自卑、失落、沮丧等消极情绪;疫情期间得知自己是新冠肺炎的密切接触者的情绪状态可能会有焦虑、恐慌、愤怒等;一个家人突发疾病去世的学生其可能的反应是麻木、无助、悲伤等。

(二)认知方面的反应

认知方面的反应特点是认知变得狭窄,只局限于问题和困难,看不到其他的可能性、内外资源和希望。问题解决能力与应对机制暂时受到冲击,主要表现为感知力记忆力下降、注意力不集中、思维变得迟钝、效能降低、自尊水平下降,出现思维偏差、幻想,不能把思想从当前危机事件上转移等。

(三)行为方面的反应

处于危机状态的学生往往会表现出不能专心学习或行为散漫、面对日常事务的逃避、自责或责怪他人、否认、攻击、退缩等消极的行为反应。行为表现容易极端化,严重时可导致自伤、自杀或伤害他人的行为及成瘾行为等。

（四）躯体方面的反应

处于心理危机中的大学生经常会出现食欲不振、肠胃不适、失眠、做噩梦、早醒、胸闷头晕、容易疲劳等主观症状。

小浩，男，大二学生。平时作息习惯特别有规律，从未有晚归、外宿等违反校纪的行为。在班里学习成绩好，也从不旷课。和班里及宿舍同学关系都挺好，经常一起上课，乐于助人，很少与人发生冲突。注意个人仪表及宿舍卫生。有一个谈了一年的女友并且很爱她。

一天晚上 11 点，宿舍楼的大门已经关闭了半个小时，学院查宿舍时室友们发现他还没有回来，联系他时显示电话关机。他们这才联想到这几天小浩的反常状况：独来独往，闷不吭声，和大家的交流很少；室友向他请教问题时总分神，显得不耐烦；宿舍自己的床铺凌乱；更重要的是，前两天在和女朋友打电话后情绪激动，室友随后得知女友提出要分手，小浩还在朋友圈发了一条"好累……"。

二、排查的重点对象

心理危机的发生虽然有一些共性的外在表现，但对于个体来讲又有一定的隐蔽性。以下是需要重点排查并给予较多关注的学生。

（1）在学校心理普查中发现的、有潜在心理危机或较重心理问题或自杀倾向的。

（2）新生中出现严重适应不良导致心理问题者。

（3）遭遇打击或突发事件而导致心理困扰的学生。主要包括早年有创伤经历的；家庭发生重大变故或经济负担过重；恋爱受挫；人际关系恶化；与宿舍同学发生严重冲突；受辱或受恐吓；发生较重人际冲突；面临将导致严重处分后果的违纪违法问题；网络贷款被追债；重大灾害或公共卫生事件等。

（4）学习与发展受挫的学生。例如，挂科较多；经常逃课；考试作弊违纪处理的；重大考试受挫的；毕业前拿不到学位证或毕业证的。在一项以 100 例自杀死亡的大学生的后续研究表明，学业受挫作为诱因排在自杀比例的第一位。

（5）情绪或行为有明显变化或异常的学生。例如，特别烦躁、高度焦虑、恐惧、易冲动；或情绪异常低落，或情绪突然从低落变为平静；有强烈的自责自罪感，觉得自己不配活在世界上，直接表露自己处于抑郁、痛苦、无望或无价值感中；易激惹，过分依赖，持续不断地悲伤或焦虑，常常无故流泪；异常兴奋，连续几天不睡觉、不进食；个人卫生习惯变坏，不讲究个人仪表形象；突然中断与人的交往等。

（6）个人患有严重身体或心理疾病的学生。例如，身体出现严重疾病，个人很痛苦、需长期服药的学生；患有严重心理疾病，如抑郁、焦虑、癔症、精神分裂症等疾病的学生。有多种精神障碍则会导致自杀风险。

（7）人格有明显缺陷者和缺少社会支持的学生。

（8）既往有自杀未遂史或家族中有自杀者的学生。

以上是具有高风险的可能引发心理危机的排查对象。就个体来说，当其中几个因素同时出现而呈现压力叠加时，就更易于诱发心理危机。

三、排查的重要时间节点

结合大量心理危机的案例及高校的特点可以发现一些重要的、有规律性的时间节点,这种节点有助于对心理危机的发生做出较早识别与预警。

(一) 自然时间节点

首先,从四季来看,春天是心理疾病的高发季节。

春天是万物复苏的美好季节,同时也是心理疾病的高发季节。俗话说"菜花黄,人癫狂"。通常 3—5 月也是危机事件的高发期。因为在这个时段,气候变化无常,加之阴天多、光照少,气压和氧气含量较低,人体易犯困,同时也需要调整自身来适应环境的变化,这种调整会引起人体内分泌功能失调及神经功能的紊乱,导致个体认知、情绪、行为等方面的异常。精神障碍患者也更容易复发。

其次,就一天而言,许多大学生心理危机事件发生在夜间或凌晨。因为在这个时间,大部分人都处于熟睡中,对决意要结束自己生命的人来说,几乎没人会发现其异常行为。同时,夜间或凌晨往往是危机者最痛苦和清醒之时(他们一般有较严重的睡眠障碍)。特别是对于抑郁症人来说,凌晨是最严重的时候,更易于发生严重危机事件。

(二) 社会生活时间节点

从一些重大危机事件的规律来看,一些重大节日如春节、清明节、中秋节等中华民族的传统节日是大家比较重视的,也是和家人有密切联系的机会,可能会涉及一些人际关系、亲密关系及社会生活矛盾点,继而可能引发危机事件。

(三) 高校特有时间节点

1. 假期前后

大学生的心理危机多集聚于两个高峰期,一个是寒假前后,一个是暑假前及秋季开学前后(8 月底 9 月初),都属于假期前后,这可能与新节奏和对环境的适应性或重返校园的压力环境有关。

这个时段中包含新生入学后和毕业生临近毕业时。大一新生入学后步入关于生活环境、专业选择、学习方式等的适应期。毕业生在毕业前这一时期也是各种选择与矛盾的凸显期,涉及毕业论文、能否顺利完成学业,就业创业还是考研、出国,恋爱牵手还是分离等。这种不确定感带来的内心煎熬,更易诱发心理危机。

另外,情人节虽然不在中国的假日之内,但是是校园恋爱中人的一个特殊日子,也会因浪漫的氛围与相关矛盾冲突的并存可能诱发心理危机。

2. 重大考试来临或成绩公布后

重大考试对于个体的意义毋庸置疑,许多学生因压力过大出现考前焦虑。成绩公布后,结果不如意的学生,现实与理想之间的差距使得其心理落差较大而引发情绪波动。

3. 评优选干前后、受到违纪或违法惩处之际

每年的奖助学金评选前后,每个人的期待和动机不一样,结果出来后少数学生落选后会出现心理落差甚至人际冲突。在出现违纪违法等行为面临惩处时,个体会因为内疚、愤怒等复杂情绪而做出冲动行为。

4. 恋爱受挫情绪有较大波动或人际关系严重紧张时

个体在重要的亲密关系受挫后认知上会受到很大的冲击,社会支持系统暂时受损,无助

感陡增，内心体验比较复杂，情绪情感状态的波动较大。

5. 校园有自杀事件后

校园的自杀事件会激发大学生的消极情感体验以及对正常的心理调节机制造成干扰。同时负性事件的传播速度比之于一般事件要快得多，对于学生的感染性也比较强，需要引起关注。

（四）特定重大事件节点

这主要表现为重大安全事件或灾难发生时。

例如，2008年的汶川地震对于灾区失去亲人的人产生了重创，同时也带给亲历者、志愿者及其他民众内心巨大的激荡；2003年的"非典"和2020年的新冠肺炎给中国及世界人民造成了巨大灾难以及社会生活影响和心理上的恐慌。这次新冠疫情也使得大学生们的学习及生活方式产生了巨大的变化，同时对后续的复工复学及高校毕业生的就业也提出了新的挑战。

四、自杀危机的识别

自杀是最严重的心理危机。许多研究发现，多数人最后自杀是因为根本就没有人注意到他们要自杀，甚至他们发出的信号被忽视或被嘲笑。作为心理委员如果能够注意到来自学生的生命求救信号，将有助于预防自杀危机的发生。

一般来说，可以从以下几个方面进行观察与识别。

（1）遭遇家庭变故、失恋、意外伤害或性侵犯、重大挫折等生活事件，并导致严重的心理困扰。

（2）抑郁状态、食欲不好、失眠。

（3）个性、生活习惯有忽然的改变，给周围人感觉异常。一个平时高冷麻木、不主动与人交流的同学，突然变得敏感热情；一个从不注重个人仪表和宿舍内务及卫生的同学，突然特别关注自己的形象，把宿舍床铺也整理得整洁有序。

（4）情绪或行为突然明显异常。如特别烦躁、高度焦虑、恐惧、易冲动；或情绪异常低落，或情绪突然从低落变为平静；有强烈的自责自罪感，觉得自己不配活在世界上，直接表露自己处于抑郁、痛苦、无望或无价值感中；易激惹，过分依赖，持续不断地悲伤或焦虑，常常无故流泪；异常兴奋，连续几天不睡觉、不进食；回避与人接触。

（5）无故突然缺课、迟到早退，成绩骤降，想退学，或者离校出走。

（6）不明原因地突然给同学、朋友或家人送礼物、请客、赔礼道歉、诉说告别的话、烧毁日记，行为紊乱或古怪。

（7）和同学谈论过自杀并考虑过自杀方法，开自杀方面的玩笑，看有自杀情景的电视、电影或相关文学作品，在网络空间或其他发挥想象力的作品中流露出主题为无望、愤怒、脱离社会、自杀或者死亡的语言信息。比如，"我想死。""我不想活了。""我所有的问题马上就要结束了。""现在没有人可以帮助我。""没有我，他们会过得更好。""我再也受不了了。""我的生活毫无意义。"

（8）出现幻觉、妄想等异常心理，总是听到别人在议论自己，感到有人在跟踪自己或监视自己，感到有人想谋害自己。

（9）已经出现自伤或自杀行为，或有家族精神病史或自杀史的。

自杀信号与其说是自毁的行为征兆，不如说是向周围人求救的表现。对于许多自杀未遂者的心理剖析发现,他们并不是真正想结束自己的生命,只是当时思维狭隘找不到可替代的解决问题的方式,而自杀便成了他们最后的选择。所以,当某位学生出现以上一个或多个信号时,就需要引起高度重视,设法加以全方位关注与严密监控,特别是对曾有过自杀史的学生更不能忽视,在紧急情况下设法稳定其情绪并及时报告辅导员与心理中心的教师。

第三节 心理危机的干预

一、心理危机干预的概念

心理危机干预是指采取紧急应对的方法来缓解或消除处于心理危机状态的个体的压力,让其心理功能恢复到正常水平,并获得新的应对技能,以预防未来心理危机的再次发生。当个体发生心理危机时,对其表示关注和理解,为其提供心理援助并协助其解决实际问题,常常可以帮助个体脱离困境。但是如果处理不当或任其发展,会出现不良反应,甚至出现自杀的严重后果。因此,心理危机干预就是通过短期的帮助,对处于困境或遭受挫折的个体予以关怀和支持,帮助他度过困境、重建心理平衡。

二、心理危机干预的策略与步骤

一般来说,当个体出现心理危机时我们通常会采取以下策略进行干预。

第一步,确定问题。危机干预者首先要从求助者的立场出发探索和定义问题。通过使用积极倾听技术以及开放式的问题,引导求助者去探索引发其出现心理危机的问题是什么。

第二步,保证求助者安全。在危机干预过程中,危机干预者要将保证求助者安全作为首要目标,把求助者对自我和他人的生理、心理危险性降到最低。危机干预者要根据求助者的内部事件以及围绕求助者的情景,评估求助者的危险程度、失去能动性的严重程度,务必要保证求助者知道代替冲动和自我毁灭行动的解决方法。

第三步,给予支持。危机干预中强调与求助者的沟通和交流,危机干预者要通过语言、声调和躯体语言向求助者表达,自己是以关心的、积极的、接受的态度来帮助他的,使求助者了解危机干预者是完全值得信任的、能够给予其关心帮助的人。

第四步,寻找并验证替代的解决办法。危机干预者要让求助者认识到有许多变通的办法来应对引发其心理危机的问题,并帮助求助者去探索其中哪些办法比其他办法更合适。

第五步,制订计划。危机干预者要在帮助求助者发现另外的资源和提供应对方式的基础上,与求助者共同制订行动步骤来矫正求助者情绪的失衡状态。

第六步,得到承诺。危机干预者要让求助者复述拟采取的确定、积极的行动步骤,这些行动步骤必须是求助者自己的、从实现的角度看是可以完成的或是可以接受的。在结束危机干预前,危机干预者应从求助者那里得到诚实、直接和适当的承诺。

三、心理危机干预中心理委员作用的发挥

虽然心理委员不是专业人员,但是当心理委员发现身边的同学出现心理危机时,可不可以做些什么来帮助他们呢?心理委员可以借鉴专业危机干预的视角和思路,给予出现心理危机的同学以下帮助。

第一,通过倾听和共情等技巧给予他精神支持,向他表达我们的关心,并运用开放式提问的技巧询问他当前面临的困难和所需要的帮助。例如,我们可以说"我能感受到你最近的心情似乎不太好,我还挺担心你的,你愿意和我聊聊吗?我可以做些什么来帮助到你"?

第二,鼓励他谈出自己内心的感受。例如,我们可以说"你心里也许堆积了很多想法和感受,你愿意和我说说吗"?由于有心理危机的学生常常会认为他的问题是无法解决的、无法忍受的、毫无止境的,因此常常会体验到无助感、矛盾情感、孤独感、绝望感等痛苦的感受,极端痛苦、绝望的情况下甚至会希望通过自杀结束痛苦。所以,我们帮助有心理危机的学生时,不要急于帮助他找到解决问题的办法,而应首先关注他的情绪感受。如果他能在我们的鼓励下说出内心的痛苦感受,就可以缓解他的痛苦和绝望情绪。我们不要担心他们会出现强烈的情绪反应,情感爆发或哭泣有利于他们压力的释放。

第三,认可他情感上的痛苦感受,并提供情感上的支持。当他在我们的鼓励下说出他内心的痛苦感受时,我们要接纳他的感受,要保持冷静、耐心倾听,不对他做任何评判,也不要试图说服他改变自己的感受。同时,我们还可以通过运用共情的技巧正确反馈他的感受,让他感受到被理解、被接纳。

第四,必要时评估他的自杀危险程度。如果我们在和他谈话的过程中,发现他正处在非常强烈的绝望感、痛苦感中,一定要及时评估他的自杀风险。那么,如何评估他的自杀风险呢?我们可以询问他:"当你感到很痛苦、很绝望的时候,有没有想过要结束自己的生命?"我们需要切记的一点是,不要害怕询问他是否考虑自杀,询问一个人有无自杀念头不但不会引起他自杀,反而可以挽救他的生命。

第五,对自杀赋予新的看法。当有心理危机的学生告诉我们他有自杀想法时,如果我们想要通过告诉他"自杀是不好的行为"这种方式阻止他的自杀行为的发生,那么注定要失败。因为人们常常把"自杀"看作是一个问题,然而当事人往往把"自杀"看作是一种解决问题的方法。因此,我们不要试图说服他自杀是不好的行为,允许他有失望的感觉,并允许他将自杀作为解决其问题的一种方法;同时我们也要和他强调用自杀来解决暂时问题是一种再也无法挽回的方法,并和他一起去探讨其他的解决问题的方法、帮助他建立解决问题方法的框架。但是,如果发现他有自杀倾向,绝对不能让他独处,在有人陪伴的同时,要及时报告他的辅导员或心理咨询专业人员,以便及时启动危机干预预案。

第六,帮助他找到内在的资源。我们可以和他一起探讨,"当你感到痛苦、绝望的时候,你会尝试做些什么让自己感觉好一些吗?""当你想到自杀的时候,你会做些什么来对抗自杀想法吗?"当他能够看到自己的内在资源时,就能够有更多的力量去应对心理危机。

四、心理委员帮助自杀危机学生的注意事项

心理委员在帮助自杀危机学生时,应注意以下几点。

(1)心态要平和,心理要健康,不要有包治百病的思想,以免增加自己的心理负担。

(2)不要过分承诺难办的事,万一兑现不了,可能会导致连续自杀。明智的做法是表达出你的关心和诚意即可,此时自杀者最希望的也就是需要有一个或更多的人来关注他而已。

(3)不要认为自杀者都是懦夫。相反,自杀是一种需要极大勇气的行为,我们应当将自杀作为一个人解决问题的极端方式来看待。因此,在谈话中不要对自杀者流露出轻视,否则不利于交谈的继续。

第六章

心理委员的人际沟通技术

心理委员通过人际沟通传播心理健康的知识、理念和方法,对有心理困惑的同学开展人际支持,也通过人际沟通,调节人际冲突,实现对差异的超越和共赢。

第一节 倾 听

倾听的内容主要分为两种:一种是认知性的信息,主要包括对事实、行为、观点、意见等内容的倾听;另一种是对情绪情感历程的倾听,比如,心理感受、情绪以及内在体验等。因此,要准确了解对方在谈话过程中表达的言语信息和非言语信息,倾听是非常重要的技术。

一、倾听的基本原则

(一)尊重
倾听的时候焦点尽量落在对方身上,努力去听懂对方。

(二)接纳
无论对方的内在历程如何,我们都不做评判。

(三)关注
积极地听,认真地听,关注地听,不仅是用耳朵听,更要用"眼睛"听、用"心"听。

耐心地倾听可以表达对他人的尊重,利于建立信任关系,能使他人在比较宽松和信任的氛围中诉说自己的烦恼,宣泄不良情绪,探索问题解决的方法,实现自我发展与成长。倾听的习惯和态度比倾听的技巧和技术更重要。

二、倾听的误区

(一)急于表达
很多人不愿意倾听,喜欢自己不停地说。特别是别人遇到的困惑自己也曾经历过,相似的问题引发强烈的共鸣,就急于给别人提供帮助和建议,不等对方把话说完,就抢过话头滔滔不绝地讲述自己的人生经验。贸然打断同学的叙述急于自我表达,很容易剥夺对方继续表述内心体验的机会。

(二)急于判断
有时可能会边听边评价对方的观点。对对方进行带有价值色彩的评判,更有甚者,因为与对方见解不同而产生激烈的争执。倾听的目标是了解对方,并建立信任关系。因此心理委员在倾听时,一定要耐心、细致,保持中立的态度,尽可能地基于对方的思维框架和认知模式理解对方的认知与情感,不急于表达自己的判断。

(三)过分关注细节

在倾听他人讲述时,由于信息量比较大,有时心理委员会被自己的兴趣影响,过分关注到一些对方并不关注的细节,不合时宜地给予对方片面的、不恰当的反馈和问询。在这样的情况下,会让对方觉得你只是对他的故事感到好奇,并不是在关心他这个人。在倾听时应注意,重点去理解对方内心的情绪情感体验,不要把精力放在思考某一个具体的细节上。

(四)过度使用猜测

倾听时不要去过分表达"我知道你在想什么",当自己对对方有一些猜测时,要小心使用自己的猜测。如果把这种猜测强加给对方,觉得对方就是这样想的,可能会伤害到对方,令对方感到不被尊重。可以试探性地说:"听到你说这句话的时候,我心里就有一个猜测,好像……你是这样想的吗?"

三、倾听能力的提升

(一)适度回应

回应的方式以及程度可以根据情景和彼此的关系选择。比如,点头、"嗯"等,表示你正在专心倾听。同时,要善于运用鼓励和重复语句,促使谈话继续。例如,使用某些词语如"哦""嗯""原来是这样""还有吗"等,来强化对方叙述的内容,并鼓励其进一步讲述,必要时,重复其叙述中的某些话语或内容,"你是说……""原来你是想……"。鼓励与重复除了回应对方,促进谈话继续外,另一个重要作用就是引导对方的谈话朝着一定方向深化。表面上看起来,这是一种很简单的技巧,仅仅是通过倾听引导对方讲述,然而正是这一简单的技巧,使心理委员得以进入当事人的内心世界,同时表现出对对方的关注和理解,便于建立良好的信任关系。

(二)澄清问题

在谈话进行到一定阶段,对方将自己的心理困扰、情绪情感反应基本表述清楚,心理委员通过倾听了解同学所要表达的事件和内心体验,并把对方的谈话内容及内心体验分析整理后,用自己的语言反馈给对方,帮助对方澄清问题。最好是引用对方谈话中最有代表性、最敏感、最重要的词语。例如,"原来你最在意的不是……,而是……"这样解释说明式的反馈会帮助对方有机会再次剖析自己的困扰,从新的视角重新组合那些零散的事件和关系,深化谈话的内容,更清晰、准确地做出决定和判断。同时,也有助于心理委员确认一些关键的信息与线索,通过倾听发现对方在交谈中没有表达出来的内容或隐含的意思,甚至是对方自己都不曾觉察的潜意识,为交谈的深入打好基础。

(三)情感反馈

在倾听时,要准确、有效地捕捉识别对方的情绪情感反应,同时感受自己听到这些语言后的感受,并将这种反应反馈给对方。例如,"你对此感到伤心""这件事让你很不愉快",等等,也可以说"我听到你刚才讲到某个部分时,我很感动/伤心"。通过倾听,准确地捕捉对方内心的情绪情感体验,并及时进行反馈,帮助对方深切体验到被人理解的感觉,这时谈话就可能朝着更深层的境界迈进。

(四)注意非言语信息

人际沟通不仅通过言语交流信息,还通过非言语的表情、声调、姿态、手势等进行交流。许多时候,非言语行为所表达的信息比言语表达的信息更多、更准确、更真实。眼睛是心灵的窗户,因此在倾听时首要关注的非言语信息是目光。心理委员在倾听时注视对方,目光温和专注,同时表达对对方的尊重和关注。视线的接触在谈话时因交谈的内容、气氛、场合等,有不同的反应和表现形式。目光的使用以人的面庞为宜,但不要始终注视对方,如发现对方有意避开目光接触时,就不要紧盯着对方。

(五)注意距离和角度

在谈话时,每个人都需要一个无形的空间,以保持自己的独立、安全和隐私。双方距离太近,安全空间受到侵犯,容易产生不安、焦虑等负性情绪体验,但若双方相距太远,又会产生距离感,甚至听不清对方说话。谈话距离的适宜性,应视具体情况而定,以对方觉得合适为宜。一般来说,不宜太远,接近一些较好,便于倾听对方的描述,也便于观察面部表情等细节信息。具体情况视情景而定,没有一定之规。

实操技能

同学:我放假不喜欢回家。

心理委员:为什么呢?(关切的眼神)

同学:因为爸妈经常吵架。

心理委员:哦!(认真听,表达关心)

同学:每次吵架,我爸爸就把气撒在我身上,有时还动手打我。

心理委员:原来是这样。(肯定、关心的语气,鼓励来访者继续说下去)

同学:有时我真想离家出走,再也不回去了……

心理委员:(目光注视)

同学:不过我不会这样做的,其实他们还是很爱我的,平时对我也很关心。

第二节 询 问

心理委员与同学谈话时,需要通过询问收集对方的基本信息,明确求助问题,了解同学的所思所想,并且通过询问,引导对方探索、觉察自身的认知和情绪体验。

一、询问的分类

(一)开放式提问

开放式提问是指提出比较概括、广泛、范围较大的问题,且对回答的内容没有严格的限制,给对方充分自由表达的余地。例如,通常运用"什么""怎么""为什么"等词语在内的语句发问,让同学对相关的问题、事件进行较为详细的叙述。

(二)封闭式提问

封闭式提问是指对于提问的回答不需要展开,答案只需一两个字词或一个简单的姿势,如点头或摇头等,简单明确,从而使提问者确认某些信息。例如,通常使用"是不是""对不对""要不要""有没有"等词语提问,回答也是"是""否"式的简短回答,或者是"多少次""哪一年"等具有确切答案的问题。

二、询问的误区

（一）询问句式单一

提问时，要注意变换句式，避免连续使用同一句式提问。例如，过多地使用"为什么"句式，特别容易形成一种暗示，似乎是在责备对方的想法、行为和情绪等，这样很容易诱发同学的逆反心理。

另外，同学向心理委员求助是为了寻求帮助，解决自己的困惑和疑问，本来内心就有许多疑问想要解答，如果心理委员不停地询问，会让对方感到烦躁，交谈难以继续。

（二）连续使用封闭式提问

过多的封闭式提问会使对方陷入被动地回答，反而抑制其自我表达的愿望和积极性，产生压抑感和被讯问的感觉，阻碍交流。

例如，封闭式提问接连用了三四次，很容易导致同学内心形成一种对话格式：等着心理委员提问，然后进行回答即可。而且这种回答是不用解释或过多思考的，这样很不利于同学进行自我探索。

（三）为满足好奇心而询问

心理委员进行询问时，所有的提问都是围绕同学的心理困扰展开的，除了要认真听同学的回答，更要去理解其内心的情绪感受。切不可不顾对方的感受和心理承受能力，就一个问题打破砂锅问到底。

同时，要避免漫无目的地随意提问，或者是为了满足自己的好奇心而打断对方的叙述，就一些不相关、不重要的事情不停地询问。

三、如何恰当地询问

（一）尊重对方

心理委员在询问时，只有同学感到充分地被尊重和信任，才会对问题进行思考和回答。同学可以从声调、语气中感受到心理委员的情绪和态度。例如，当一位需要帮助的同学找心理委员求助的时候，开始只是试探性地讲一些内容，如果心理委员表达的内容是尊重和关心，但声音听起来是淡漠和敷衍，那么同学更相信声音特征所表达的含义而不是言语内容的意义。因此，心理委员在询问时要表达出真诚和尊重。询问时声音不要太大，不能太生硬或随意，语速应平稳稍缓，尤其是当同学情绪激动语速加快时，心理委员的语速应更缓，以平静对方的情绪。询问的语调要有些抑扬顿挫，不要太平淡刻板，避免像审讯一般。

（二）适当变换句式

在交谈中，把封闭式提问与开放式提问结合起来。使用开放式提问展开话题、收集信息，利于营造轻松自由的谈话氛围，便于建立信任关系；使用封闭式提问澄清事实，验证结论与推测，缩小讨论范围，适当中止叙述，等等。在对同学进行询问时，尝试使用不同句式。例如，同学说："我很讨厌回宿舍"，心理委员可以问："你为什么讨厌回宿舍？"也可以问："你讨厌回宿舍，可以说说原因吗？"显然，同样是开放式提问，后一种表述更加委婉、温和一些。

（三）运用积极暗示

心理委员在进行询问时，要有意识地引导同学进入一种积极心态的氛围。例如，同学在叙述问题时,提到了自己的人际关系比较差。心理委员可以问:"你觉得是什么原因导致你人际关系差呢?"也可以换一种方式问:"你觉得是什么原因导致你不能培养良好的人际关系呢?"两种提问,表达的意思一样,但是对方的心理感受截然不同。前者聚焦于问题,强化缺陷,后者更关注目标,更容易帮助同学形成积极的内心体验。

(四)适当使用肢体语言

询问时,不仅要关注同学对于问题的回答等言语信息,还要注意自己及对方的肢体语言。总的原则是,在交谈中面对对方,身体端正放松略微倾向于对方,可以通过点头示意等方式表达对同学的真切关注。切忌动作太大太多、用手指指点点。同时,应注意观察同学对于问题的反应,如果对方表现出目光躲闪、犹豫,则不要继续追问,适当转移话题,缓和气氛。

(五)恰当处理沉默

对于心理委员的询问,常常会出现沉默,这种沉默会变成一种无形的压力,使交谈双方不知所措,严重时会影响心理委员帮助同学的信心。对于沉默,既不能听之任之,也不能惊慌失措。心理委员首先应当沉着冷静,迅速分析沉默的原因,同时还要判断沉默是来自心理委员自身还是对方。例如,心理委员观察到同学对于询问陷入长时间的沉默,目光集中、眉头微皱,似乎是在思考,这时不要急于打破沉默,适当停顿,给予对方足够的时间,耐心地等待回答,或试探性地询问:"能告诉我你在想什么吗?"当观察到同学的表情痛苦纠结,不知如何回答而陷入沉默时,心理委员可以面带微笑,微微点头表达自己的关注、理解和鼓励,等待对方打破沉默。当然,出现沉默的原因也可能是心理委员的询问不当,触及了对方的隐私或痛苦经历,或诱发了同学的抗拒等,这时,心理委员要及时调整询问内容和方式。总之,沉默并不可怕,表面上看它会使谈话出现中断陷入僵局,但沉默背后往往是对方在集中注意力进行深度探索、思考和领悟,这是意义重大的转折契机。

实操技能

同学:我今天心情很不好。

心理委员:能告诉我发生什么事了吗?(开放式提问,了解情况)

同学:昨晚我都睡着了,我舍友从外边回来,动静特别大,把我又吵醒了,真是气死我了!

心理委员:那现在呢?(开放式提问)

同学:我现在根本不想理她。

心理委员:那她昨晚回来的时候知道你睡着了吗?(封闭式提问,澄清事实)

同学:我睡觉的时候把灯都关了,她肯定知道。

心理委员:还有没有其他的可能呢?(开放式提问,促进求助者思考)

同学:哦……也可能她以为宿舍里没人。

第三节 共 情

共情也称移情、同理心。共情是感他人所感,是对他人情绪的理解和体验,包括对他人情绪的"感同身受"和对其处境的主观推测,即"推己及人"。共情有助于心理委员理解和共享同学的感受,能整合情境下的线索,准确地把握对方发送出来的信息,并以恰当的形式予以反馈,促进心理委员与同学形成良好的人际关系。

一、共情的分类

(一) 情绪共情

个体的情绪体验发生在他人身上且与他人一致或相近,这种体验即为共情,不仅包括体会到的他人当下的情绪,也包含个体预期到的他人的情绪。情绪共情是人类一种与生俱来的能力,从婴儿开始,并不需要太多的后天习得,例如,婴儿会受到周边其他孩童的哭闹情绪的感染而产生哭闹的反应;当亲近的人表现出悲伤的情绪时,小朋友也会跟着悲伤或哭泣……

(二) 认知共情

个体对他人所处情境下情感的认知,个体并非一定要有与他人一致的情绪体验,而更强调对于他人情绪的感知与认知。认知共情也可称为思维方式的共情。无论自知与否,每个人都会有一套属于自己的概念和思维方式系统。当面对半杯水,你、我、他都看成是半空的状态或半满的状态,这时就会产生一定的认知共情。理解他人的思维方式和理念会帮助形成认知共情。

二、缺乏共情的表现

可以这样形容共情:当心理委员对同学的感觉和情绪、意愿和需要等了解得非常真切的时候,我们就进入了一种状态,一种跟对方声气相通的状态。就好像读一本小说时,我们进入小说主人公的世界,跟他"活在一起"。

心理委员在助人过程中缺乏共情,容易使谈话出现障碍,具体表现在以下几个方面。

(1) 使同学感到失望。认为心理委员对自己不理解、不关心,因而会感到失望,减少甚至停止自我表达。

(2) 使同学觉得受伤害。由于心理委员没有进入对方的参照框架,而过多地立足于自己,因而很难真正理解同学的问题,有时会表现出不耐烦、反感甚至批评,这会使同学觉得受到伤害。

(3) 影响同学的自我探索。自我探索是学生成长、进步的必要途径,缺乏共情,心理委员往往对同学的自我探索不加注意,影响其自我成长。

(4) 影响心理委员对同学的反馈。由于缺乏共情,心理委员不能真正了解同学的问题与需要,因而做出的反馈也常常缺乏针对性。

在心理辅导谈话中,共情有三个层次。第一层是感受:能从对方的参照体系出发,设身处地感受同学的内心世界和精神世界。第二层是表达:心理委员将自己对同学的理解和感同身受表达出来并传达给对方。第三层是改变:引导同学在自我感受和问题上进一步思考,总结并尝试做出改变。

实操技能

同学:自从他和我分手之后,我的人生也完了。我孤零零的一个人,真不知怎么活下去。

心理委员 A:你可别这么想,看开点儿,一切都会好起来的。

心理委员 B：的确，这对你是个沉重打击。

心理委员 C：你男朋友离开了你，就像你生活中失去了一个动力，这个打击让你感到非常痛苦，都快不能承受了。

以上三名心理委员反映了不同程度的共情。心理委员 A 的反应是日常生活中一般朋友之间的典型反应，这样的反应往往会让人感到心理委员并没有真正地了解她的感受；心理委员 B 的共情能力较心理委员 A 更高一些，但是"沉重打击"这个形容词比较模糊，只是在所指的情感方向是正确的；心理委员 C 更准确地体会到了求助者的感受，并向对方反馈了自己的感受。

三、共情能力的提升

（一）学习共情表达语句

"你现在的感受是……因为……"

"你感到……因为……"

"你想说的是……"

"你的意思是……"

"我理解你的感受，我知道这对你很重要。"

"我能理解这种心情，我知道这种事处理起来很难。"

"需要我为你做些什么吗？"

"你看我能为你做些什么？"

"你的话有道理，但是我还有一点不同意见……"

"你的观点挺新颖，但是，我有一点不同看法……"

（二）掌握共情五句话

（1）他人当时的感受怎样？

（2）我自己的感受又如何？

（3）他人当时的目的/意图/需要/想法是什么？

（4）我内心又是怎么考虑的？

（5）我该怎么做，才能达到比较好的结果？

（三）使用"我信息"表达自己的情绪

"我信息"是用"我"来告诉对方"自己的内心感受"，如"我觉得很失望""当你告诉我不能来时，我感觉到伤心"等；尤其是在表达自己的负性情绪而对方是引发自己负性情绪的人，这样能获得对方的理解。

实操技能

例如：你叫得这么大声，吵死我了。

修改：你大声说话时，我有些烦。因为我需要安静的环境学习。

心理委员学会使用"我信息"表达技术，能更好地感他人所感，更好地理解他人，也就能更好地完成助人工作。

（四）学会换位思考

"如果我在他的位置上，我会怎样处理？"经常站在对方的角度去理解和处理问题，一切就会变得简单多了。心理委员应该懂得"你要别人怎样对待你,你就得怎样对待别人";懂得"己所不欲,勿施于人";懂得"得到朋友的最好办法是使自己成为别人的朋友";懂得别人是别人而不是自己,因而不能强求,与朋友相处时应存大同,求小异。

(五)善于使用非语言行为

人际沟通除了语言表达外,还有非语言行为,如目光、面部表情、身体姿势、动作变化等。心理委员在人际沟通中可以命名某种非语言行为来描述对方当下的情感状态。

实操技能

来访者:我不知道该说些什么,最近发生了很多事。

心理委员:嗯,看到你的坐姿(非语言行为),我感到你这周可能经历了很多事吧?你没精打采的姿势看起来很沮丧,很郁闷。我还感受到,你是不是难过得想哭?

第四节 积极关注

积极关注在心理辅导中是指对同学的言语和行为的积极面、光明面或长处和潜力给予有选择的关注,从而使对方拥有更客观的自我形象、正向的价值观和积极的人生态度。积极关注的需要是指在生活中得到周围人的关心、同情、尊敬、认可、温暖等情感的需求。因此,积极关注有利于心理委员和同学建立良好的关系,心理委员保持积极的态度,理解并接纳同学,打造一种温暖的、不带偏见的交流空间,使对方放下心理包袱,打开心结,接受心理委员的引导和建议来改善自身。

一、积极关注的分类

积极关注分为无条件积极关注和有条件积极关注。

无条件积极关注也称为正向关注或者积极关怀。在心理辅导的过程中,积极关注是心理委员最基本的态度。即不论同学的品质、情感和行为怎么样,心理委员对其都不做任何评价和要求,并对其表示无条件的温暖和接纳,使对方觉得自己是一个有价值的人。这种态度向同学传达的信息是:心理委员乐于接受他们此时此刻真实的自我。

有条件积极关注,如"如果你……我就会更喜欢你"。人本主义心理学家罗杰斯认为,大多数人都是在有条件积极关注的环境中长大的。即使在非常亲密的关系中,一个人对另一个人的喜欢大多是有条件的,它建立在另一个人"变化不大""一直爱我"或者其他一些条件的基础之上。

二、缺乏积极关注的表现

积极关注有利于帮助同学更好地自我认知,帮助同学挖掘自身积极、光明、正性的内容,发现自己的优点、长处和所拥有的资源。缺乏积极关注的人,不能够客观、辩证地看待自己,常以消极的行为模式、负面的情绪面对生活,他们只看到自己存在的问题、失败、缺点和不足等,并把它们放大,深陷其中而难以自拔,而看不见自己的优点和长处。

在心理委员工作过程中,缺乏积极关注,会破坏求助关系。心理委员直接向同学表达积极情感的做法看起来最容易执行,比如,直接说一些"我喜欢你""我关心你"或"我会无条件接受你"。但这种直接的表达可能会有几个弊端：①让同学感到虚假，或者不习惯心理委员的这种亲近；②情感的直接表达可能会让人误解为你跟他（她）之间有亲密关系；③心理委员作为班级一分子，有时会对某些同学怀有消极的情感，很难做到"无条件接纳"，也很难自始至终地喜欢对方。

三、积极关注能力的提升

（一）辩证客观

有些同学受认知能力的制约，缺乏对自我的深刻认识；有些同学因为生活态度消极，忽略了对自我的积极认识；有些同学选择性注意，影响了对自我的全面认识。这些都使他们只看到自己的问题、失败、缺点和不足等，并把它们放大，深陷其中而难以自拔，而看不见自己的优点和长处。积极关注就是心理委员帮助同学深化对自我的认识，从只注意失败、缺点和不足转移到客观、全面、准确地认识自己，帮助其挖掘自身积极、光明、正性的内容，发现自己的优点、长处和所拥有的资源。

（二）避免盲目乐观

心理委员对同学的基本态度应该是乐观的，但有些心理委员片面理解积极关注的含义，表现出对同学盲目乐观。比如，对一位连续两次英语六级都没考过的同学说："你热爱学习，很有毅力，这些是你的长处。好好发挥这些长处，你一定能考过六级的。"该心理委员虽然看到同学积极的一面，但对其实现理想考过六级可能过于乐观了，因为六级还受临场心理稳定程度等因素的影响。盲目乐观可能使沟通变成形式的、教条化的反应，淡化同学的问题，也缺乏对同学的共情。做好积极关注，心理委员应针对同学的实际问题，分析其现有的不足，同时帮助其深化认识，认识到其拥有的资源。

（三）反对过分消极

与盲目乐观相反，有些心理委员走向另一个极端，在判断同学处境的同时，不断地表达出消极态度，让同学更沮丧、困惑或者绝望。心理辅导的本质是给予同学支持、鼓励和帮助，促使对方从困境中崛起，走出迷茫的泥潭，减轻甚至消除痛苦。因此，心理委员应始终立足于给同学光明、希望与力量。

（四）实事求是

积极关注应建立在客观实际的基础上，不能无中生有，否则同学会觉得心理委员只是在用虚言安慰自己。比如，班级一位身高较矮的男生在追求一位身材高挑的女生时屡屡失败，向心理委员求助，而心理委员回答说："没事，身高只是一方面，你还有英俊的长相和优异的学习成绩，一定能找到自己满意的女朋友的。"该心理委员的确对男生积极关注，看到他的优点和长处，但会让该男生感觉心理委员回避事实。

（五）保守秘密

当同学向心理委员倾诉一些心理问题时，除心理咨询的保密例外原则外，所谈及的内容，心理委员需要做到保密，这样才不会对同学造成巨大伤害。

（六）善于观察

在平时的学习生活中心理委员要学会察言观色，在与同学的聊天中敏锐倾听，善于发现同学的闪光点，并建立一种以关爱和尊重为特征的关系。

（七）平等交流

心理委员虽是班级委员，但也是班级一分子，在与同学们交流时，以朋辈的身份交流沟通，允许同学以自然的方式自由谈论自己，并对同学传达尊重和接纳。

实操技能

同学：马上就要期末考试了，我感觉我好焦虑，害怕自己考不好。

心理委员：马上考试了，你感觉到很焦虑、紧张，担心自己会考差。

同学：是的，我以前一直是班级前三名，最近因为自己感冒了，有一节课没听，怕自己考不好。

心理委员：你以前一直是班级前三名，看来你的学习能力较强。（积极关注）

同学：是的，我自己能够合理规划时间，自觉学习，学习能力相对其他人而言较强吧。

心理委员：正如你所说，你的学习能力较强，加上你一直是班级前三名，说明你的基础很好。一次感冒虽然影响了你的听课效率，但是我相信以你的学习能力，你一定可以把这节课的知识补回来的。（积极关注）

同学：哦，我明白了，那我就抓紧时间查漏补缺，迎接考试。

心理委员：好的，相信你只要充分复习，做好准备，就可以取得你想要的成绩。

第五节　无条件接纳

心理委员在与同学谈话时，难免会遇到与心理委员本人的人生观、价值观和道德观不符，甚至相互冲突的情况。还有一些同学的某些特质，或谈论的话题会引发心理委员自身的心理困惑，甚至创伤经历。这就要求心理委员在谈话时要有意识地做到无条件接纳。心理委员在工作中对同学的无条件接纳，主要是指能够在价值中立的原则下，接纳对方的情绪、需要和困境，允许其做出自己的选择，包括对方的价值观、人格特点和合理权益，并做到不评判不审视，并将对方当作一个独立的、有尊严的人去尊重和许可，使其感受到恰如其分地被关注、被允许和被抱持。

一、无条件接纳的作用

无条件接纳是心理委员和同学建立良好关系的前提条件，给对方一个悦纳、关注、认同、欣赏、爱护的温暖氛围，使其能够最大限度地表达自己。

无条件接纳是心理委员在从事心理辅导工作时必须遵守的基本原则，在人际沟通中起到至关重要的作用。无条件接纳自己能够使我们获得恰如其分的自尊，用积极正向的态度看待身边的事物，收获积极的情感体验和良好的人际关系；无条件接纳他人能够使对方在爱与尊重中自由发展，更加有利于发挥潜能，获得成长。

无条件接纳包括四个部分：努力理解同学、不急于下结论、非评判的态度、亲切和关怀。无条件接纳的目标是使学生能够无条件地自我接纳。

二、缺乏无条件接纳的表现

无条件接纳能力缺乏的人，一方面表现出"无条件自我接纳"能力的缺乏；另一方面则表现出在人际互动中不能"无条件接纳他人"。

"无条件自我接纳"是指不管个体是否有能力,或者行为是否正确,也不管其他人是否同意或尊重,个体都无条件地接纳自己。强调个体对自身以及自身所具特征所持的一种积极的态度,表现为能欣然接受自己现实中的状况,不以物喜,不以己悲,不患得患失等。不能无条件接纳自己的人,一方面表现出对自己有较高的期待,追求不切实际的目标,体现出完美主义的倾向;另一方面则可能会表现得过度自卑和内疚,引发抑郁、焦虑等负性情绪。

"无条件接纳他人"是指当对方不能达到我们的期待时,能够依然给予对方关注、支持和尊重。强调个体对他人,尤其是身边重要他人的积极、抱持的态度,这种态度能够使对方感到被尊重、被关注,更加自在地表达需要、表达情绪,承认自身和客观条件的局限性。不能无条件接纳他人的人,一方面表现出对他人过于苛刻的要求,导致人际关系尤其是亲密关系受损;另一方面则表现出缺乏安全感和较强的控制欲,引发焦虑、易怒、抑郁等情绪。

三、无条件接纳能力的提升

当同学寻求心理委员的帮助时,可能会呈现出对现状的不满和对未来的悲观与绝望感。这时就需要心理委员能够在无条件接纳同学的前提下,引导求助者做到无条件接纳自我。

(一)接纳情绪

心理委员要允许同学表达情绪,并引导其觉察情绪的发生和发展过程,不要一味地将情绪推开,而是体会和它在一起的感觉。当我们允许情绪自然地发生的时候,也许它会变得不再可怕。

(二)探索期待

充分地了解在同学身上发生了什么,什么事情或想法引发了他的情绪体验,对对方的情绪事件有更完整的认识。了解同学情绪困扰背后的感受,对自己、他人和事情的内在期待是什么,是否存在不合理的成分,程度有多深。

(三)面对现实

循序渐进地了解同学的困境,面对客观条件的制约和自我能力的局限,使同学勇敢地面对现实,允许不喜欢、不满意和不完美的情况存在。在同学自身、经验和环境中找到例外,使其意识到有效的资源,看到变化的可能性。总之,是让对方用更加具有弹性的视角接受现实。

(四)策划行动

引导同学充分挖掘资源,调整不合理期待,巧妙地寻找可以开始行动的一小步,有计划地逐步满足期待。在帮助同学策划行动时,要注意与其保持一种平等、合作的工作同盟关系,引导其认真地考虑行动计划的可行性、可能预见的困难及解决策略等。

> **实操技能**

当一位同学对自身的体重和外形感到不满,严重影响了自己的自信心和人际交往时,首先,我们要给同学机会表达情绪,对其适当表达同情,使其在安全的心理氛围下将自己的困扰和痛苦充分地表达出来。如"这段时间你真的受苦了。""这对谁来说都不是一件容易的事。"其次,小心地引导对方探索期待,看到痛苦情绪背后自己内心深处对自己、他人和世界的期待,如"那么,你真正想要的是什么呢?""如果有奇迹发生,你最希望自己生活中发生的改变是什么呢?"再次,循着同学内心的力量体会其自身的内外部资源,在过往的经验中寻找例外和其他的可能性。如"你是否记得曾经,哪怕只有那么一次,你真的做到了?""至少在那个时候你开始了!""让我们一起来看看,那时的你是怎么做到的?"最后,心理委员可以和同学一起策划一些立即可以开始的行动,如"如果你可以为自己做一件让自己感觉好一些的事,你认为最有可能的是什么?""对你来说,最容易开始进行的事情是什么?"在此过程中,要认真倾听同学的期待,找到其内在的资源和动力,切忌在不了解对方的时候急于给出建议。

无条件接纳并不像我们想象的那么简单,无论是心理委员还是其他学生都在一定程度上无法完全做到无条件地接纳自己和他人。当心理委员在对同学开展心理辅导工作时,如果感到自身的情绪被扰动、无法更好地帮助对方,或者早期的创伤体验被激发的话,就需要适时地自我觉察、反思、寻求督导,并及时地转介。

第六节 其他会谈技术

一、具体化技术

具体化技术是指心理委员帮助学生清楚、准确地表达观点、概念、体验到的情绪以及所经历的事件。

当求助者的表达比较粗略和模糊的时候,心理委员往往不容易理解到对方状态。并且,在遇到模糊的表达时,心理委员容易使用自己的主观感受或经验将模糊概念进行填充从而获得理解。因此,这份理解是被心理委员重新建构的,不一定是表达者本身的。通过具体化技术,心理委员协助同学进行充分而细致的表达,心理委员就不用带入自己的主观想象,从而能够更加准确地理解对方。

实操技能

当一个同学表达"我现在很痛苦"的时候,这种"痛苦感"有很多种可能性,可能是躯体疼痛,可能是绝望,可能是亲密关系结束后的戒断反应……如果不具体化表达,心理委员并不知道是哪种痛苦,也就不能很好地理解对方。可以用具体化技术问:"你的痛苦是关于什么的呢?"就可以了解对方的痛苦到底是什么,对方也就能被更好地理解。又如,当一个同学说"我现在脑子很乱",心理委员可以问:"请问你脑子里都有哪些'乱'的想法呢?"再如,如果有一个同学说"我现在的经历让我很痛苦",心理委员可以问:"能说说是什么样的经历让你这么痛苦吗?"

二、隐喻技术

心理委员和班级同学是一种平行的同学关系。因此,如果心理委员处在一个过于说教的状态,容易让同学产生反感的情绪。隐喻技术可以很好地解决这个问题。

隐喻技术是指用一种象征或比喻的方式呈现或描述一个人正在经历的事情或内在的心理体验。

实操技能

有一个同学讲"我从小到大经历了很多苦难……"心理委员在运用具体化技术共情到该

同学内心的苦难感后,就可以回应"当你在讲这个故事的时候,如果用一个画面形容我的感受,我仿佛看到一个车轮,这个车轮不断地在泥泞的道路里摔倒,起来,往前滚……又摔倒,又起来,继续向前滚,非常不容易"。又如,一个女生说"从小到大我都告诉自己,我一定要坚强。可现在我觉得自己快扛不住了,我真的好累"。这时候心理委员就可以运用隐喻技术回应,"好像从小开始,你的身上就存在很多很多的包袱。每一个包袱都像一座山一样,压着你。而你就像一个大力士似的,一直扛着这些山向前走。现在,你开始有些扛不住它们了,你开始想把它们放下了"。

这种反馈看似和求助者讲述的内容不相关,但在求助者的体验层面却是共通的。

三、叙事技术

求助者在给心理委员讲述自己的经历时,他们讲述的内容不仅是自己的亲身经历,还融入了对这些经历的体验与理解。换言之,同学们的叙述一部分是客观事实,另一部分是经过加工的对客观事实的主观建构。因此,心理委员在情绪情感层面对求助者进行回应时,除了重复对方叙述中的某些话语或内容之外,还可以用一些全新的理解去加工对方的经历。这种对于事件和经历的重新建构,就是叙事技术。换言之,叙事技术就是用另一个角度把故事重新讲一遍。

> **实操技能**
>
> 一个同学说:"我爸妈从小就对我非常不好,他们经常打我,我非常非常悲伤。我是为了离开家庭才去好好学习的。是因为他们打我,我才不得不好好学习!"心理委员听到这些内容后,一方面可以理解该同学内心的恐惧、悲伤和愤怒情绪;另一方面也可以重新建构这个故事。心理委员可以对同学说,"刚刚听了你的故事,我非常感动。我觉得好不容易啊!你就像一颗小小的种子,从小就被埋在石头堆下。你是拼尽了全身的力气,穿越每一个沙粒,穿越每一个大的石子和石块,才长到今天这么结实、这么高大的!我看到了你如此倔强、如此顽强的生命力"。通过这个叙述,在共情同学的同时,也帮助同学发现他的经历不只是苦难,也展现了他顽强的品质。这样的发现,对一个人的成长是很有意义的。

第七章

心理委员需要了解的心理疗法与技术

为更好地帮助同学们调整不合理认知,减轻或消除不适行为,调节好情绪,心理委员就需要了解一些心理咨询的理论流派和稳定、放松等技术,科学地进行危机干预,有效地控制心理问题的进一步发展,帮助同学走出困境,提高心理服务实效。

第一节 个体心理疗法与技术

一、合理情绪疗法

(一)合理情绪疗法的基本定义

合理情绪疗法(rational-emotive therapy,RET)也称理性情绪疗法,是帮助求助者解决因不合理信念产生的情绪困扰的一种心理治疗方法。

(二)合理情绪疗法的基本原理

合理情绪疗法最初由美国著名心理学家阿尔伯特·艾利斯(Albert Ellis,1913—2007)于1955年创立。该理论认为引起人们情绪困扰的并不是外界发生的事件,而是人们对事件的态度、看法、评价等认知内容。因此,要改变情绪困扰不是致力于改变外界事件,而是应该改变认知,通过改变认知进而改变情绪。

合理情绪疗法,又称为ABC理论。其中,A代表诱发事件(activating events);B代表信念(beliefs),是指人对诱发事件A的态度、看法、评价等;C代表结果,是个体情绪和行为的结果,即症状(consequences)。

(三)合理情绪疗法的操作过程

合理情绪疗法的操作过程可分为四个阶段。

1. 心理诊断阶段

在心理诊断阶段主要是明确求助者的ABC。在实际的心理治疗过程中,求助者通常是先谈到症状(C),即求助者所说的情绪困扰和行为不适的具体表现;再谈事件(A),即与情绪困扰和行为不适(C)相对应的诱发性事件;最终共同分析信念(B),也就是个体对这一事件的态度、看法及评价等认知内容,即信念。其中对信念(B)的分析是关键。关于合理情绪疗法的信念,还需要结合求助者不合理信念的三个主要特征来做进一步阐述。求助者不合理信念的三个主要特征为绝对化的要求、过分概括化与糟糕至极。

(1)绝对化的要求是指个体以自己的意愿为出发点,认为某一事物必定会发生或不会发生的信念。当某些事物的发生与求助者对事物的绝对化要求相悖即不一致时,个体就会感到难以接受、难以适应,从而极易陷入情绪困扰之中。这种特征通常与"必须"和"应该"联系在一起。如我必须获得保研资格、我应该入选主席团成员、她必须及时回我信息等。

 案例

有一个年轻人失恋了,一直摆脱不了事实的打击,情绪低落,已经影响到了他的正常生活,他每天没办法专心工作,因为无法集中精力,头脑中想到的就是前女友的薄情寡义。他认为自己在感情上付出了,却没有收到回报,自己很傻、很不幸。

失恋会导致一个人产生消极的心理和行为,那么我们仔细来分析一下具体的原因。对于这个失恋的年轻人来说,诱发性事件 A 是失恋;情绪和行为 C 的表现是——他情绪低落,生活受到影响,无法专心工作。而导致这个结果的,正是他对失恋的解释和认知评价 B——他认为自己付出了一定要收到对方的回报,自己太傻了、太不幸了。假如他换个想法,她这样不懂爱的女孩不值得自己去珍惜,现在她离开可能避免了以后她对自己造成更大的伤害,那么他的情绪体验显然就不会像现在这么糟糕。

案例

因为竞选班委,小张将在台上第一次面对 50 多人演讲,担心自己表达失误,影响竞选结果。内心一遍遍告诉自己要表现好,不然会被别人笑话的。站在讲台上紧张、焦虑,手心冒汗,原先准备好的讲稿竟然都忘了,讲得断断续续。讲完后恨不得有个地缝钻进去,感觉自己很失败。

在这个案例中,诱发性事件 A——当众发言;情绪和行为 C 的表现是——内心很紧张、焦虑,担心自己讲不好,从而分心、忘词。而导致这个结果的,正是他对当众发言的解释和认知评价 B——我一定要表现得很好,我不能有失误,不然会被别人笑话的。假如他换个想法,这只是一次和大家沟通交流的机会,我用平常的心态去对待,就是出现小的失误,大家也不会在意的。他的情绪体验是否就会好一些呢?

(2) 过分概括化是一种以偏概全的不合理的思维方式,就好像是以一本书的封面来判定它的好坏一样。其典型特征是以某一件或某几件事来评价自身或他人的整体价值。如觉得自己什么都不如身边同学、什么不幸的事都降临到我身上等。

(3) 糟糕至极是一种对事物的可能后果想象或推论到非常可怕、非常糟糕,甚至是一种灾难结果的非理性信念。如拿不到学位未来将没有发展、辍学了以后将过不上好日子、失恋后不会再有男生与我恋爱等。

2. 领悟阶段

领悟阶段的主要作用是对信念的作用进行领悟。通过领悟,使求助者真正理解并认识到以下三点:①引起其情绪困扰的并不是外界发生的事件,而是他对事件的态度、看法、评价等认知内容,是信念引起了情绪及行为后果,而不是诱发性事件本身;②要改变情绪困扰不是致力于改变外界事件,而是应该改变认知,通过改变认知,进而改变情绪;③领悟到情绪困扰的原因与求助者自己有关,因此他们应该对自己的情绪和行为反应负责。

3. 修通阶段

所谓修通,就是运用多种技术,使求助者修正或放弃原有的非理性观念,并代之以合理的信念,从而使情绪症状得以减轻或消除。常用方法有两种:一是与不合理信念辩论,如产婆术;二是完成家庭作业,如RET自助表与RSA。

产婆术的核心内容是一种谈话法,在问答过程中,通过双方的交谈,不断揭示对方谈话中自相矛盾之处。具体做法是:让求助者先说出自己的观点,然后依照他的观点进行推理,最后引出其观点中存在的谬误之处(即揭露求助者认知中的矛盾),从而使求助者认识到自己先前认知中不合理的地方,并主动加以矫正,逐步引导求助者自己最后得出正确答案。

完成家庭作业实际上是在咨询师与求助者之间的一次咨询性辩论结束后的延伸,即让求助者与自己的不合理信念进行辩论。主要有两种形式:RET自助表(RET self-help form)与合理自我分析报告(rational self-analysis,RSA),详细内容请查专业书籍。

4. 再教育阶段

在再教育阶段,主要是巩固前几个阶段取得的效果,帮助求助者进一步摆脱原有的不合理信念及思维方式,使新的观念得以强化,从而使求助者在咨询结束之后能用所学到的思维方式、合理信念等应对生活中遇到的问题,更好地适应现实生活。

(四) 合理情绪疗法的注意事项

合理情绪疗法的注意事项具体如下。

(1) 合理情绪疗法假定人倾向于用不合理的思维方式进行思维,这是需要人用毕生努力去减少或克服的。对于那些有严重的情绪和行为障碍的求助者,合理情绪疗法认为这些人虽有可能解决情绪困扰,减少他们自我困扰的倾向性,但不会达到不再有不合理信念的程度。

(2) 对那些年纪较轻、智力和文化水平较高、领悟力较强的求助者更有效果。

(3) 利用合理情绪疗法能否得到比较满意的效果,也与咨询师本身有关。

二、放松技术

(一) 放松技术的基本定义

放松技术又称放松训练或自我调整疗法,是指通过个体主动放松,来增强对有机体自我控制力的一种方法。放松状态是一种平静的心理状态。包括呼吸放松法、肌肉放松法、音乐放松法等。

(二) 放松技术的基本原理

放松技术是基于下述理论假设:认为一个人的心情反应包含"情绪"与"躯体"两部分。假如能改变"躯体"的反应,"情绪"也会随之改变。至于躯体的反应,除了受自主神经系统控制的"内脏内分泌"系统的反应,不宜随意操纵和控制外,受随意神经系统控制的"随意肌肉"反应,则可由人们的意念来操纵。也就是说,经由人的意识可以把"随意肌肉"控制下来,再间接地把"情绪"松弛下来,建立轻松的心情状态。在日常生活中,当人们心情紧张时,不仅"情绪"上张皇失措,连身体各部分的肌肉也变得紧张僵硬,即所谓心惊肉跳等。基于这一原理,"放松技术"就是训练一个人,使其随意地把自己的全身肌肉放松,以便随时保持心情轻松的状态。

(三) 放松技术的操作过程

1. 呼吸放松法

通过深度的呼吸和适当的肢体活动,可以使肺内的气体得到充分的交换,促进血液的循环,百脉畅通。

练习方法如下。

双脚和肩膀同宽站开,肛门用力收缩,两脚脚趾也用力。做深度的腹式呼吸,并把颈、肩、臂各部分放松。

用力把气呼出后,深深吸气,手掌展开,双臂自左右两边举到与肩膀同高。

握紧拳头,双肘弯曲,停止呼吸;然后,呼气,手臂伸直,缓缓恢复原来的姿势。

要点:视线集中在眼前某一点,意识也集中在那里,不要眨眼,用力注视。停止呼吸的时间最初自6秒开始,习惯后可延长到15秒为度。重复做3次。

2. 肌肉放松法

情绪紧张往往伴随肌肉的紧张,积极的放松方法对那些感到紧张的人来说是非常有效的。一般肌肉紧张的反应多表现为眼睛疲劳、背部和腰部疼痛、腿部僵直、颈部僵直、胸部疼痛等。通过积极的深度肌肉放松练习可以缓解这些紧张反应。

(1) 手臂肌肉放松。握紧右手(握成拳头),收紧右前臂肌肉。捏紧左手,收紧左前臂肌肉。双手收紧,弯曲双臂肘关节以收紧左、右手肱二头肌,然后伸直双手臂以收紧左、右手肱二头肌,然后放松。

(2) 躯干部位放松。抬起肩头,触及双耳以收紧双肩肌肉。向后扩双肩,收紧背部肌肉。弯腰以收紧腰部肌肉。向前收紧双肩,以收紧胸部肌肉。深呼吸以收紧腹部肌肉,提踵收紧臀部肌肉,然后放松。

(3) 腿部放松。收紧双腿的大腿肌肉,同时弯曲双腿,然后伸直。收紧双小腿肌肉,放松。收紧双脚及脚趾,然后放松。

(4) 全身放松。深吸气时心里数8下,憋住气时心里数8下,然后缓慢吐气。反复3次。

全身放松训练的实施要领如下:环境要求安静整洁,空气清新,光线柔和。练习者衣着宜宽松,排除杂念,坐姿舒服,闭上双眼,抱积极的自我体验态度。反复练习。

三、正念技术

(一) 正念技术的基本定义

正念英文为 mindfulness。正念疗法是由马萨诸塞大学的荣誉教授 Jon Kabat-Zinn 在20世纪70年代所提出的心理治疗方法。正念是一种专注于当下,全然开放的自我觉察,不需要带有自我批判的心态,改以好奇心和接纳,迎接内心和脑海的每个念头,也就是强调正视当下和觉察。经由长时间的反映和文献报告,正念疗法对于精神官能症、焦虑症、思觉失调症、恐慌症、忧郁症、强迫症、重大创伤后症候群和慢性疼痛,都有相当程度的改善作用。

(二) 正念技术的基本原理

正念技术包含七个要素。

(1) 初心。保持好奇心,把面对每一次的事物接触,都当作是第一次面对,尝试保持新鲜的经验。

(2) 接纳。实际体察自己或是外在,对于面对事物的身心现象,接纳思绪或是环境的本来样貌。

(3) 不评断。保持纯然的觉察,而不对种种身心经验,如感受、想法、身体感觉等做好或坏的评判和取舍。

(4) 自我慈悲。接纳自己并珍惜自己,接受原原本本的模样,在当中发展出信任自己、相信自己,并且不要对于身心做自我伤害、人格批判。

(5) 平等心。对身心所有的经验,都以欢迎和温柔的方式面对,让注意力可以平均于身体的内外、自由自在地改变。

(6) 不刻意努力。当念头或思绪产生时,就让身心停留在当下的状态,不需要压抑或是逃避,在正念当中也不强求达成任何预设目标,或者希望在正念当中改变或得到什么。

(7) 顺其自然。平静地看着事物的本来面貌,接受它们的存在和发展,也顺应事物的变化或节奏,在这当中观察不断变化的过程,而身心不需要妄加施予压力。

(三) 正念技术的操作过程

正念技术的操作过程具体如下。

(1) 食物静观。在团体治疗当中,学习正念的学员暂时闭上眼睛,由主导正念疗法的医疗人员,发给一个可以食用的食物(最典型的是给予葡萄干),正念学习的成员通过手指的触感、鼻子的嗅觉、耳朵的听觉,试着感受这个食物的特性特色,最后放入口中时,在舌头和味觉的体察下,感受到放入口中的食物是什么。用这个方式来初步体会正念的基本观念。

(2) 身体扫描。学习的成员可以躺下或是坐着,让身体在最为放松自在的环境里,先从注意呼吸开始安静身心,将注意力集中在鼻尖,留意吸入时身体呼吸的变化,接着主导正念的医疗人员,由口语引导学员从头皮、脸部五官、肩颈、躯干、四肢等,把注意力感受放在身体各个部位,最后留意全身的体会。在这个过程当中有可能会分心、产生杂念,没有关系,学习者也不需要批判自己的分心,只要将念头再拉回来即可。

(3) 正念走路。平常的走路方式,人的内心并不会有任何的体察行为;正念疗法则希望学习者在走路的过程当中导入正念引导,注意身体动作的动态改变,或者是留心周遭听到或感觉到的事物变化。

(4) 正念聆听。保持正念呼吸的方式下,将注意力集中在听觉当中,聆听背景声音的发展,同时留心观察自己内心的状态。

实操技能

正念练习1:时刻觉察易动的心,让心活在当下。

今天上午,有两件重要的事情要做,我已经安排好,正在做。突然,几乎同一时间,好几件事情同时发生,都需要我立即处理(我觉察到脑子里对每一个事情都判断为干扰),最开始,我还能保持好的情绪,逐渐地,我内心开始烦躁起来,我觉察到自己内心一直惦记着要做的这两件事情,最后,我与舍友交流的语气已经有明显的情绪,不仅我自己觉察到了,我舍友也觉察到了。我试着控制自己的情绪,但是脑子的念头不受控,一直惦记着要完成的这两件事情。等把这些"干扰"的事情处理完后,我开始来做重要的事情,此时,我的心仍然无法静下来,眼睛时不时盯着旁边的钟,内心一阵焦虑。我于是停下来,闭上眼睛,去觉察我的身体,现在身体哪里不舒服,就将注意力放在不舒服的地方,仔细觉察,过了一会儿,心静下来了,我继续工作,效率明显提升,很快,这两件事情都按时做好了。

感悟:我们的心容易受外界干扰,我们要时刻保持觉察,让心活在当下,心保持平静,大脑处理效率就能保持高水平,工作效率才有可能高。管理情绪,从觉察引发情绪的念头开始,高效又快速。

正念练习2:觉察并读懂身体给出的任何信息,学会爱惜自己的身体。

下午因为各种忙,草草吃了点零食用作晚饭。当在计算机前继续工作时,觉察到肚子有点儿饿,很快脑子里就有两种念头在打架。一个念头说:不用管它,继续做眼前的事情,时间不够了。另一个念头马上冒出来:这是胃里没有东西的信号,要吃点儿东西,不要伤了胃。同时,也立即觉察到身体的行为,手指不自觉地继续敲打着键盘,仍然在工作,但我意识到,这样的行为是不对的,不能为了眼前的工作而牺牲自己的胃,要学会爱自己。于是,我起身去找点儿吃的。

感悟:我之前胃出过毛病,就是忽略胃给我发出的各种信息,而去做眼前以为是重要的事情,但是这些事情并不是那么紧急。所以,我要及时觉察并读懂身体给我发出的任何信息,要学会爱惜自己和自己的身体。

四、其他技术与疗法

(一)安全岛技术

张同学比较内向,学习一般。上学期期末出现三门不及格,正为补考发愁之际,女朋友又提出了分手,内心很痛苦,又不愿意向同学倾诉,很愁闷……心理委员可以运用安全岛技术帮助张同学建立内心的安全岛,使其在这个绝对安全、保密性好的地方,尽情诉说内心的痛楚,缓解压力,以放松的心情投入学习。

安全岛技术是一种用想象的方法来改善情绪的技术。所谓"安全岛",就是一个让自身感到安心的地方,它可以是内心深处想象的一个地方,也可以是曾经到过的某一个地方(如家中的沙发、床,户外的丛林、沙滩、海岛等)。这是一个让人感受到安全放松的地方,也是一个个人的私密地带,要有边界,以阻止未受邀请的外来物闯入。

当一个人遇到突如其来的事故、灾难或者情感挫折时,如果能有意识地回想自己身处安全岛时那美好的视觉、和谐的听觉、清新的嗅觉,适宜的温度感觉和那舒服的触觉连接在一起,与那整体安全、舒适、美好、放松的感觉整合在一起,就好比身处在一个保护性的、充满爱意的、安全的地方,你的焦虑、惊慌、压抑等情绪会得到一定程度的缓解。

(二)"PM+"技术

"PM+"是世界健康组织(WHO)发展的一个短程的心理辅导技术。它面对的是受各种负面体验影响的人群。"PM+"技术简单,便于心理委员操作。其包含以下四大策略。

1. 问题管理策略

通过列出当前困扰自己的问题,选择出其中的一个问题,对该问题进行定义,尽可能多地提出问题的解决办法,在此基础上,选择有用的方法并制订合理的行动计划。就是把一个大问题分解成更易于管理的小问题,使受困扰者觉得问题变得简单可掌控,慢慢让问题得到解决。培养大学生解决问题的能力。

2. 行为激活策略

在面对一些问题困扰时,人们通常会出现情绪低落,进而没有动力去做,陷入一个活力低下循环，一事无成。心理委员要想帮助同学打破活力低下循环，就要鼓励受困学生做些之前喜欢的活动，从而情绪得到改善，以帮助学生更自信地解决实际问题。

3. 压力管理策略

面对日趋复杂的社会环境，大学生承受着日益严重的心理压力。压力管理策略首先要给同学们清晰地介绍压力管理压力的有效性，并将压力管理的原理和学生学习生活中的实际问题相联系。同时教其进行呼吸训练。只要感到有压力，就可以进行呼吸训练。

4. 社会支持策略

社会支持是指来自个人之外的各种支持的总称。人是社会性的生物，每个人都需要和他人在一起，从中感受到互相关怀、增强内心的稳定。社会支持策略操作步骤是：首先，帮助大学生找出至少一个他们可以获得支持的人或组织；其次，选择他们希望的某种方式加强社会支持；最后，对所选方式进行准确的计划，计划要做的具体事情，例如，是打电话交谈还是面对面交谈，具体在哪一天执行计划。

（三）系统脱敏法

小 A 同学每次去教学楼七层上课的时候都会感到紧张，害怕站在高处。为了帮助她，舍友小李组织宿舍同学一起摄影。从一层到二层，从二层到三层……随着大家照相时的笑声和嬉闹声，小 A 渐渐地放松下来，后来，即使站在七层的窗边照相也不害怕了。

这个案例中，小李运用了心理学中系统脱敏法的原理，帮助小 A 逐渐克服了对高楼层的焦虑和恐惧。系统脱敏法在心理咨询或治疗中怎样使用呢？

第一，求助者学会放松技巧。放松的方法有很多，如肌肉放松法、想象放松法、呼吸放松法等。

第二，构建焦虑等级表。请求助者把引起焦虑的事件或情境进行等级排序，从最小的焦虑等级到最大的焦虑等级（0～100 分）。例如，小 A 害怕站在高楼层，她站在二层楼的焦虑程度是 10 分，三层楼的焦虑程度是 20 分……十层楼以上的焦虑程度是 100 分。

第三，想象训练或者实际训练。先从最低的焦虑程度进行训练，让求助者想象或者实际进入焦虑情境，感受到焦虑后进行放松，放松后再进入下一级焦虑情境，再进行放松……逐级进行训练，直到不再感到焦虑为止。小李就是运用这个原理帮助小 A 克服了焦虑和恐惧。

（四）冲击疗法

小 D 和朋友看恐怖电影时受到惊吓，不敢一个人待在宿舍，晚上不敢出门。好友小王陪伴他出入，和他讨论片中哪些情节或场景令人害怕，让小 D 感受到了安全感。为了进一步帮助他，小王征得了小 D 的同意后，决定两个人再看一遍恐怖片。看片的过程中，小 D 依然会害怕。小王坐在旁边给他讲解，鼓励他继续观看。就这样，小 D 坚持看完了这部片子，感觉没有以前那么害怕了。

这个案例中，小王运用了心理学中冲击疗法的原理，帮助小 D 逐渐走出了恐惧的阴影。在心理咨询或治疗中，冲击疗法是让求助者持续一段时间暴露在现实或想象的唤起焦虑的情境中。尽管求助者会产生焦虑或恐惧,但持续一段时间以后,焦虑或恐惧感就会逐渐减轻,甚至消失。在心理咨询或治疗中,冲击疗法是如何使用的呢?

第一,筛选确定治疗对象。如果求助者有严重的疾病或者身体虚弱,则不适用这种方法。

第二,签订治疗协议。要明确告知求助者及其家属,这种方法的原理、效果、治疗计划、实施过程中的痛苦体验,以及求助者及其家属的权利等,签订治疗协议。

第三,做好治疗准备。确定针对求助者的刺激物,准备治疗场地,做好安全准备。

第四,实施冲击治疗。

冲击疗法是一种专业的治疗方法,使用不当可能会带来负面效果,在心理治疗中应谨慎使用。了解冲击疗法的原理,可以帮助心理委员拓宽自己的专业视野。想一想,日常生活中的哪些事件渗透了冲击疗法的原理呢?

第二节 团体心理行为训练技术

团体心理行为训练技术是高校实施心理健康教育、发展大学生个性品质的有效方式,在很多高校备受推崇。心理委员了解团体心理行为训练技术,参与团体心理行为训练活动,更能有效支持专业辅导、服务朋辈学生,实现"助人自助,双向受益"的目的。

一、团体心理行为训练概述

(一)团体心理行为训练的定义

心理行为训练起源于"二战"期间的英国,历经 80 余年的发展,其内涵逐渐丰富和完善。所谓团体心理行为训练,是指以心理素质模型为基础,依据心理学相关原理,借助于行为训练来提高团队成员基础心理素质和心理健康水平的方式与手段。

(二)团体心理行为训练的机理

根据行为心理学、认知心理学和咨询心理学等学科的基本原理,为了提高受训人员心理素质和心理健康水平,团体心理行为训练技术借助以下机理。

(1)体验激发情绪。根据要培养的心理素质设置一定的情境和训练内容,让受训人员在特定的情境训练中去感知情绪、行为等心理上的变化。

(2)行为改变认知。训练过程中,培训师对参训人员进行相应认知调适,并在结束时做总结性点评,使行为训练上升到认知改变的层面。

(3)习惯积淀品质。通过反复训练、持续强化和巩固训练效果,使受训人员养成良好的行为应对模式和认知模式,最终积淀成受训者必需的基础心理品质。

(三)团体心理行为训练的分类

团体心理行为训练包含众多的训练项目,从项目操作所要求的训练条件如场地、设备不同来区分,分为高空心理行为训练项目和场地心理行为训练项目。

(1)高空心理行为训练项目。目前主要有巨人梯、高空断桥、空中抓杆、泸定桥、天使之手、空中相依、高空绳网、软梯、合力制胜、绝壁逢生、高空天平、高空独木、缅甸桥、极限攀岩等。

(2)场地心理行为训练项目。目前主要有毕业墙、信任背摔、模拟电网、有轨电车、移花接木、罐头鞋、梅花桩、孤岛求生、盲目障碍、礼让通行、齐心协力、雷阵等。

（四）团体心理行为训练的目标

团体心理行为训练的目标具体如下。

(1) 改变不合理认知。

(2) 矫正不良的行为习惯。

(3) 塑造良好的个性品质。

(4) 提高环境适应能力。

(5) 促进心理素质的全面发展和整合。

二、团体心理行为训练的操作流程

团体心理行为训练的操作流程科学、严谨，整个过程分为项目意义、训练准备、时间安排、训练过程、注意事项、观察要素、交流回顾、点评要点八个部分。

（一）项目意义

项目意义是训练的第一部分，它交代了本项目要达到的根本目的和意义，从心理学角度规定该项目所要提高的心理素质是什么。它既是项目的起点，又是该项目最后的落脚点，因此，在整个项目操作过程中都必须牢记项目意义，做到有的放矢。同时，作为项目组织者、指导者，应该能够根据项目意义的不同，对项目进行设计，使得同一项目能够达到不同的训练目的。

（二）训练准备

为保证项目顺利进行，满足训练要求，项目组织者或指导者应综合考虑，做好训练准备。主要有以下几点。

(1) 场地、器械准备。提前选择并巡查场地，保证安全，备足备齐训练所需器械。

(2) 着装准备。最好是便装、运动装、运动鞋。

(3) 热身准备。选择好必要的运动项目或游戏，做好训练前热身运动。

(4) 提前了解训练期间的气候条件，做好出现极端天气的预案。

(5) 提前了解参训成员的身体状况，对因身体原因不能参训的成员做好安排。

（三）时间安排

团体心理行为训练的每一个项目可分为四个阶段进行时间把握。

(1) 项目布置时间。5分钟以内。

(2) 项目练习时间。15~20分钟，复杂项目时间控制在30分钟以内。

(3) 项目操作时间。15~20分钟。

(4) 项目回顾时间。10分钟以内。

（四）训练过程

训练过程是项目的主体内容，是团体成员根据指导者或组织者布置的任务和规则，按操作规范进行项目实施的过程，也是参训团体成员具体体验、感悟的过程。

（五）注意事项

注意事项是指参训学员完成任务过程中，指导者需要注意的内容和要点，包括指导者注意事项和提醒参训学员注意事项，主要有以下两点。

(1) 提醒参与训练的团队成员注意人身安全。

(2) 指导者要注意团队成员的参与热情和态度。

(六)观察要素

观察要素主要是指训练时观察学员的典型行为。如是否规范操作、是否有创新做法、是否体现团队精神等。

(七)交流回顾

交流回顾主要是指参训团队成员交流、回顾训练过程的得失。

(八)点评要点

点评要点是指团体心理行为训练的组织者点评参训成员的表现以及训练目标的达成情况。

三、团体心理行为训练项目实例

项目名称——挑战 99 秒

基本信息						
项目名称	挑战99秒		地点	运动场	教具要求	铝塑管等
项目意义	掌握提升执行力方法:5W3H				组织者	各队教练
任务信息						
布置任务	在99秒内依次完成规定的五项任务。五项任务为不倒森林、传球接龙、集体仰卧起坐、绝地求生、我们是最棒的。					

宣布规则:
1. 不倒森林是 10 人站成一圈,手扶棍而立,人依次向前走动而棍不动。
2. 传球接龙是 10 人手拿塑料筒接球,使球最终滚入 10 米远处的水杯中。球停、倒退、落地都重做。
3. 集体仰卧起坐是 5 人联体共做 5 个。
4. 绝地求生是 6 人站在一块泡沫上,脚不能沾地,坚持 5 秒。
5. 我们是最棒的:全体队员参加,先前拍 n 下,同时说 n 个字,然后拍左边人后背 n 下,再拍右边人后背 n 下,依次递增。脚要相互挨上。
6. 练习时间为 30 分钟。

时间安排:60 分钟	注意事项:
1. 宣布规则 10 分钟。	1. 注意各队场地布置是否相互间影响。
2. 项目练习 30 分钟。	2. 观察并询问参训人员的身体状况,若有心脏病等医生明确告知不能参加运动的学员禁止参加训练。
3. 项目比赛 10 分钟。	
4. 项目回顾 10 分钟。	3. 要求学员不要把与训练无关的物品带在身上。

典型行为	主要从 5W3H 方面来观察。 可能出现的典型行为: 1. 任务不够明确:没有分析任务,对各项任务的特点没有进行深入分析就匆忙操作。 2. 组织不利: (1) 没有做到每名队员分工明确、任务明确、规则明确。 (2) 没有分组或者小组人员不固定,没有指定各组负责人,对各组人员的任务和规则强调不够。缺少统一指挥,缺乏协调,相互配合不好,忙乱,七嘴八舌。 3. 时间安排不当,活动顺序考虑不周。 4. 领导指挥不利,不团结、互相埋怨、攻击、不协作,个别人大局意识不强,没有奉献精神。 5. 也许会有明显的符合执行力的做法,也是值得关注的典型行为。

续表

交流回顾	1. 掌声鼓励取得的成绩。 2. 回顾完成任务的过程。 3. 参加挑战99秒活动对你今后做好管理工作有哪些启示？
点评要点	1. 对活动情况进行评价。 2. 介绍提升执行力的方法：5W3H。 What：工作任务。包括工作内容与工作量及工作要求与目标。 Why：做事的目的。这件事情是否有必要去做，或做这件事情的目的、意图、方向是什么。 Who：组织分工。这件事由谁或哪些人去做，他们分别承担什么工作任务。 Where：工作切入点。从哪里开始入手，按什么路径(程序、步骤)开展下去，到哪里终止。 When：工作进程。工作程序、步骤对应的工作日程与安排(包括所用时间预算)。 How：方法、工具。完成工作所需用到的方法、工具及关键环节策划布置。 How much：工作资源。完成工作需哪些资源与条件，分别需要多少。如人、财、物、时间、信息、技术等资源，及权力、政策、机制等条件的配合。 How do you feel：工作结果预测。 3. 呼喊口号，掌声激励队员，鼓舞士气。

第八章

心理委员如何应对学业问题

学习是大学阶段的主要任务。广义的学习泛指个体在生活过程中,通过获得经验而产生的行为或行为潜能的相对持久的行为方式。狭义的学习是指通过阅读、听讲、研究、观察、理解、探索、实验、实践等手段获得知识或技能的过程,能促使个体持续变化,通常是指学校教育学习过程。本章探讨的学习问题特指大学生的学业学习。

现阶段大学学习表现出独特的时代特性,学习管理自主性要求较高,强调自我学习、自主学习;学习内容的探索性、实践性、整合性较强,兼具广度和深度;学习方式多样化,课堂教学、MOOC远程学习等途径丰富;学习方向专业化,学习要能满足细分化的社会分工要求;学习动机多样化,成就动机较强。本章共分为两个部分,首先通过大学生的实际案例分析大学阶段常见的5种学业困惑问题,然后以心理委员角色身份为视角阐述心理委员应对学业问题的6种方法策略和具体工作示例。

第一节 大学生常见的学业困惑

大学生的第一要务是学习,学习有利于大学生知识的丰富和能力的提升,是实现个人价值和社会价值的双赢的过程。如果学习成绩不良就不能评奖评优,不能获得应有学分,甚至直接影响毕业、就业、继续深造机会等。大学期间大学生既要夯实理论基础,也要紧跟发展前沿,及时更新知识系统,以适应社会经济发展、实现生涯目标。因此,大学生一般都能比较自觉地关注自己的学习。大学里课堂上课时间较少,可自由支配时间较多,需要学习掌握的知识内容广而多,大学生必须妥善利用大量时间进行自主学习,自己规划学习深度、广度和进度,自主设定学习计划,自主寻找学习资源和学习工具。但是现实学习生活中,有一部分同学在学习目标、学习兴趣、学习动机、学习方法、考试焦虑等方面存在种种问题和困惑。这些问题不仅直接影响学习成绩,也会间接影响心理健康状况、人际关系和日常生活。

一、学习目标偏差问题

案例

小林是一名大二学生,读的是物流专业。当初全家人群策群力选了物流专业,认为现在快递业发达,物流必定吃香。于是,带着"物流就是快递"的观念,小林懵懵懂懂地来到了大学,学了物流。转眼两年快过去了,他对大学没有特别的感觉,说不上喜欢也说不上不喜欢。

大一时,他看到室友穿梭于各个社团,觉得自己也应该试试,于是小林加入了室友推荐的2个社团。跑腿、开会、打杂了大半年,小林所在社团换届选举,他想去竞选个部门负责人,但同学们说他能力不够、性格不适合,劝他放弃。他想想觉得有道理,便作罢了。听说室友打算出国留学后,再看看身边好些同学在筹备考研,他也想报班考英语雅思或托福、买考研书准备复习。可是过了个把月,小林深刻体会到不管是英语还是考研都是个苦差事,逐渐三天打鱼两天晒网。最近,小林看着身边忙忙碌碌的同学,他心里想冲一冲,但不知道方向在哪里。他越想越觉得烦,感觉不到生活的激情和活力,学习越来越敷衍。

案例中的小林,由于缺少自主发展意识,学习没有有效规划,行动要么过于主观和随性,要么随波逐流,要么被动地被课程、考试推着向前。更有一些大学生,学习目标偏差较严重,容易诱发出现多种不良心理状态,比如,盲目攀比、强烈嫉妒和落差感、长期迷茫、心态消极和失落感。

目标是行动的方向和灯塔,是从"此岸"要到达的"彼岸";目标规划是成功完成一项任务的必要条件,围绕目标进行有效目标管理是成功的重要步骤。正所谓,"欲致鱼者先通水,欲致鸟者先树木。水积而鱼聚,木茂而鸟集"。学习也如此。在合理目标的指引下,按照学习计划,一步步"打怪升级"般扩展知识内涵、发展自身能力,最终实现预定目标。

大学生学习目标偏差问题主要有以下几方面。

(1) 目标不够明确。这些同学的典型表现是"有事忙一阵,无事便休闲",忙于应对上课和作业、参加被摊派的各种活动;对待学习的态度不明确,感受不深刻,立场不坚定;经常"人云亦云"、随大流"追风"、按部就班,比如,跟着其他人学英语、跟着考证、跟着修二专。为什么要做这些事情、要做到什么程度,他们无法准确地想清楚、说明白,容易"三心二意""三天打鱼两天晒网",学习不能吃苦,遇到困难和挫折容易退缩。

(2) 目标脱离现实。这些同学的情绪状态容易呈两极化,一端是设想宏伟目标时的激情澎湃,另一端是回望骨感现实时的低落惆怅。有同学以马云和比尔·盖茨为目标,计划30岁时实现"半个马云"、退休前追赶比尔·盖茨,然而他却已有5门功课不及格。当被问到怎样把拖欠的学分补回来时,他回答说不知道。这种同学往往好高骛远,过于抬头仰望天空,而忽略了走好脚下的路。如果设立目标脱离实际,好高骛远,就缺乏现实性,就会犯盲目冒进的错误。

(3) 目标过于功利。随着社会经济的迅速发展,在社会竞争、家庭教育、学校评价的共同作用下,大学生学习功利化倾向日趋严重,有些同学始终"功利性学习",企图以更小的付出,收获更快、更大的回报。小到选课,哪些课程要求宽松、容易拿到学分,就选哪些课程。大到专业定位,哪个方向活好钱多,就选哪个。他们倾向于认为夯实专业基础知识是浪费时间,专注考证才能为就业堆积筹码。大学四年下来,不管有用没用,不管证书含金量,手握一把证书。

(4) 目标偏离学习。时间用在哪里,收获就在哪里。把时间花在学习上的人,相信日积月累,一定硕果累累。大学生身边有各种各样的诱惑,有些同学老早就励志成为中国的"乔布斯""马云"。他们很努力、很好学,投入大量精力到社会实践中;他们忙于打工,忙于各种自主创业,有些也小有成绩。但是,他们选择性忽略创业之路上的失败,过早进入就业状态,忽视了专业知识和技能的学习与培养这一基本目标。

(5) 学习目标缺失。有些同学完全没有学习目标,他们沉浸于游戏、网络、爱情等休闲玩乐中,不在意自己的学习责任。日子得过且过,学习及格就好。若没能及格就补考,补考还不过还可以重修,重修仍不行留级也无所谓。

二、学习兴趣缺乏问题

  吴辽来自高考大省,高中三年的魔鬼般学习,让他坚信一定能杀出重围考上理想大学。孰知,造化弄人,吴辽高考发挥失常,与目标高校金融学专业失之交臂。父母担心他心理压力过大,不同意复读。无奈之下,他选择了这所学校相对出名的机械专业。进入大学后,他长时间沉浸在高考的失落里,经常向家长和以前的同学抱怨学校差、不合心意。经过一段时间学习,他逐渐不喜欢专业,认为机械太枯燥和死板;上课玩手机,注意力不集中,下课后不完成作业。没多久,吴辽就跟不上教师讲课进度,心情更加烦闷。他觉得反正也听不懂,索性旷课待在寝室刷小说。好朋友劝吴辽要调整心态,多花时间在学习上,但是他认为既然不感兴趣,学再多也是没有用的。看着他越来越消沉,父母跟他讲道理、威胁不给生活费,但每每这样,吴辽埋怨自己今天的痛苦是父母造成的,"如果父母不阻拦复读,重新参加高考,就不会遇到今天的问题"。一晃,大一快结束了。面对即将来临的期末考试,吴辽可能会有3门课程不及格,他感到难过但又力不从心。

  俗话说"兴趣是最好的老师"。案例中的吴辽因为对专业不感兴趣,从而造成考试不及格,面临着学业预警的尴尬境地。学习兴趣在一定程度上决定了学生选择学习什么,学得怎么样;激发引导学生将时间、精力投入学习,用于面对和解决困难与挫折,在学习过程中获得奋斗幸福感,在收获成果时获得愉悦感和成就感,提升自信心和自我价值感。反过来,这些积极的情绪感受又进一步激发更加浓厚的学习兴趣。如此往复,学海无涯,学而不倦。

  大学生学习兴趣缺乏的表现主要有以下几方面。

  (1)学习态度消极。缺乏足够的学习兴趣时,个人会在情感上表现出对学习的排斥和反感,在语言上反复抱怨、诉说不喜欢学习、不喜欢专业、不喜欢××课程,甚至重复强调"不想上学了""学习没意思""学再多也没有用",等等;有些人还会有破罐子破摔的心态,"反正这都不是我喜欢的专业,学习就是在浪费时间""我学习差,再努力也无济于事"。

  (2)学习行为消极。没有学习兴趣的驱动,个人在行为上会显现出退缩、懒散、随意、拖延、不坚持等。常见的不良表现有旷课、迟到、早退行为频发;即使人到了课堂,但"人在曹营心在汉",不认真听讲,打瞌睡、讲话、刷手机;课后不按照要求完成作业、报告,甚至直接抄袭、敷衍了事;平时不学习,考前临时抱佛脚,更有甚者考试时作弊或不参加考试。

  (3)学习投入不足。学生若缺乏学习兴趣,他便不重视学习,不把心思放在学习上;缺乏有效的规划和时间安排,生活、学习两方面都比较混乱。有人整日忙于与专业学习关联不大的社团活动、兴趣爱好、人际交往,表现活跃,除了学习外的其他能力素质表现优秀;有人将大把时间和精力耗费于玩游戏、追剧、刷微博、闲聊等非学习网络行为上,不想学习、无心学习、不屑学习。

  (4)学习成效不良。一分投入,一分收获。很多研究表明,学习兴趣与学习成绩之间具有比较明显正相关。学习兴趣低,学习投入少,学习效率低,学习成绩不理想,学习过程痛苦;严重者出现一门或多门课程考试不及格。

三、学习动机不当问题

案例

吴力来自西南某小镇,他从小学习成绩好,乖巧听话。上大学后,吴力发现不论是家庭经济、综合能力,还是学习,他都平平无奇,与优秀的同学有较大差距,他感到失落和自卑。经过一段时间的努力追赶,依然收效甚微。他感到气馁,慢慢地松懈下来,对学习失去兴致和冲劲。虽然理智上知道要努力,但心里总有一个声音在说"不管怎样努力都不如别人""要不混过去算了"。就这样,他在矛盾冲突中,上课走神、自习效率低,有些课程内容感到吃力。

案例中的吴力从小成绩优秀,为什么升入大学后会变得"浑浑噩噩、得过且过"呢?究其原因是学习动机缺乏问题。学习动机是激发学习行动的原动力,其本质是学习需要,是引起学生学习的各种需要的总称。这些需要可能源于学生个人的内在要求,比如,对知识的好奇和兴趣、实现人生理想等;也可能来自外部要求,比如,期望赢得他人或社会的认可、就业能谋得一份好工作、满足或实现教师和家庭的期待等。在一定程度上,学习动机影响着个人学习的内容、学习的心理状态和学习结果。相对于外部动机,内在动机对学习活动的影响更直接、更显著、更持久。

大学生学习动机不当主要表现在以下几方面。

(1)学习动机缺乏。大学生的学习需求和动机是多种多样的。大学的学习活动有较强的专业性、独立性和自觉性,这就需要大学生必须具有较强的学习动机,促使学习活动保持一定的强度和力度。然而,部分学生却表现得"无欲无求",对专业学习不上心、不在意,认为上大学只是完成人生的一个过程,"大家都上,我也就上呗";对未来没有规划、没有设想、没有追求,过于佛系、"随遇而安",毕业找一份"差不多"的工作,到时候能找到什么工作就做什么工作。

(2)学习动机不持久。一部分同学没有将外部动力转化为内生需求,一旦在学习中遇到较大的困难和挫折,需要付出较大努力和意志时,表现出退缩、气馁、难以坚持。加之在大学里不再有父母和教师围在身边监督,外部学习压力减弱,学习动力难以持久。他们在刚进入大学时往往学习热情较高,后来逐渐松懈,学习表现越来越差,陷入恶性循环。

(3)学习动机过强。耶克斯-多德森定律表明,动机强度和学习效率之间的关系不是一种线性关系,而是倒U形曲线关系。中等强度的动机最有利于任务的完成,也就是说,动机强度处于中等水平时,工作效率最高,一旦动机强度超过了这个水平,对行为反而会产生一定的阻碍作用。有些同学过于渴望满足某种需求,动机过强,反而引起过度的担忧、焦虑和压力,对学习产生不利影响。他们总是过度在意结果,放大小概率事件,过多关注担忧和焦虑情绪,学习体验糟糕,没法全身心学习,学习结果必然不顺遂如意。

(4)学习动机功利化。大学生学习不能单单仅为了分数而学习,也不能为了学习而学习,学习的终极目的是要提升和完善自我、改善生活质量、为社会和文明进步贡献一分力量。因此,在时间、精力和经济有限的情况下,学习需要考虑成本和收益,尽量做到效率最大化。由于受到社会功利价值观的影响,有些大学生过于功利化学习,过度工具理性,总是投机取巧,学习动机倾向于近期性、工具性和实用性。有些同学片面追求社交能力,忽略专业知识学习;有些过分追求考试分数,忽略能力素质锻炼;有些本末倒置,一心只想搞兼职;有些一味追求考各种证,多拿几块敲门砖;有些"今天我以学校为荣",混个文凭好就业,"六十分万岁",甚至铤而走险考试作弊。也有些同学秉持"必修课选逃、选修课必逃"的心态,不重视那些和毕业、就业表面关联度不大的课程;手握"选课秘籍",哪门课要求宽松、考试难度小,便选择哪门课程。学习动机功利化,学习内容仅为迎合短期社会需求,重技术轻人文。

四、学习方法不适问题

  阿康来自西南某小镇,大一新生。步入大学后,感觉大学的学习也不像高中那样,没有固定的教室和座位,教师讲课的速度快、信息多,很多内容也是书上没有的。由于课余时间很多,平时不能合理地安排自己的时间,感受上整天忙忙碌碌,时间被排得满满的,自己也被累得筋疲力尽,但学习成绩却从不"识趣"地提高一点儿。课上听不懂的一开始还愿意去问同学,但是久了就懒得去问了。对于所学的专业知识只能"死记硬背",不能深刻地理解。虽然还没有期末考试,但是害怕自己学习无法跟上教师讲课的进度,压力很大也很痛苦。近期常常入睡困难,心里很着急,怕影响学习,但越是努力学习效果反而越差,上课听不进去但自己又控制不了。由于学业上的不尽如人意,阿康开始迷恋上了手机游戏,沉迷于网络。此后上课虽然没有迟到早退的现象,但是每次都会坐在教室最后一排睡大觉或打游戏,现在的最大目标就是为了获得一份文凭,等到毕业,再找一份普通工作,打发时间就好。

  阿康进入大学后,由于没有了父母和教师的监督,不能合理有效地安排自己的时间。同时仍采用中学时期的学习方法,往往事半功倍,成绩低下,产生自卑感,有的甚至因此对学习产生恐惧感和厌恶感。

  大学生学习方法不适问题主要表现在以下几方面。

  (1)学习缺乏主动性。大学低年级课余时间比较多,很多同学对于学习缺乏自己主动的安排和计划,不知道要看什么、做什么,他们总是考虑"教师要我做什么",而从来不想"我需要、应该做些什么"。

  (2)听课方法不科学。课堂学习是大学生获取知识的主渠道,但是一些同学放弃了从小养成的"课前预习"的良好习惯。课前不预习,无法带着疑问去学;听课时不会做笔记,要么不记笔记,要么"眉毛胡子一把抓",不善于寻找重点和难点,把教师所讲内容一字不落地记录下来,结果分散了精力,浪费了时间。

  (3)复习方法不科学。艾宾浩斯遗忘曲线表明,遗忘在学习之后立即开始,而且遗忘的进程并不是均匀的。最初遗忘速度很快,以后逐渐缓慢。不少同学信奉"临阵磨枪,不快也光",平时不注重复习,只能临时抱佛脚,考前突击死记硬背。其实死记硬背是最低形式的学习,常常使记忆内容相互混淆,而且不能长久记忆。

  (4)不懂科学用脑。学习是个艰苦的脑力劳动过程,而只有科学用脑,才能收到事半功倍的效果。兴奋和抑制是神经活动的基本过程。劳逸结合可改善脑营养代谢,消除脑疲劳。所以在安排计划时,不要长时间地从事单一活动。一些同学搞疲劳战术,每天花大量时间看书、做题,却不注意劳逸结合,不善于转移大脑兴奋中心,使大脑终日处于工作状态,因此昏昏沉沉,而影响学习效率。

五、考试焦虑问题

小乐,大二学生,教育学专业,大学第一学期期末考试数学不及格,在中学学习时数学就不是强项,对数学不感兴趣,因而报考了社会科学专业,没想到这个专业也要学习数理统计,数学和统计学在大一、大二两个学年都要学,这就给她带来了沉重的心理负担。每到考前一夜就睡不着,在考场上脑子里很乱,原来复习过的内容也想不起来了,急得浑身是汗,心慌意乱,引发记忆受阻、思维呆滞,勉强交了试卷,考试成绩失败。从此以后出现了睡眠障碍。

中国是一个考试大国,考试是学校生活中最熟悉而又最重要的事情。然而一个无法回避的事实却是:在面临诸如期末、英语四六级、考研、考公、考编、毕业等重大考试的时候,许多人都会出现焦虑的情绪,应试者会出现所谓的"懵了""懵住""大脑一片空白"等现象,这就是我们熟知的"考试焦虑"。

一般来说,考试焦虑表现在以下四个方面。

(1)身体反应。容易出现食欲不振、浑身冒冷汗、发抖、心跳较快、呼吸急促、头晕、恶心、口干舌燥、尿频等生理症状。严重的大学生可能会出现胃痛、拉肚子,甚至生病。

(2)情绪反应。面临考试产生不自信、担心、紧张,甚至对无法摆脱这些症状感到无助、生气、愤怒、失去信心、绝望等。

(3)行为反应。大学生处于考试焦虑状态时,考前复习手忙脚乱,不能静下心来安心学习,考中会六神无主,目光呆滞,思维漂移,无关动作增多(抓耳挠腮、搓手、弹指、踢腿);或者表情紧张、双眉紧锁、脸面痉挛、笨手笨脚、姿势僵硬;此外,还有注意力不集中、思绪不清,或警觉性增高、情绪易激动等。

(4)认知反应。当大学生考试焦虑时,会有三种主要的不合理的认知反应:①绝对化的要求,比如,"我必须获得成功""我必须考好,才算对得起父母""我担心其他同学在这次考试中比自己强";②过分概括化,比如,"离考试时间越近,我越担心自己的能力是否可以胜任这次考试""我讨厌考试。考试使我如此紧张,忧心不止";③糟糕至极,比如,"要是考试过不了关,以后的前途可就全完了""我担心考试期间自己的身体能否撑得住"。

第二节　心理委员对学业问题的应对

学业任务是大学阶段的主要任务和基本要求。同学们积累专业知识,提高职业技能,发展自主学习品质,形成有效学习风格,增强获得感、成就感和价值感。但是,那些出现学业问题的同学,不仅学习受到影响,身心健康、日常生活等方面都可能出现不良反应。因此,心理委员应在班级、学院、学校多系统的支持下,充分发挥自身能动性、朋辈引领性、情感支持性、专业帮扶性,多角度、多方式、多途径协助同学们获取学业和学习的相关知识与方法、解决学业困难、提高学习成效和学习能力,协助构建班级整体良好学习生态和学习效能。

一、注意信息收集,有效辨识学业问题

不论是学习兴趣缺乏,还是学习目标不明确,抑或是学习方法不恰当,大学生常见学业

问题常集中表现为一系列不良现象或行为。心理委员通过课堂观察、同学反馈、问卷调查、谈心交流等方式,了解班级同学学业情况,快速、有效辨识哪些同学存在学业问题,并将他们列入重点帮扶名单。

大学生学业困难的常见表现具体如下。

(1) 经常逃课,逃课原因多种多样,比如,网络游戏、睡懒觉等。

(2) 课堂学习状态差,总是玩手机、睡觉等。

(3) 经常不按规定完成作业或课程任务。

(4) 感到某些课程难度非常大,自觉压力较大。

(5) 对某些课程/专业不满意,言行流露出对学习的讨厌、排斥。

(6) 对学校不满意,言行上表达出讨厌,有时候会自暴自弃。

(7) 常常因打工、社团工作等非学业事务耽误学习。

(8) 比较严重的考试焦虑,比如,考前、考中和考后出现严重失眠、心情焦躁、身体不适等。

(9) 考试不及格。

心理委员在收集学业相关信息时,除了关注迟到、旷课、作业完成情况、考试挂科等客观事实外,还要综合评估同学们对待学习的态度、情绪、感受等主观信息。某些同学的学业问题可能超出了心理委员的帮扶能力或工作职责范围,尤其对方表达出"憎恨""讨厌""一点儿意义都没有""生不如死""心灰意冷"等较为极端态度时,说明学业心理问题较严重甚至存在心理危机,心理委员应及时推荐并协助他们尽快接受心理辅导,并同步上报辅导员、心理教师或者其他相关人员。

心理委员小陈从其他同学处了解到,××同学最近一个星期没有出宿舍,也不上课,整天窝在宿舍睡觉。小陈在该同学室友的陪伴下,立即到宿舍看望,核实真实情况。通过交流,了解到该生是因为学不懂高数,自尊心受到严重打击,自暴自弃,"反正考不过还不如下学期直接重修"。小陈判断该生虽然有一周不上课,但没有达到紧急心理危机的标准,可以先尝试谈心、讲道理等方法,也建议他接受学业心理辅导。

另一同学考试后在QQ空间写下"想不到我也会成为学渣,成了曾经自己鄙视的人,再见"。小陈结合"学渣、鄙视、再见"等词语以及该同学以往的学习情况,评估该同学心理状态糟糕、情况危急,于是立即通过视频、电话等方式尝试与他联系,同时让其他同学向辅导员汇报。学院组织师生全力寻找,终于在学校湖边找到该同学,那时他的心情已近乎崩溃。

二、发挥榜样作用,提升学业积极态度

心理委员虽然有表率和朋辈榜样作用,但并不是非得强求自己必须成为"学霸",而是在学习态度、具体行为上要以身作则。心理委员在学业问题上的言行表率,能引导班级同学对学业问题提前积极防范,学业问题发生后积极应对,敢于倾诉发泄、愿意寻求帮助、勇于努力尝试。

在学习态度上,心理委员要对自己的学习和专业课程有比较合理的认识,并积极解决遇到的学业困难;在学习方法上,要多尝试,找到符合自己的学习方法和学习策略;在学习行

为上，要符合学校相关要求和规范，不能出现违规性行为；在学业分数上，要理性看待课程分数，保底线不挂科，尽量提高分值；有学业困难时，不回避、不遮掩、不气馁，分析原因，面对自己的问题和不足，及时、主动向外界寻求帮助，必要时及时寻求心理辅导或学业辅导。

案例

（一）

心理委员萌萌的专业成绩并不太理想，在班里一直是中等水平。为了提高成绩，她试过很多办法，比如，增加上自习的时间、经常拉着成绩好的同学问问题、主动向授课老师请教、抄学霸笔记等，但是成绩提高不显著。多次"尝试—失败"后，萌萌接纳自己是"能力平平的普通学生"，打消了当学霸的念头，按照自己的节奏来学。"普通学生"的状态并没有影响到萌萌的心理委员工作。甚至有同学认为她很真诚、很勇敢，希望像她一样开开心心地做"普通学生"。

（二）

鑫鑫是建筑系大二的心理委员。建筑系是全校公认最难、最苦的专业，同学们频繁熬夜画图、改稿，身心俱疲。一开始，鑫鑫也疲于应付繁重的学业任务。后来，和同学、老师交流、分析后，她发现大多数同学时间管理混乱、学习效率较低，而建筑专业学习任务重、专业难度大，对自我管理、学习方法要求高。于是，在学院老师的帮助下她重新制订了学习计划，每周优先处理难度更大、时间更紧迫、老师要求严格的课程，遇到困难及时与老师沟通，不自己闷头想。经过调整，鑫鑫说虽然还是很忙，但有条不紊，压力感也降低较多。面对找鑫鑫倾诉学习苦恼的同学，她待对方发泄完情绪后，会耐心分析，建议对方调整时间管理和学习方法。

三、关注入学交流，促进新生学业适应

有调查发现，大一新生对大学学习方式了解度不够，很多人"道听途说"，比如，听说"大学学习时间比较自由""学习完全靠自觉，上课去不去老师不一定管"。作为新手的大一心理委员，要快速与同学们"打成一片"，争取大家的信任和认可，形成良好的群众基础，便于以后心理委员工作的开展。

另外，心理委员可向高年级心理委员学习请教、咨询工作经验，以便快速适应心理委员角色，协助辅导员或学院开展与新生适应相关的工作或活动。比如，组建"与学长学姐在一起"的学业交流群，邀请学长学姐分享学业体会和方法，帮助同学们解答学业困惑；组织、动员班级同学参加新老生学业交流会、专家指导会；与学习委员协作，邀请心理教师或学业辅导老师开展"大学忙不'茫'""大学怎样学"等学习适应讲座，帮助同学们了解大学学习特点，形成正确学业和学习认知，快速转换心态、适应大学生身份，树立合理目标、加强时间管理。针对少部分确实适应困难又渴望转专业的同学，在心理教师的指导下，多陪伴、多开导，可以建议对方若想转专业需要及早准备。

案例

心理委员了解到小A是被父母逼着报考的本专业，开学以来小A抵抗情绪较重，不甘心、失落、消沉、抱怨，学习有很大问题，马上到来的考试可能会挂科。在和小A交流时，心理委员首先对小A的情绪表示理解，试图让他消除戒备、感到被尊重，"成天学习自己不喜

欢的专业,确实很痛苦。快考试了,我知道你心里并不希望自己挂科,但是不知道怎么办。你暂时找不到好的出路,好像只有这样破罐子破摔才能埋怨、伤害到父母"。其次,用心倾听,鼓励他发泄心中压抑的不满和愤懑,"父母没有尊重你的感受,你心里有很多不满意,很多埋怨话没有说出来。如果你愿意,可以试着跟我说说"。最后,传递积极信息,引导行为调整,既来之则安之,"这样子消极下去,我想你心里并不开心,有可能更加难过。因为长期这样,会离你最初的梦想越来越远。那应该不是你期望的",建议可以通过转专业、二专、考研等多种方式来学习自己感兴趣的专业。

四、优化学习方法,建设有效学习氛围

班级学习氛围的构建,需要心理委员与学习委员等班委合作完成。具体方式方法较多,通过班级群或公众号分享学习方法和资料、组织学业类讲座、开展学习相关活动等都可行。比如,心理委员小雪分享道,他们班同学成绩都比较过得去,没有出现严重学业问题,但她坚持动员学习拔尖的同学将学习资料、学习体会分享到班级群,久而久之,同学们习惯了将自己新得的资料、资源、问题及时共享到班级群,形成了班级共享氛围。

(一)积极关注,提升学业效能感

积极关注能改善学业困难同学的情绪,心情好,学习才能更有效率;心情好,能体验到更多的友善和平等,减少学习困难同学的"被强行帮助"感,主动接纳其他人的帮扶。因为学业困难同学常伴有较明显的自卑心理,对自我的认识不充分、自我价值感不高,对学习的畏难情绪较明显。若直接给他们提供学业帮扶,要求他们如何改进学习,容易引起消极抵抗、减弱帮扶效果。心理委员采取积极关注策略,在日常相处中善于发现和挖掘学习困难同学的优点与长处,或篮球打得好,或能歌善舞,或会琴棋书画,抑或脾气好、讲卫生、爱微笑;鼓励他们"让长处更长",在学习之外增强自我价值感和成就感,促进积极自我构建,待底气增强后更利于面对和解决学业问题。

心理委员小柯和学习委员一起建立了年级学习互助群。这个群有两个特点,一是有学业困难的同学可匿名发布自己的困难,同学们匿名讨论、出谋划策;二是每个同学提问前需要先介绍自己的一个优点。如此设置让提问的、参与讨论的同学都没有心理负担,避免了尴尬和焦虑情绪,不用担心被评价和贬低;优点展现能在一定程度上帮助提问同学保持一定的自我价值感。

(二)开展活动,掌握学习的理论和方法

心理委员与其他班委合作,共同策划和组织学习方法、时间管理、目标管理、生涯规划等有关学习方法、学习策略的讲座和活动。比如,针对某难度较大的课程进行"学习方法头脑风暴"班会,围绕"目前的课程学习困难""针对困难已做的尝试和效果""成功和失败经验""对学业困难的建议"等核心议题进行小组内分享和讨论。全班同学思维碰撞,帮助有困难的同学探索甚至获得新的学习方法和学习体验。

心理委员借助生涯规划活动,鼓励和引导班级同学在充分自我认知的情况下,及早规划学业和就业目标、制订实施计划、开展职业实践、培养交际能力等。做计划时,充分重视计划

的具体性、可行性和自我适宜性,注意将大目标拆分成阶段性小目标,如学年目标、学期目标、月目标、周目标等。

案例

（一）

阿达上课时经常坐教室最后一排,睡大觉、打游戏,课堂学习效率极低,也很少参加学校的集体活动。心理委员通过谈心交流,发现他对课程学不懂,学习效能感较低。阿达每次课都坚持到教室、从不旷课,心理委员在交流中首先肯定了这一点,指出他内心想学习。在经过多次沟通交流后,帮助阿达意识到自己的最大困难是课程"欠账"较多,需要补课,需要想方设法提高学习效率。经过商量,两人拟定了三个解决办法。第一,心理委员联合学习委员,安排学习优秀的同学与阿达结对子,帮他补课。第二,阿达每天将手机放在寝室,不带到课堂上;上课时坐第一排,与老师积极互动。第三,课堂上听不懂的内容,做好笔记,当天向帮扶同学寻求解答。

（二）

某同学设想毕业后进入知名外企工作,为提高英语能力,每天花费大量时间背单词、练口语,但忽视专业学习,导致三门专业课不及格。外企固然需要较好的英语听、说、读、写能力,但良好的专业知识和能力也是硬要求。因此,在学业辅导老师的指导下,心理委员首先帮助该同学调整学习时间规划,减少在英语上的投入,增加专业课学习时间。其次,心理委员监督该生每天到专门的"学业帮扶"教室上自习。这个教室每天有老师值班,为困难学生提供学业辅导。

（三）现实帮扶,陪伴克服学业困难

(1) 有些同学因为家庭经济困难,必须靠打工补贴日常生活开支,但频繁打工影响了学习和休息。心理委员及时向辅导员反映该同学的家庭经济情况,鼓励其申请助学补贴,帮助解决经济压力,减少打工时间。

(2) 可动员成绩优秀的同学与学业困难同学结对子,一对一帮扶,结伴上课、自习,督促认真上课、及时完成作业、合理规划学习时间,讨论和分享学习方法。

(3) 可鼓励组建学习打卡群,指导和监督挂科、重修的同学制订每日学习计划,每天提醒、督促群内视频打卡。

五、注重陪伴支持,引导合理应对考试

面对重要考试时,不少同学可能会出现一定程度的担心、焦虑情绪,这是正常现象。但是当焦虑情绪严重影响到正常学习、考试时,需要积极调整。面对考试焦虑严重的同学,心理委员要在情感上表示理解、言行上给予安慰和陪伴支持;动员他们积极参加文娱活动,适当转移对考试的注意力,降低压力感。考试虽然重要,但考试分数不是判断一个人能力和价值的唯一标准;某一次考试分数也不能决定一生的前途和命运。

有些同学习惯了"必须""肯定"等极端化、全盘式思维,潜意识消极自我暗示严重,认为"复习得很糟糕,自己肯定考不好""考不好我就完蛋了""只有每次考试都拿第一,我才有价值""我每次都会考砸"。此时,心理委员不能盲目劝说"不用担心""你复习得很好""你是很

棒的",要通过谈话技巧帮助同学们觉察到这些观念的不合理性,引导其换一个角度看待问题,"我可能有些地方没有复习好,但是已经掌握了大部分内容。考试有时候也要碰运气""如果这次没有考好,我可以查漏补缺,争取下次考个理想成绩""就算偶尔没有考好,但我用心复习、坚持到底、能吃苦的品质非常难能可贵""我曾经考砸过,那次是特殊情况"。同学们意识到其他的可能性,才能以平常、平和、自如的心态对待考试。心理委员通过与同学谈心不能较好缓解对方情绪时,要及时转介到心理咨询中心寻求专业辅导。

心理委员要发挥良好的陪伴作用,想办法引导同学合理发泄情绪。有些同学不善或不会表达,习惯压抑不良情绪,小情绪积压成大问题。心理委员可建议或者陪同他们进行宣泄,比如,进行跑步或打球等比较剧烈的运动、到安全的地方大哭或大喊、用日记方式记录考试心情等,也可以协助联络心理咨询中心进行专业的情绪宣泄。

 案例

心理委员小C从辅导员处得知某同学因为考试没考好,已经在学校心理中心接受心理辅导,但该同学情绪不稳定,恢复较慢。在辅导员指导下,心理委员小C每天会陪该同学1个小时,有时候是约着一起吃饭,有时候是散步。小C没有太多追问和劝解,若对方情绪不好,就鼓励他说出来;若对方不太想说话,就静静地陪着,让他感到被接纳。

六、保持积极心态,共同应对毕业问题

到了大四,心理委员要把重点放在考研、就业等问题上,在辅导员的指导帮助下,联合班级同学开展适当帮扶。比如,鼓励有考研意愿的同学组建QQ群,让大家备考阶段"报团取暖",及时分享学习近况和心得,相互鼓励和支持,组队自习和打卡等;复试成绩公布后,协助组织考研复试交流会或讲座,邀请专业教师进行复试演练,讲解资料准备、心态调整、面试礼仪等问题。针对落榜同学,及时慰问、密切关注,一个拥抱、一个小卡片、一袋小零食、一场电影,表达对同学们的关心和支持;对受挫、受打击感较强的同学,要积极谈心、多鼓励支持,必要时上报专业心理教师介入干预;鼓励他们积极调整状态、快速投入求职事务,鼓励同学们共享求职信息。针对就业问题,心理委员要关注同学们的工作落实情况,发现有同学屡屡碰壁、迟迟未签约时,多问一问,鼓励"先就业再择业";鼓励经验丰富、表现优秀的同学积极分享简历制作、面试技巧、外形要求等求职经验。

第九章

心理委员如何应对专业与职业发展

专业教育是高等教育与基础教育的重要区别,是人生专业化的开端,通过专业知识学习、专业能力训练、专业精神培养,同学们将在智慧、能力、个性方面得到更全面的提升,为从事职业做好准备。职业是人生事件的重要组成部分,影响到人的价值的实现和幸福感,是人的社会化的重要体现。然而,专业和职业发展探索是一个相对漫长的过程,是否喜欢专业、如何学好专业、怎么进行专业与职业胜任力的匹配等都是同学们可能遇到的问题,需要心理委员们了解、思考,从而更好地开展朋辈互助。

第一节 大学生专业与职业发展的心理困扰

同学们满怀激情地进入大学,开始了专业学习,酝酿职业发展,但很有可能在学习和发展的过程中出现各种各样的心理困惑,如果处理不当,还可能发生心理危机事件,因此,心理委员们需要了解这方面的心理事件,学会分析原因,思考如何帮助同学。

一、不喜欢当前主修专业的困扰

小革,原本想学理工科专业,但被调剂到了经管学院,这让他很沮丧,因为他完全没有这样的思想准备。上学后,他发现自己对目前的专业"没感觉",学得也不顺畅。虽然每天也去教室上课,但经常心不在焉,感觉很辛苦。看着同学们兴致勃勃地讨论专业问题,还参加学科竞赛,自己却像一个旁观者一样,他心里也很着急,但又觉得无可奈何。他比喻说:"学现在的专业,就像是跟一个不喜欢的人谈恋爱。极不情愿,可还得天天见面,说不定将来还得结婚,想起来就别扭。"他也跟父母诉苦,但父母说:"哪有那么多喜欢的事?你就认真学,顺顺利利毕业就行了。"听了父母的话,小革的心更凉了。他不想辜负父母,可又觉得学习上味同嚼蜡,就连生活都没了乐趣,只有通过打打游戏、在网络上聊聊天排解压力,后来连课也懒得去听了,作业抄抄同学的了事。他心里很难受,不知道自己该怎么办。

像小革这种情况的同学,似乎并不在少数。很多同学对于上什么大学、选什么专业,往往是"身不由己"或者是"误入歧途"。要么是被所考分数局限;要么是不知道自己喜欢什么专业;要么是根本不了解所学专业,只是别人的推荐;要么自以为可能喜欢的专业,学着学着,才发现跟自己想象得很不一样,越来越不喜欢。

喜欢是一种情感。情感具有动机和组织功能。积极的情感对学习活动起着协调和促进的作用,消极的情绪情感对活动起着瓦解和破坏的作用。因为喜欢,所以投入,因为投入,所以成绩好,因为成绩好,所以更加喜欢,这本是一个良性循环。而小革这样的情况,却恰恰相反。学自己不喜欢的专业,的确是个考验,处理不好,就会像小革同学一样,把不喜欢专业的情绪泛化到大学生活的其他方面,感到沮丧与迷茫,对未来失去希望,甚至自我责备、自暴自弃,严重的,可能产生违反校纪校规的行为。

二、自感不适应所学专业的困扰

案例

小青觉得自己这次糟大了,她不想再在这所学校待下去了。小青的父母都是高校老师,填报大学志愿的时候,父母希望她能上师范大学,读完本科,再读硕士、博士,毕业后当一名高校教师。她也觉得这是一条稳妥之路。然而,她心里一直怯怯的,因为她性格内向,见生人就脸红,怕跟人打交道。上大学后,除了宿舍的几位舍友外,基本上就没有跟别人说过话,参加社团也是舍友硬拉着去的。好几次在课堂上被老师叫起来发言,都是因为声音太小,被老师要求坐下,由别的同学发言,她觉得老师对她失望极了。今天要在课堂上做介绍和展示,是宿舍的集体作业,她怕拖累大家,提前写好文字稿,也悄悄地练了很长时间,可是一站在讲台上,她就全懵了,一句话也说不出来,最后,拿出稿子,草草念完,老师还是说了一句"声音太小了"。小青无地自容,她难过地想:"老师的工作就是要在众人面前讲话,我这个样子,根本不是当教师的料!我没救了!"

对专业学习的不适应主要表现在以下几方面:一是学生学的状态对教师教的状态的不适应,比如,不适应教师的讲课风格、教学节奏、作业要求等;二是身体状态对所学专业的不适应,比如,某些生理特征、色弱、身体协调性、体质等阻碍了专业技能的掌握,比如,学习软件编程、美术设计的同学,通常会熬夜完成作品,一部分同学就很难坚持;三是心理状态对所学专业的不适应,主要体现在个性与所学专业的匹配性方面。

个性是指一个人不同于他人的心理特点的综合,包括气质、性格和能力。气质就是平常所说的脾气、秉性,它是心理活动特征的总和。有人活泼好动,有人沉默寡言,这就是气质。一般来说,人的一生中,气质很难有大的改变,但可以微调或者扬长避短。性格是表现在人对事物的态度,以及与这种态度相适应的行为方式上的人格特征。有人积极、乐观,有人则总是消极、悲观。一般来说,性格是可以不断完善的。能力是顺利、有效地完成某种活动所必须具备的心理条件。如当教师需要良好的觉察他人情绪、沟通、表达的能力等,不同专业、职业都有其更加匹配的胜任能力。一般来说,能力是可以不断提高的。

三、担心未来就业前景的困扰

案例

小坤非常喜欢自己的专业,学习努力,学业良好。他的专业前几年就业前景不错,可是这几年,由于国家政策调控和产业转型等原因,就业率逐年下降。有学长告诫他说:"你们可别像我们一样在这里死扛了,赶紧想办法吧,能转专业就转专业,否则到最后毕业就是失业。"小坤想,转专业哪是那么容易的事情呀?转了现在热门的专业,毕业的时候又不好了,怎么办?更何况,转专业的时间已经过去了。自己没有好的家境,毕业找工作也靠不上父母,万一真找不到对口的工作,大学这四年的努力、时间、学费不是都白费了吗?怎么对得起父母?每每想到这些,他就吃不下饭、睡不着觉,学习的劲头也不足了。

大学生完成大学学业的一个直接目标就是找到一份心仪的工作,但是付出了努力却看不到希望,会让人沮丧、灰心,也容易引发焦虑情绪。

焦虑情绪是与处境不相称的痛苦情绪体验,典型形式为没有确定的客观对象和具体而固定的观念内容的提心吊胆,会让自己的身心都感觉非常难受。焦虑一般都是指向未来的,而且对结果总是消极预判,觉得自己无法对事情进行掌控。加之,因为对未来心灰意冷,不再投入学习,也可能造成学业退步,造成压力叠加,所以应当及时帮助这样的同学。

四、转专业失败的困扰

案例

王同学,性格开朗活泼,作为独生子女,父母对他十分宠爱,期望颇高。高考结束后,王同学告知父母对心理学比较感兴趣,但父母坚持让他优先考虑计算机等热门专业,择业面广,就业率高。王同学最终听从了父母的建议,报考计算机专业,但是从上学后王同学就对计算机专业完全没有兴趣,学心理学的想法一直压抑在王同学的心里,这种压力日渐增加。后因成绩没有达到规定要求转专业失败,王同学无法接受转专业失败的事实,内心沮丧,害怕面对以后的学习,内心纠结,茫然不知所措。最近经常旷课在宿舍睡觉,拒绝参加集体活动。

当今不少大学生在面对转专业失败、考研失败、就业失败时出现抗压力差,将挫折放大,产生委屈逃避的心理,出现糟糕至极的不合理信念,认为一次失败,自己的学业、事业和未来都变得渺茫。案例中王同学因两次不能如愿学习心理学,自信心被打击,也担心同时学习两个专业,无法兼顾,对未来能否再有机会学习心理学更是迷茫和担忧。

学习动机,无疑是我们学习的动力,我们为什么而学,学习的努力程度,对学习的态度和热情等,都是由学习动机决定的;学习动机还决定我们学习的稳定性和持久性,并最终会影响学习效果。大学中很多转专业失败同学的矛盾点在于学生缺乏专业认同感(职业生涯规划),丧失学习兴趣(学习辅导),目标失败引发的情绪低落(心理危机干预)。现实生活中父母的教养方式与孩子的成长息息相关,不少父母从自己的角度出发"保护"孩子,干预孩子的选择,这样"支配型"的父母也是大学生抗挫折能力差的原因之一。

五、多份职业的选择难以决定的困扰

案例

小K,计算机专业的学生,大二时曾担任学生会组织部部长。大四就业时同时有多份工作向他伸出橄榄枝,其中一份工作地点在一线城市,但是应聘岗位和小K的专业不太对口,但是小K看到班级中很多同学都在一线城市不免动心。同时小K也通过自学考取了地方公务员,但是小K觉得公务员朝九晚五的生活没有激情,心中产生了迷惑,上课注意力不集中,晚上在宿舍辗转反侧难以入睡,不知道自己的选择会不会影响日后的发展,处于两难的选择中,不知路在何方。

职业发展是人生道路上一个重要的路口,对于一些大学生,尤其是优秀的大学生,很多单位都会向他们敞开就业之门,这其中不乏好的单位。但是小K的自我定位不够准确,对自己未来的职业规划缺乏一定的了解,很容易受到班级同学的影响,追随他人的脚步,在对比、选择和犹豫中往往只能"事倍功半",这种从众心理,往往会使得小K失去更多良好的就业机会。

"选择困难"是一种表现症状,在心理学上被称为多重趋避心理冲突,是指同时有两个或两个以上的目标,各自有所优势,但同时也有其劣势,对人们具有吸引和排斥两个方面的作用,让人举棋不定,难以选择。大学生处于心理发展的关键期,他们有自己的价值观和方法论,但是他们大多缺乏实际社会经验和深刻的自身经历,因此很难做出恰当的决定。

六、成绩不好就业自卑的困扰

李同学,大四学生。上大学后,平时除了上课,大多数时间都是上网打游戏,平时总是深夜突击,应付考试,成绩不是在及格线上飘过,就是不及格。大四刚开学,李同学眼看周围同学陆续地找到理想的工作,李同学寄希望于家里,可是家里明确表示帮不上忙。李同学因为成绩不好,面试几次后都被拒绝,丧失信心。这段时间,他从未睡一个好觉,越是害怕越是沉迷于游戏,感觉在游戏中才能找到自己的价值。李同学后悔大学四年自己什么都没有学到,面临就业困难,心神不宁。在毕业论文上穷于应付、反应迟钝、开题报告迟迟不交;生活中意志消沉、长吁短叹、卧不安席,对"就业"产生了恐惧,一提就业就心理紧张。

因为大学四年荒废学业又懊丧自责,在同学面前出现自卑心理,拿自己的短处与别人的长处去比,因而不敢主动地推销自己。这类学生往往会产生消极退缩的行为,因而面对稍加努力即可完成的任务也自叹无能而轻易放弃。案例中李同学先是上大学后自我放纵,大学四年荒废学业,回避生活。在大四就业过程中受到挫折而感到无能为力、失去信心时出现情绪低落、沮丧失落、意志麻木等不良反应。

自卑是个体由于某种生理或心理的缺陷或者其他原因引起的轻视自我的态度体验,表现为对自己的能力或者品质评价过低,轻视自己或者看不起自己,认为自己不如别人的惭愧、羞怯、畏缩甚至是心灰意冷的复杂情绪。案例中李同学因为没有做好就业准备,这里的就业准备包括心态准备和能力准备,这两方面李同学都没有做好,面对就业的压力,出现了消极的心理,最终影响了自己的身心健康。

七、求职过程受挫的困扰

L同学,大四国际贸易专业本科,家在大城市,家境良好,身体健康,性格较内向,平时着装单调朴素。大四开始打算就业,投了多份简历却石沉大海,偶尔有一个面试机会,但去面试了一次,就没有了下文。眼瞅着毕业离校快临近了,自己的未来还没有着落,可是周边同学以及和自己同龄在另一所高校的表姐表现优秀,他们都拿到了自己心仪的 offer。平时家人电话里也会询问她的就业情况,讲了很多她初中、高中同学的就业故事,她内心难免不与其他人比较,产生了自己不如别人、自己太差了等诸多消极想法,渐渐觉得自己一无是处,自卑、焦虑甚至恐慌的情绪困扰着她,晚上甚至入睡都较困难。

到了毕业季,像 L 同学那样,大家都忙着写简历、投简历、面试、录用、签约等应聘工作。当代社会每年随着高校毕业生越来越多,企业对毕业生的要求越来越高,就业形势严峻,就业竞争压力加大。很多同学刚开始做这些事的时候都是没有经验的,投简历、面试等失败是常有之事。就业是人生大事,而且人在不确定状态下,怀疑、焦虑、烦躁也属于正常现象。每个人的求职经验都是逐渐积累的,这也是一个人成长的过程。求职是双向选择的过程,面对就业这个重大人生议题,压力巨大、面试失败的时候,有的人就会像 L 同学那样情绪波动较大,甚至开始怀疑自己,怀疑自己的能力,怀疑自己是否能找到工作,怀疑自己能否胜任工作,常常感到沮丧与迷茫,对未来失去希望,缺乏竞争的勇气,缺乏自信心,缺点被扩大,优点被缩小。有些人逐渐会有自我责备、自暴自弃,严重的可能产生自我否定、自我放弃的行为。

写简历和面试等都属于求职能力方面的事情,好好准备和好好应对是可以在短期内提升的技能。求职之前,要做好受雇能力的准备、了解政策法规的准备、求职书面材料的准备、求职经验的准备、求职心理的准备。求职的过程也是经验积累的过程,不断进行有针对性的准备,提升自己各项求职能力,增强求职成功的信心。

八、因选择就业地与家人发生分歧的困扰

 案例

Y 同学,通信专业的大四学生,家在中部一个中等城市,独子,父母都是公务员,父母希望他毕业后回到家乡考公务员,过上稳定的生活。但是自己不想回老家做公务员,想留在自己读书所在的大城市工作。对于自己所学的通信专业不是自己首选和喜欢的专业,自己喜欢英语,想做翻译。高考填报志愿的时候,父母认为"学好数理化,走遍天下都不怕",理工类好找工作。父母觉得男孩子不适合做翻译,被逼无奈选择了通信专业。事实证明自己根本不喜欢这个专业,现在也不想做通信类的工作。现在找工作的时候,爸妈又希望自己听他们的,自己心里很不舒服,很想自己对自己的未来做主,但是爸妈一直打电话来骚扰,甚至说不听他们的,就不给他寄生活费。自己十分痛苦,本来学习及找工作压力就很大了,可是连最亲的父母都不理解自己,生活没有什么意义。自己现在特别矛盾,不想这些还好,一想这些问题,头痛欲裂,吃饭不香,睡觉难以入眠,不知如何是好。

很多人一生中都会面临择业的烦恼。择业是人生众多选择中的重要选择之一,既关乎生计,也关乎人生价值的实现,不可不慎重。与上一辈人更关注外在社会评价相比,当代大学生这一代人更关注自身的内在体验,在择业方面即表现为更在意个人的志趣和特长,而非上一辈人所关注的是否体面、稳定。Y 同学会觉得工作是自己一辈子的事情,一定要发挥自己的特长和兴趣,而父母更倾向于稳定很重要。Y 同学和父母的冲突实质是两代人择业观念上的冲突。当和父母见解不一致,沟通又不当时,确实矛盾冲突大,所以学会与父母的有

效沟通，相互理解很重要。

根据百度百科解释，代际冲突是指两代人之间的矛盾与对立，随着科学技术的蓬勃发展、社会的巨变而产生，因价值观念、生活态度及行为方式等不同而引起。代际冲突是一种必然现象，只不过会因为时代变化大小而表现得或强或弱。从心理学的角度讲，10岁之前是对父母的崇拜期，20岁之前是对父母的轻视期。每一代人的思考模式不一样，经历的社会环境不一样，难免产生观念上的差异。减少冲突，理解和改善交流方式是有效途径。

九、职业定位和职业选择的困扰

M同学，材料科学与工程专业，大四对自己何去何从，犹豫不决。选择考研还是选择直接就业，自己在大学阶段就一直在考虑。大一时，就觉得女孩子不适合材料专业，调剂专业不成功后，就想着毕业考研换个专业，但也没想好具体换什么专业，但是想着学历高了，更有竞争力，所以倾向于考研。一直按照考研在准备，但是临近毕业发现考研报考人数每年屡创新高，考研竞争压力大，录取率低，就担心自己考不上。如果考试失败，找工作机会也错过了。由于起初一心考研，大学里未参加过任何实习，对自己专业能做什么不清晰，对社会工作要求基本不了解。自己想要进入外企从事行政类工作，但是觉得跨专业求职难度大，投了几份外企行政类岗位，一直没有回音，结果遭到室友的讥笑。现在感觉自己有些孤独，有时候心慌，不知道如何是好。

正如生活中每天都会遇到许许多多需要个人决策的事情，职业生涯也必须决策。舒伯的生涯发展阶段理论中指出，每一个阶段的人生经历既源于上一阶段的决策结果，又启迪着下一个阶段的决策依据，正是这些决策节点共同构成生涯的完美曲线。每个人都有过决策的经历，结果有满意的，也有不尽如人意的，这些都不会影响新的决策时机的到来。由于高考的指挥棒，我们同学中从小学习的动力大多是外界附加的，而不是来自我们内在动机的激发。我们中的很多人，在面临专业和职业选择的时候，会遇见M同学的经历，不清楚自己想要什么，缺乏对自我和职场的认识，缺乏自主决策能力，专业选择与个人脱节，这是根本原因所在。当面对重大决策的时候难免会出现慌乱，严重者还会造成心理困扰，影响自己的生活秩序。

职业决策最早源于英国经济学家凯恩的经济学选择理论，后被引入心理学和职业发展研究领域。职业决策的过程是综合了个人对自我的认识以及对教育与职业等外在因素的判断，在面临职业生涯决策情境时所做的各种反应。其构成要素包括决策者个人目标、可供选择的方案与结果，以及对结果的评估。其历程与结果受到机会、结构、文化等社会因素、个人以及个人价值观与其他内在因素的影响。要了解自己的职业决策风格和类型，掌握科学决策的方法，增强自己的职业决策能力。

第二节　心理委员的应对与朋辈互助

以上心理事件，不仅当事同学本身深感痛苦，也可能影响到班级的心理气氛。作为班级心理委员，不仅要主动从同学们的问题中觉察自我，提高自己在专业学习和职业发展中的灵活性和稳定性,也要用所学到的心理学知识、助人技术、细心观察、主动关心、有效沟通、危机反馈,帮助有困扰的同学;还可以与其他班委、教师们一起,通过集体活动、主题班会、团体训练、宣传传播等方式,为班级营造缓解专业学习与职业发展压力的氛围,实现朋辈互助。

一、陪伴同学,识别危机

当人处于严重的压力或者长期处于小的累积的压力下时,会让人身心受损。每个人的心理素质不同,长期的专业或者就业困扰,可能使有些同学产生抑郁、焦虑问题,由于生活中还有其他压力,专业与就业困境也可能成为压垮有些人的最后一根稻草,产生危机事件。所以,日常生活中,心理委员们要有专业"警惕性",尤其在专业教育、转专业、大类分专业考试、期末考试、毕业招聘等时段。发现同学异常时,及时反馈给教师,同时,陪伴在同学身边,度过危机时刻。

首先,心理委员们可以通过观察,了解同学问题的严重程度。主要观察点为同学的睡眠、情绪和行为。在保护隐私的情况下,通过向该同学的舍长、舍友了解其睡眠情况,睡眠过少或者过多,长期的、经常性的消极情绪,难以解释的行为等,都要引起重视。

其次是听,尤其要听他们是不是有强烈的自我否定、无望的言语。

最后是察,尤其是觉察这些消极的表现是不是已经影响到了专业学习以外的其他方面,即是否泛化了。比如,他们是不是不愿参加班级活动、不愿与人交往,原来喜欢的事情也不做了,总是流露出"没意思"的生活态度。还要观察压力源是不是重大的、具有道德性的。如案例中的小青,课堂上的表现让她觉得很丢脸,这种"内疚性的挫折"易催生羞耻感,进而产生自我伤害的冲动行为。如果发现异常,一定要及时向辅导员汇报。同时,自己或者安排其舍友陪伴这些同学,建议和陪伴他们去心理中心找专业教师进行咨询也是非常必要的。危机时刻,保障安全是第一位的。

二、抚慰同学,度过困境

每个人都有自己"想而不通"的思维盲点,需要外在的智慧帮助以打开思路,看到出路;每个人也有自己的资源系统,需要外界帮助他去挖掘。如果说,危机时观察是一种工作方法,交谈则是帮助同学度过困境的一种支持手段。比如,像案例中的小革这类同学,虽然学着"乏味的专业",但还坚持校园生活,就说明他还有继续学习的愿望,只是需要明确目标,并被人推一把。心理委员可以与他聊一聊。

交谈的内容可以是:先表明非常理解小革的处境与心情,并告诉他你所发现的小革身上的"坚持""不甘心""努力"等积极品质;交流小革对专业和对自己的期望分别是什么?上大学的目标是什么?探究专业与期望和上大学的目标的关系是什么?最后,要让小革看到除了"不喜欢"这一被动的状况,还有哪些对待专业的不同态度?

交谈的原则是先共情再讲理、先倾听再建议。对于大学生来说,转变情绪情感比较有效的策略是从认知即事件的意义上着手,意义感可能增强喜爱感,让他看见上大学的意义而不仅仅是专业的意义,理解专业学习只是实现个人成长的一种途径,但学习的过程却能丰富才华,提高个人素养,他看问题的视野就可能更开阔些。心理委员也可以适当地自我暴露,把自己的经历、对待专业的态度与同学分享,产生联结,更有利于同学度过困境。

三、宣传疏导，心理建设

专业门类众多，职业世界又复杂而多样，同学们会遇到各种问题。在选择专业、踏入职场之前，要做好职业生涯发展心理方面的准备。心理委员可以帮助同学们从以下几点做好宣传疏导和心理建设工作。

（1）积极调适，合理宣泄。大学生在专业和择业过程中受挫以后，心理上会处于焦虑、愤怒、冲动的应激情绪之中。心理委员可以鼓励同学们通过语言、文字等方式主动与教师、同学、朋友或父母倾吐内心感受，以减轻内心的负担，痛哭、大笑、剧烈运动都是良好的情绪宣泄方式。心理委员可以用行动帮助同学们运用心理学放松减压、转移法等调适自己的心理压力并合理宣泄。

（2）认识自我，优化人格。大学生专业学习和求职择业过程中出现的心理障碍很大程度上与大学生自身的人格特征有关，在他们身上或多或少地存在着人格特征的某些缺陷或不足。因此，心理委员可以帮助同学们正确认识自我，优化人格，对消除专业认知和职业决策进程中的心理困惑很有帮助。具体做法有：①鼓励努力学习，增长智慧；②邀请积极实践，从小事做起；③有意识发展良好的人际关系。例如，作为学生，出现"不知道怎么回答""表现不令人满意"等情况是常见的也是正常的，所以才需要不断学习和练习；如果只聚焦于自己身上发生的"糗事"，没有看到其他同学也会有类似的情况，就会强化其自我否定。

（3）改变非理性信念。心理学家认为，人有理性和非理性两种信念，在这些信念指引下的认知方式会左右人们的情绪和行为。要消除不良情绪的困扰，就要变非理性信念为理性信念。大学生在专业认知和求职择业中常见的非理性信念主要有绝对化、片面化和糟糕至极三种情况。心理委员在帮助大学生培养理性信念时，要首先帮助他们分析有哪些不良情绪和非理性信念，并分析其原因，然后通过以不合理信念辩论方法为主的治疗技术，帮助同学们认清其信念的不合理，鼓励向理性信念方面转化。例如，案例中的"我不是当教师的料"是一种以偏概全的想法，将"几次表现不好"扩大为"总是表现不好"，将"说话声音太小"理解为"无法在众人跟前说话"，而她认为"没救了"，具有结果糟糕至极的特征，即认为"只要发生了课堂上发言不好的情况，就无法更改了"，这就片面、静止地看待了自己的行为和事情的发展。当与同学进行冷静、理性的分析，让她看到她的"能力不行"只是某些情境下、暂时的情况，就会让她换个角度认识自己，如果再提醒她看到自己平时的努力、替小组成员着想的善良和责任心，就会增加她肯定自我的信心，帮助她修正或者放弃原有的非理性信念，消除无力感，建立合理的认知。

四、力不能及，求助师长

在面对专业与职业发展的问题和困扰时，部分大学生存在较大或很大的心理压力，而其中仅有一小部分同学会向学校、教师或专业人士寻求帮助缓解压力，他们总是试图自己面对和解决问题，当自己不能很好地自我调适时，就像是压死骆驼的最后一根稻草，从而出现不同程度的心理问题。比如，案例中的小革不喜欢所学专业是因为不了解所学专业，大学中因为无兴趣、不爱学，没动力、不想学的同学所占比例不小，心理委员与班委可以共同召开主题班会邀请专业课教师、优秀学长开展专业讲座或座谈，讲解本专业与行业的历史、现状、前景，让同学们增加对专业知识的了解、增强对所学专业的认同、增大对所学专业的信心、增添对所学专业的喜爱,并学习和掌握一定的职业生涯规划知识。再比如,案例中 M 同学在对未来就业前景不清楚的情况下,也可转介到学校就业中心的指导教师,通过专业教师的指导帮助其获得就业信息,拓展就业渠道,评估就业前景,明确职业方向。上述所有案例中当心理委员发现该同学已经出现了严重的心理问题时,比如,失眠、生活中反应迟钝、意志消沉等状况时,需要及时鼓励和建议该生求助专业心理咨询,通过专业手段和方法,评估学生的心理健康状况,帮助学生改善错误认知造成的不良情绪和心理问题。

五、示范引导,助力就业力提升

很多时候,我们在专业和就业过程中存在很多盲区和误区。心理委员可征得辅导员的帮助,与班委共同合作,开展专业和职业示范引导活动,让同学们更加了解专业和职业、增强对专业情感及职业世界的了解,助力就业力提升。

(一)增强对职业和专业了解的能力

增强对职业和专业了解的能力,具体应做好以下几点。

(1)邀请专业课教师、学长进行专业讲座或座谈,使同学们增强对专业和职业的认知。针对专业认知不清、职业信息知之甚少的问题,可以邀请专业课教师、学长进行专业讲座或座谈,通过他人丰富的人生经验增强对专业和职业的认知。

(2)带领班级同学去工作现场进行参加、体验,丰富对专业和职业的见解。到工作场所观察工作的环境和状况,到现场参与工作是最直接的体验,可以拥有一手对职业世界和专业的感性认识,切实了解工作世界的样貌、企业等组织的运营模式、人际协作方式等。

(3)开展主题班会,进行朋辈辅导,相互支持,提升专业和职业知识。心理委员可以与辅导员、其他班干部合作,邀请专业课教师、心理教师、学长、校友等到班里组织讨论,进行"会诊"。让每位同学交流自己对专业和职业的看法,这样同学们会发现不同人的专业心态和行为,受到启发后能重新思考自己对专业和职业的态度。例如,可针对"觉得自己不适应专业学习,不了解职场,自己该怎么办?"等困惑开展主题班会并邀请大家分享,集思广益,给有困惑的同学以启发;对低年级同学还可以帮助了解学校的转专业信息或者在未来考研时转专业的途径,让同学们丰富自己的专业和职业视角,面对现实,脚踏实地,为未来的发展打好基础;针对高年级同学提出的毕业生签约工作和专业方向大相径庭、基层工作环境比较苦的问题,在头脑风暴碰撞中找到自己问题的解决办法。

(4)关注职业和专业知识,了解职场世界政策。心理委员可以及时留意本专业及相关企业发展的最新新闻,及时传递给同学们,增进同学们的专业亲近感和信心。例如,关注局势,规划生涯。一个专业的就业形势会随着国家经济状况、社会需求而发展,心理委员可以提醒同学们根据形势的变化和自己的兴趣,学一个辅修专业或者第二学位,学习一项技能,早早为未来做准备。

(二)探索自我认知的能力

探索自我认知的能力,具体应做好以下两点。

(1)自我认知大探索。大一的心理委员可采用工作坊、主题班会等活动让同学们制订四年的目标规划,围绕自我兴趣、能力、性格、价值观等方面进行团体活动,帮助大家了解自己的职业能力、兴趣、个性等心理特点,引导班级同学自我探索,发现个人特质和潜在能力。必要时也可转介到学校就业中心的指导教师,帮助同学获得更多就业信息。

（2）自我现状客观分析。每个人未来具体是要在哪里工作？做什么工作？应该根据自身条件和现实客观条件，理性分析，客观对待，运用各种自我探索的工具和方法更加全面了解自己的内外在条件。

（三）提升职业和专业的决策力

提升职业和专业的决策力，具体应做好以下几点。

（1）帮助厘清思路。每个人都有自己的决策风格，可以帮助同学们先厘清思路，正所谓旁观者清。心理委员可以提出问题：①何时开始考虑这个问题的？②何时要确定做出决策？③与哪些人探讨过这个问题？他们怎么说？④无论是考研还是工作，3～5年后想要过什么样的生活？⑤关于工作和考研分别做了哪些准备？

（2）帮助定位。人只有在知己知彼的基础上，才能对生涯进行客观决策。心理委员可以帮助同学分析是否积累了足够多的专业和职业以及自我的信息，完善对自我和职场的分析，结合职场现实环境因素，根据职业倾向及价值观确定职业发展方向。

（3）学会科学决策的工具和方法。决策是门科学，可以寻找科学、有效的方法对具体问题做出合适的决策。心理委员可以帮助同学学会利用SWOT分析、决策平衡单等方法、工具进行科学决策。每一项选择都有其利弊，具体什么样的工作岗位适合自己，可以通过有效工具进行理性分析，帮助决策。

（4）帮助转变理念，采取行动。人在做决策时，常常受自己的信念影响。心理委员可以帮助同学转变非理性信念，改善认知观念，不要因为过往的经历而逃避或放弃决策，更不要轻视或无视这些决策机会，鼓励采取有效行动，认真做好相应的职业准备。

（四）提供适当就业指导，提升求职力

毕业季心理委员可以帮着查看同学们的简历，看看简历当中是否存在问题，是否有求职目标等关键简历要素。不断精进简历后，进行求职模拟面试，在你面前演练面试技巧。同时敦促同学多投简历、多面试，每次面试回来复盘，找出每次面试当中的优点和缺点，总结经验以利于以后的面试能有的放矢。

第十章

心理委员对家庭问题的应对

　　个体出生后被抚养的家庭可以称为原生家庭,它是个体最早接触的环境,是个体生长发育、学习情感经验、建立亲密关系、形成自我价值的最基本环境,是对个体影响最直接、最深刻、最持久的环境。每个个体,即使已经成年,都不免带有家庭的"烙印",甚至有临床心理学家认为,家庭是一切心理症状的源头。同时,家庭问题具有代际传递性,家庭中的子代可能在亲密关系、婚姻选择和其他人际关系中重复他们在原生家庭中学到的相关模式,并将相似的模式传递给他们的下一代,造成关系问题在家族中代代相传的局面。因此,了解并学习家庭相关的知识和应对方法,可以帮助更好地理解和应对大学生中的家庭困惑,学会充分利用家庭的资源而摒弃家庭带给自己的不良影响,同时也为理解大学生其他心理困惑的家庭根源奠定基础。

第一节　大学生常见的家庭困惑

　　托尔斯泰在《安娜·卡列尼娜》的开篇语中讲道:"幸福的家庭都是相似的,不幸的家庭各有各的不幸。"但在家庭治疗领域,咨询师常讲:"不幸的家庭都一样,幸福的家庭各有各的幸福。"你更认同哪一种说法?我们常说家是我们避风的港湾,但不是所有人都有幸生活在充满爱和安全的家庭里,家庭生活一样可能给人带来伤害和困惑。当然,这些状况并不会关联一个必然的结果,很多人从糟糕的家庭处境中走出来,一样可以健康、乐观和成功。但现实中,很多大学生可能面临复杂而多样的家庭困惑,如经历早年家庭创伤,父母离异,家庭暴力、冲突或父母关系不良,亲人丧失,留守儿童经历,家庭经济困难等,他们也很可能因为家庭经历受到伤害而经历心理困惑。我们探讨这些家庭状况,观察它们的特点和规律,可以帮助我们更好地理解经历它们的人和他们的心理状态,并思考应对的方法。

一、经历早年家庭创伤

案例

　　小尚是一位大一的学生,在军训期间与教官发生冲突,情绪崩溃,在操场大哭且浑身发抖。在辅导员和心理委员的安抚陪伴下,小尚渐渐恢复平静,他告诉辅导员和心理委员,自小爸爸经常打骂他,会因为他碰倒一个水杯扇他耳光。如果爸爸喝多了酒,即使小尚没做错什么也可能被暴打一顿,因此小尚对肢体冲突非常敏感。军训期间,小尚正步总是踢不好,走着走着就会同手同脚,影响队列整齐。教官教了小尚很多遍,但小尚还是走不好,教官终于失去耐心生气地训斥了小尚,并朝小尚后背打了一巴掌。小尚说巴掌其实不是很重,但教官的训斥和巴掌唤起小尚被爸爸虐待的记忆,让他的情绪一下子爆发出来,无法控制。小尚每次目睹或经历身体冲突时都会很恐惧,情绪激动。他平日尽可能避免与他人产生冲突,温和谦让、沉默少语,在人际关系中也常常显得回避而退缩。这些都是童年的家庭创伤在小尚身上留下的烙印。

早年家庭创伤是指个体早年经历家庭中的虐待或忽视,包括家庭中的身体、情感或性虐待,如家庭成员打骂孩子,言语贬低,家庭成员对孩子实施性侵犯等;家庭中的身体、情感忽视,主要照顾者疏于照料,如不能给孩子提供食物、衣物、在孩子生病时不带其就医,或长期忽视孩子的情感需要等。研究表明,早年虐待或忽视会对个体的社会情感、人格和认知发展等产生负面影响,可能增加个体成年后情绪障碍、药物滥用等问题的发病率。

案例中的小尚自小多次经历爸爸的身体虐待,使小尚不仅要忍受疼痛和恐惧,还可能长期处于担心被打的应激状态中,即时刻保持紧张状态准备应对爸爸的打骂。人类的大脑如同一台信息处理器,时刻处理着我们的行为、思想和情绪功能,创伤会启动大脑的应激程序,使身体和精神紧绷,产生恐惧等情绪,进入战或逃的状态。如果这种反应在早年生活中持续、频繁地出现,可能会对一个人的情绪和认知功能有长远的影响。当教官打了小尚时,小尚被爸爸虐待的糟糕感受被启动了,他可能立刻进入应激状态并唤起多年积累的负面情绪,使情绪爆发。长期的家庭虐待和忽视可能使个体形成不安全依恋、低自我价值感等,影响人际关系等,这些在小尚身上也有表现。当我们了解了小尚的家庭和经历,便更容易理解小尚爆发的情绪和退缩的人际关系,可以给予更多理解和关心。

二、父母离异

小力的父母在他高考结束后突然离婚了,这让他感到惊讶和愤怒。离婚后,小力与妈妈一起生活,妈妈身体不好,只断断续续上班,小力不得不定期向爸爸索要生活费。爸爸在离婚后搬出了原来的家,不久就与一位阿姨再婚。为了多见见儿子,爸爸规定小力必须当面开口,爸爸才给他生活费,所以小力不得不每个月出现在爸爸的新家,当着爸爸和继母的面要生活费,而继母脸上也常常露出不悦,这让已经成年的小力感觉难堪。这样的生活维持了半年,小力决定自力更生,他告诉爸爸不再需要他提供生活费了,自此开始一边上学,一边打工。自己赚钱让小力感觉从未有过的踏实,他渐渐开始打两份工、三份工。电影院的一份工作让他不得不熬夜上班,几个月下来他出现了严重的失眠和睡眠节律紊乱,半夜两点睡下,早晨五六点才能入睡,断断续续睡到中午十二点起床,整个人昏昏沉沉,还常常错过一些重要的课程。但收入的增加并不能让他感到愉悦,他反而因为学业跟不上和身体不适非常焦虑,周围同学也觉得他越来越暴躁,他的变化引起了心理委员的关注,心理委员建议他尝试心理咨询。

离异是夫妻关系的最终破裂,对有孩子的家庭来说,离婚涉及为人父母的意义和责任、孩子的抚养形式、孩子的权利等问题,更是对离异父母的巨大考验。对孩子来说,父母离异可能意味着丧失家园、邻居和生活标准,甚至包含与更多亲人或父母一方完全失去联系。

有很多孩子面对父母离异表现出悲伤愤怒、学业失败、吸烟酗酒等情绪和行为问题,需要花很长时间、很大代价接受父母离异。案例中的小力虽然没有抱怨对父母离异的不满,但父母离异真切地影响了他的生活,对他的身心也产生了很大的冲击。

一般来说,相比离异本身,离异附带的家庭冲突、忽视等对孩子的伤害更大。如果父母给孩子温暖与爱,与孩子保持稳定亲密的关系,对孩子的抚养有责任心,父母彼此相互尊重,即使父母分开,孩子一样可能获得安全的依恋。但小力的父母没能及时觉察这些影响,没有了解小力的情绪和需求,没有在身心上提供关注和关怀。小力也没有主动与父母沟通,表达需求,或者以适当的方式倾诉和求助,他把自己困在了生活变故带来的牢笼里,承受了过去未曾体验的压力和辛苦。从客体关系家庭治疗理论来看,一个有效的家庭能够提供良好的抱持,即能支持、容纳家庭成员表达焦虑、无助、丧失等负面感受。而父母离异也意味着父母共同提供的抱持能力的分裂,父母自己往往也在经历自尊、情绪的巨大考验,因此关注孩子的情绪,提供支持和安抚对他们而言就变得更加困难,这在小力的父母身上也有体现,而其他形式的人际关系和社会支持可能弥补这种缺失,如温暖的同伴关系、师生关系等。

三、家庭暴力、冲突或父母关系不良

 案例

小桃今年大四,成绩优秀的她早早被保送了本校的研究生,学业上的放松让她有了更多时间思考自己的生活,若说大学四年有什么遗憾,那就是自己从来没有谈过恋爱。她并非拒绝恋爱,有不错的男生追她,她也有过仰慕的男生,但不知为何她始终没有走进一段关系里。在与做心理委员的闺蜜聊过后,她对自己的亲密关系有了多一些认识。很小的时候,她的妈妈发现爸爸出轨,两个人开始了漫长的争吵,从那时起,爸爸和妈妈分房睡,妈妈跟小桃睡一张床,更加尽心尽力养育小桃,将爸爸冷落在一边。小桃眼里的妈妈每天都很悲伤,她不断对小桃倾诉男人的不可靠,警告小桃择偶要慎重。小桃同意妈妈的看法,也确实很想慎重,但每当遇到一段可能的关系她都很困惑,究竟什么叫可靠?现在的可靠又是否能确保将来可靠?这疑虑久久缠绕在小桃心里,让她最终选择了最安全的状态——一个人。

不是所有的家庭都能和和睦睦,家庭中也可能存在多次或长期的冲突,如家庭成员相互存在暴力伤害行为,夫妻感情不和,夫妻存在婚内出轨,大家族财产分割争议引起的争吵等,使孩子目睹过多争吵、冲突。

案例中的小桃就成长在一个并不那么和睦的家庭,爸爸妈妈关系不良,经历婚内出轨、多次争吵等。有句话讲,父母给孩子的最好的爱就是爸爸爱妈妈,妈妈爱爸爸。这反映了家庭和谐的重要性。而现实生活中,很多孩子像小桃一样目睹了父母间的暴力、冲突、猜忌、背叛,这些往往对孩子产生负面的影响。一方面,夫妻不和分散了夫妻双方作为父母角色的精力,使他们无法全身心投入孩子的抚养;另一方面,夫妻的冲突等往往会影响子女的依恋形成,让子女在关系中体验更多不安全和不信任,并卷入家庭的三角化。所谓三角化,即家庭关系常常涉及父、母、子的三角关系,即三个人的系统,是最稳定的结构。但有时由于夫妻的关系问题无法解决,会卷入孩子来稳定关系,但也会将冲突冻结在原处。这样的家庭环境往往使孩子在成年后难以摆脱原生家庭的影响,难以离家,或者努力逃离家庭,也常常在成年后经历恋爱关系、同伴关系等的挑战,难以建立安全、信任的关系。

小桃的原生家庭就存在三角化的现象,父母关系不良,妈妈把所有精力投注到小桃身上,也在"拉拢"小桃对抗爸爸,却并没有解决夫妻关系的问题。妈妈的"言传身教"将对男性的不信任刻进了小桃心里,在她的潜意识里,男性注定会出轨,自己如果走进一段关系,也注定会经历背叛。所以她恐惧亲密关系,不敢开始一段关系,更不敢投入地爱一个人,因为爱得越深,伤得就越痛,倒不如干脆不开始,就不会受伤。但小桃没有注意到,世界上有很多美好的爱情,出轨从来不是婚姻的必然结局,而她自己也不是母亲的复制品,不是必然会与母亲经历相同的婚姻。

四、亲人丧失

小诗今年大三,正着手准备考研。"考上研究生,毕业找个好工作"是奶奶晚年最大的心愿。但就在这时候,家里传来噩耗,从小一手带大小诗的奶奶在家里不小心跌了一跤,因为脑溢血去世了。小诗听到噩耗哭到喘不上气,她恍恍惚惚订了回家的车票,随意带了行李就赶回家了。一周后,小诗从家里回来了,整个人消瘦了许多,精神也不太好,她没再哭泣,也没有向室友倾诉,只是一门心思投入考研准备,早出晚归地拼命学习。这样的生活持续了几天,小诗更加消瘦了,室友们经常听到她夜里在床上翻来覆去或小声哭泣,感觉不对劲,于是决定一起跟她谈谈。小诗很感动室友的关心,哭着告诉她们自己对奶奶的离世非常难过。这几年在外读书,从没想过一向健康的奶奶竟会突然离世,她脑海中一直萦绕着那句"树欲静而风不止,子欲养而亲不待"。小诗记得奶奶的心愿,所以她必须考上研究生,实现奶奶的愿望。但这些天她昏昏沉沉,吃不下睡不着,根本不能好好学习。室友们听完也跟着红了眼眶,她们告诉小诗,她正经历很悲伤的事情,也许需要留一段时间给自己消化,她们很希望陪伴她,希望她能倾诉出来而不是一个人憋着,并且建议小诗求助心理咨询。

很多大学生都与小诗一样经历过亲人死亡,如父母、(外)祖父母、亲兄弟姐妹等。这种丧失可能是意料之中的,如亲人长期患病且被医生告知生命即将走向终结,这种情况下家人往往对亲人的丧失有所准备。当然,丧失也可能是突如其来的,如亲人经历突然的车祸、急病等意外死亡,这种情况往往令家人更加震惊和措手不及,往往也更难以接受。案例中,小诗的奶奶一向身体健康,却突发脑溢血去世,这让小诗更难接受奶奶的丧失,也留下了"尚未报答奶奶养育之恩"的遗憾。

亲人丧失几乎是人一生中必然会面对的经历,也是对整个家庭的重大考验。经历丧失的人大致会经历一些过程:①麻木和怀疑;②抗议和愤怒;③失望和悲伤;④解决和接受;⑤与逝者重新联结。如果不能很好地处理丧失,经历丧失者便不得不长久停留在丧失的悲恸中;如果处理良好,经历丧失者可以在悲恸中慢慢复原,并获得成长。而良好的处理往往需要适当的哀悼,对哀悼的修通,家庭共同面对,亲友的理解和支持,分享和开放的勇气等。小诗也经历了怀疑、愤怒、失望、悲伤等过程,但她没有留给自己足够的时间消化奶奶的离世,没有让自己充分哀悼,而是立刻投入考研的准备中,虽然这也是另一种哀悼,但压抑的情绪不会消失,反而会对小诗的身心产生负面影响。此时此刻,室友的关心非常可贵,她们也给了小诗哀悼的机会,让她释放情绪,并建议她通过心理咨询积极处理哀伤,这对小诗走出奶奶离世的悲伤并获得积极成长有重要的意义。

五、留守儿童经历

小柳从小寄住在叔叔家,由奶奶和婶婶代为照料,自己的父母在城里打工,每年过年才会回家。叔叔家有一个比自己小四岁的弟弟,因为弟弟年幼,又是男孩子,奶奶和婶婶的精力大部分放在照顾弟弟身上。而小柳深知叔叔一家照顾自己是为了帮父母的忙,自己不能再给叔叔婶婶添麻烦了,于是不得不听话懂事,学着照顾自己,也努力做个好姐姐帮忙照顾弟弟。高中毕业,小柳考到父母打工的城里读大学,父母邀请小柳在周末时与他们一起住,小柳也对自己与父母的关系充满期待。但小柳在父母狭小的居所并没有得到她期盼已久的关怀,父母周末做生意常常不在家,自己反而要给父母做饭,父母也常常因为经济问题争吵,让小柳听得很心烦。小柳从小就觉得自己有些抑郁,大学后的学业压力和与父母的相处让她心情更加不好,渐渐出现情绪低落、兴趣减退、意志力下降、失眠等症状。

留守儿童是指由于父母双方或一方外出打工而被留在家乡,无法和父母共同生活的儿童。据2012年教育部公布的数据统计,全国约有2271.07万留守儿童。

大学校园中,有很多学生与案例中的小柳一样曾有被留守的经历,国内一些研究表明,留守儿童群体可能存在社会适应能力较低、生活满意度和积极情感较低、问题行为检出率高等状况。但这些情况并非必然,也与父母与孩子的互动方式、孩子的心理弹性等因素有关。但大部分孩子在父母回家后需要经历与父母重建关系的挑战,也往往要面对自身亲密关系的挑战。小柳父母离开后被寄放在叔叔家,但叔叔家的弟弟吸引了大部分的关注,小柳并没有获得足够的关怀和爱。小柳的听话懂事也说明她在叔叔家并不"安全",也并没有培养起积极的自我价值,仿佛自己是个麻烦,没有任性的资格,不得不做个好孩子。长大后,小柳与父母的关系也没有得到良好的修复,父母没能弥补小柳爱的缺失,反而让她目睹很多争吵,这对小柳无疑是又一次伤害。觉察情绪的来源、学会表达需求和情绪、提升自我价值感、修复与父母的关系、建立家庭以外的亲密关系都是小柳成长的方式,当然如果怀疑自己有抑郁倾向,需要积极求助心理咨询或心理治疗,在必要时遵守医嘱接受治疗。

六、家庭经济困难

小坤是本地人,全班同学都知道他家住在城市中心的位置,虽然不是始终名牌加身,但身上永远带着一股大城市的优越感,对外地学生爱答不理。大二时,班里转来一位同样家住本地的女生小悠,恰巧与小坤认识,据说两人是幼儿园同学,小时候家住得很近。小悠一来就热情地招呼小坤,小坤却露出极不自然的揶揄表情,自此小坤的优越感突然不见了,常常游离于集体之外,不参加活动,上课坐在角落里,经常面无表情地发呆。心理委员观察到小坤的变化,很是担心,但因为自己与小坤不熟,于是找到辅导员求助。辅导员与小坤谈过才知道,小坤并不像同学们想象的家境殷实,相反他自幼家庭贫困,因为经济问题受了很多白眼。小坤出生在城市中一间20平方米的老、破、小平房里,里面住着年迈体弱的爷爷奶奶、长期患病的爸爸和小学都没毕业只能去做保姆的妈妈。巧的是小悠就是妈妈做保姆时照料的孩子,小坤从小穿的、用的几乎都是小悠妈妈给的小悠的旧东西,也因为自己常用女孩子气的东西被同学嘲笑。大学后,因为拆迁,小坤家的经济条件有所改善,他很享受本地人的优越身份,以为自己终于摆脱了贫困的身份。但小悠的出现一下子把他拉回童年的经历里,仿佛自己又要重复被嘲笑的生活,突然感觉世界都崩塌了。

几乎每个高校都有相当数量的大学生像案例中的小坤一样来自较贫困的家庭,他们家庭社会经济地位较低,家庭收入水平低,使生活质量和学业进展等受到威胁。这些学生在成长的过程中可能长期因经济问题经历难以支付学费,因居所、衣食等被同伴歧视,不得不压抑自己的物质需求等,并可能长期面对家人因经济问题发生的冲突,自幼承受家庭的经济压力。小坤年幼时居住条件差,妈妈是同学家的保姆,自己很多东西都是小悠不要的,因此受到很多嘲笑和歧视,这可能使他在经济问题上更加敏感,产生自卑心理,在人际关系中较敏感。同时,家庭经济困难往往使孩子的社会关系更加狭窄,没有机会接受艺术、审美等教育,缺乏同龄人旅行、拥有高科技产品、追求时尚等的经历或体验,也会增加其在群体中的自卑、焦虑等问题。小坤在经济条件改善后表现出的优越感也是他自卑的表现,他在通过优越感提升自我价值,希望获得原来没有得到的尊重。我们不能选择原生家庭,更无法左右原生家庭的经济条件,经历贫困不是可耻的事,很多人从贫困中走出来成就了伟大的事业。每个人都可以用自己的努力改变生活质量,这才是更加重要的。而作为同伴,给予理解和尊重也可以帮助其走出家庭贫困的影响。

除此之外,家庭还可能面临一些我们无法一一列举的问题。同时,家庭发展的过程中往往会经历多重或复杂的问题,因此大学生也可能面临多重家庭困扰。每个人对家庭经历的评价和承受能力不同,因此需要具体问题具体分析,了解对个体来说哪些问题算是对其的困扰以及程度如何。

第二节 心理委员对家庭问题的应对

家庭处于我们的人际核心,是关系的发源地,对我们心理健康、人格形成、行为应对、情感模式等均有重要影响,而童年时期的家庭影响又尤其重要。著名心理学家阿德勒说:"幸运的人能一生都被童年治愈,不幸的人却要用一生去治愈童年。"这一主题的工作难度在于事件已经发生,且历时已久。朋辈工作既要重视家庭环境给我们带来的不良影响,也要接纳不能改变的部分,还要从中发展出积极的品质。在这一板块中,心理委员工作的重心应该放在关系的建立、维护、补充,提供社会支持和家庭教育知识科普上。复杂的家庭往往伴随着各种创伤,心理委员应该尽量避免过度卷入,要视情况及时转介或提供专业求助渠道。

一、促进朋辈关系,建立工作基础

家庭问题一般都属于比较隐私的话题,对方在没有主动求助的意愿下,很难去开展。因此,在第一阶段,心理委员应该做的是促进彼此关系,为进一步了解情况和提供帮助打下基础。在运用以上章节中倾听、共情等技术的同时,总体原则上应该从当事人实际情况出发,真诚表达自己的动机,并强调保密原则。这是建立好安全的倾诉环境,营造信任关系的重要工作。寻找共同点,以拉家常的方式切入是一种比较具有操作性的办法。我们既不是怀着好奇去窥伺别人的家庭,也不是会打小报告的辅导员的"监工",而是要真心实意让对方感受到善意。因此,可以从以下几点着手。

(1) 从共同点开始交流。可以是你们的兴趣爱好,也可以是你们共同经历的事情、未来的计划。先从旁支入手,不抱有目的性地去交流、倾听。

(2) 如果彼此之间实在鲜有交集,可以尝试从一些客观事物出发,如地缘(共同的家乡、学院、专业等)、穿衣风格、口头禅。即当时你直观感受到的对方的一切都可以作为话题,逐步深入。

(3) 赞美和积极评价。社会心理学里有一句非常经典的名言:"我们都喜欢喜欢自己的人。"我们在建立关系的初期,尝试去发现对方的长处并真诚地反馈给对方,这有助于提升对方的自尊感,从而促进彼此关系。如果初次接触,对对方不甚了解,你可以尝试从第一次接触对方的感受,听到对方的声音,看到对方的笑容、对方的饰品等方面给予积极的评价,尽量避免让对方感受到这是空洞的、不真实的客套。

(4) 尽可能与对方保持行为同步。我们生活中有这样的经验:两个人在交谈,其中一个人端起杯子喝了一口水,另一个人便会不自觉也端起杯子喝水。神经科学对镜像神经元的研究表明,我们对与自己相似的语言、动作、表情、习惯等更容易具有安全感和好感。因此,我们可以在交流过程中适当地去跟随对方的一些行为,如呼吸频率、身体姿势、语言习惯等。但是一定要注意有一定的延迟,尽量自然,掌握分寸,尽量不让对方觉察到刻意模仿,以免让人产生反感。

(5) 着力当下事实,畅想未来计划。我们的交流内容尽量有具体事件,言之有物,否则容易转变成空洞的说教。人们都喜欢寻找"志同道合"的伙伴,因此,我们可以尝试和对方谈论我们的未来、生活规划、自己的理想,让彼此感受到"我是有机会参与你的未来的",并且有了一个共同的目标追求,这样更容易形成"资源联盟",促进关系发展。

二、了解家庭系统,做好问题评估

做家庭相关主题的心理工作,应该具备系统化的思维和视角。无论是健在的或是已离去的家庭成员都无可避免、无一例外地关联、纠缠在家庭关系网络中,并且社会中所有成员从本质上说都是相互关联的,都承载着复杂的记忆、受到过去经历和固有文化的影响。家庭是这个庞大系统中最基础的系统,由血缘、法律、文化和情感结构等各种关系组成。涉及家庭主题的问题,可深可浅。根据心理委员的角色定位和职责,主要给班级同学提供心理支持、求助资源介绍以及基本的问题评估,即该同学目前的困扰是否由于家庭事件造成还是其他。针对初始评估,可以从以下几个方面进行。

(1) 评估家庭结构。在上一节中,我们了解到在不完整的家庭结构中,更容易出现家庭关系、情感表达、不良依恋等问题。对原生家庭结构、新成员、重组等信息有基础判断,对于家庭结构特殊的同学应该保持敏感性,给这一类的同学更多的关注和关心。

(2) 家庭角色。每个家庭成员承担着各种不同的角色,有的需要去照顾别人,有的需要被照顾,有的比较有家庭地位。如果某家庭中的成员与社会主流角色要求不一致,可能透露着该家庭独有的文化。如在家庭中母亲比较强势,父亲没有发言权,可能会影响到家庭孩子的性别角色认同、沟通模式;女同学在平时表现出其家庭具有重男轻女思想,希望自己是另一个性别等,都可以作为理解其家庭环境的信息。

（3）家庭功能水平和风格。家庭将各自的特质在家庭中逐步形成互动的风格，如冲突型、互补型。心理委员可以在收集信息过程中，去判断系统是否存在适应或平衡，家庭成员之间若突然因某人或某事出现较大反差，家庭系统失去原有平衡，但能在一定时间里复原，这时候家庭功能水平是较高的，具有滋养性质的。如果是耗竭性质的应该引起注意。

（4）隐性系统的影响。生态系统理论指出，家庭中除了家庭成员的个性、行为习惯，相互之间的人际互动的微观系统影响外，还会受到如学校等中间系统，如邻居、社区、经济等外围系统，直到如社会文化、当地风俗、乡土人情、意识形态等大系统影响。心理委员可从侧面资料中按照"一贯性"来看当事人是否一贯都这样，还是偶然的。以"独特性"来看是当事人的问题还是其他人或环境适应的问题。

三、识别互动模式，重新建构行为

家庭模式会不断地重复运行，发生在一代人身上的事通常也会在家庭的下一代人身上重复上演。其行为上的表现可能会形式多样，但相似的问题还是会复现，这种现象称为家庭模式的"多代际传承"。不论是具有留守的经历，还是离异家庭中的情感表达、早期遭遇创伤时家人给予的回应和态度，还是与兄弟姐妹们争夺家庭资源的方式都会有一种示范效应，在儿童时期让我们习得了这种互动模式，以帮助我们在家庭中更好地"存活"，是一项特殊的技能。心理委员可以将自己观察和感受的这种现象反馈给同学，并尝试以下几种方法帮助同学。

（1）鼓励发展新的关系。家庭中有很多方面的问题是没有办法在短时间内去撬动的，这需要时间去促使系统的转化，加强家庭成员之间的合作。当家庭配合度不高时，鼓励并建议同学去发展新的人际关系，并在新的人际关系中不断尝试新的应对方式、情感和行为的反应，不断体验新的关系带来的积极心理经验，才能慢慢发展出新的互动模式，摆脱循环。同时也应该做好新关系破裂的心理准备和应对办法。

（2）加深自我认识，识己长短。我们每个人都或多或少带着问题和伤痕前行，问题是永远解决不完的。因此，在心理委员工作中可以借鉴后现代观点——没有办法改变过往家庭带给我的伤痛时，我们就通过各种途径去加深自我认识，接纳自己的不好，并充分发挥好自己的优势，当优势发挥效能最大时，原来的问题可能就相对变小了。可以通过他人认识、自我认识、社会认识和其他具体事件的行为痕迹反观自我来加深自我认识。

（3）重构行为模式，形成行为脚本。常说"思想的巨人，行动的矮子"，是因为付出行动需要努力去克服困难。因此，我们最好能提前具有某些情境应对的想象脚本，减少在情境中的认知负担，增大行动发生的概率水平。对自己期待的、满意的行为，未来好的关系的幻想等都有清晰的目标。具体化行为脚本，行为才更容易发生。

四、增加社会支持，促进家庭沟通

心理委员需要明确自己的职责定位，在家庭议题中其实朋辈能做的很有限。从我们的陪伴和心理健康教育活动中可以从以下两方面进行。

（1）增加社会支持。大部分家庭问题的根本还是关系问题，要么是关系不够，要么是关系不良。因此，心理委员可以在家庭以外的环境中提供给当事人关系的补偿。具体可以从有效的回应、情感上的互动、事务性的支持、困难的分担、烦恼的倾听等多方面进行。

(2) 家庭沟通能力提升。根据萨提亚家庭治疗中人际沟通理论,可以分为讨好型、指责型、超理智型、打岔型、一致型五种沟通类型,其表现特点各异。我们需要努力朝着一致型发展,在言语上要尊重现实、尊重自己、尊重别人;在情绪上稳定、乐观、开朗和自信;在行为上接纳压力和困难、应对投入、顾全大局、乐于助人;在内心感受上虽偶有惶恐,但仍充满勇气和信心,有毅力,坦然安稳;在心理反应上合情合理、心气平和、泰然处之;在躯体反应上全身放松,精神抖擞、健康、充满活力。

五、开展家校合作活动,提升家庭心理保健意识

在以往的研究中,往往矛盾性高、情感表达程度低、娱乐性低、亲密度低的家庭环境中,更容易发展出心理危机。因此,在心理委员的工作中,可以开展形式多样的主题教育活动、亲子关系科普活动,借助母亲节、父亲节等契机,尝试在家庭中改变一些自己的行为,让微小的改变带动整个家庭系统的改变。同时,可以尝试"反哺教育",大学生接触的社会、前沿信息、技术相对父母来说更加现代化,我们可以尝试教授父母学习了解一些新生事物,如教父母掌握智能手机、玩转热门软件等,寻找一个合作的机会去与父母和解,相信在这样的氛围中,彼此都会有很多的改变,关系更加融洽。学生团体组织可以利用社会实践机会,在做敬老院志愿者、社区服务等活动中有意识地组织开展家庭教育相关活动,推己及人,在活动体验中通过观察、参与、体验其他家庭的相处模式,促进自身发展更多元的应对视角。

此外,涉及家庭主题的问题在上一节中已经做了介绍,在实现生活中这一群体除了家庭本身带来的伤害,可能还遭遇他人的社会评价、歧视、排斥、欺凌等。心理委员应该结合各学校心理健康节、心理班会、讲座沙龙等形式开展家庭相关的心理健康教育科普,引导同学们正确树立对待家庭问题的意识。

六、识别常见家庭问题类型,注意工作侧重点

在上一节中介绍了常见的家庭问题类型,每一种类型都是一个极大的挑战。作为心理委员,应该掌握这几个类型的特点,在朋辈工作中有所侧重。

(1) 针对具有留守、流动经历、家庭结构不完整这一类同学,心理委员在工作中,一是在平日的宣传教育中给同学们树立正确看待家庭结构的观念,去标签化。从观念上意识到不是所有的家庭问题都会给孩子造成不良影响。譬如,结构完整的家庭中父母之间充斥着各种家庭矛盾、暴力,孩子仍然能从冲突关系中体验到强烈的紧张、不安、焦虑、恐惧等不良情绪,甚至对父母出现敌意,感受到自己不是被家庭所接受和喜爱的。离异家庭中还能感知到自己被爱,空间上分离但情感上仍有依恋。二是留守经历学生缺少榜样教育,很多社会技能、关系建立技能可能有些缺乏。心理委员应该更多鼓励同学们,多参加学校的社团、活动、社会实践,逐步让更加多元的信息帮助同学们看到自己的价值感,在其中也学习更多的社会技能。

(2) 针对家暴和家庭经济困难这一群体学生,心理委员应该学习相关的法律、家庭教育知识,了解家庭冲突是否严重到需要寻求社会机构、法律等援助,以摆脱现状。熟悉学校各类帮扶政策,如勤工助学、助学贷款、心理援助、绿色通道等,尽量缓解同学的现实压力。同时多开展主题班会,通过各种形式减少贫困偏见,减少自卑感和羞耻感。事实上,有研究表明,经济水平在满足了基本的物质需求之后对心理健康和主观幸福感影响非常小。在班级

建设方面，组建好好友支持联盟，鼓励同学们参与，主动去帮助其他经济困难的同学，将被动参与转化为主动参与，能够极大提升同学们的获得感。同时需留意班级同学因为经济而出现的风险行为，如校园贷、裸贷等，这一类同学如有发现，应该及时寻求辅导员的帮助。

（3）针对亲人丧失这一类学生，心理委员这时候提供给同学安慰问候的心理支持是具有治愈功能的。如果当事人一直都沉浸在这种痛苦情绪中，那就需要寻求专业帮助了，可以及时转介心理中心。对亲人有着深厚的感情，很难在短时间内接受亲人离世的事实。你可以尝试做以下几点：一是陪伴，从情感上给予支持，顺利度过这段时间；二是心理教育，让当事人认识到个体遇到这样的事件后可能出现的心理应激状态，意识到恢复正常状态的几个阶段，让其意识到目前的种种反应都是正常的，减少焦虑感；三是带着亲人的期望，升华到自己的其他领域，做出成绩告慰亲人；四是转移注意力，从事一些不需要付出大量精力的业余活动，尽量让自己充实起来。如果仍然没有办法自己应对，建议其到心理中心接受咨询。在日常心理教育和主题班会中也需要有意识涉及生命教育和挫折教育、临终关怀相关知识，让大学生逐步具有接受这样的心理挑战的能力。

（4）变消极为积极，避免凡事都归结到原生家庭的这个原因上，需要伺机而动，先进行充分的倾听，认真全面了解事实，评估是因为家庭问题引发的心理困惑，还是其他。心理委员应该鼓励当事人寻求更多有效的其他资源来帮助自己，逐步建立信任感。也要对当事人已经做出的努力给予肯定，引导当事人将注意力放到问题解决中已经发生的"小改变"上。

（5）在日常工作中还极有可能碰到同时遭遇了好几个创伤经历，这属于复杂型创伤，一般危机程度较高，对这一类同学应该给予更多的关注，并及时向相关教师汇报情况。

第十一章

心理委员对宿舍关系的应对

宿舍作为大学生活的基本单位,不仅是大学生赖以生存的住宿场所,也是学习、娱乐、交流交往的重要场所。宿舍关系是高校学生人际关系的重要组成部分,占据重要地位。研究调查显示,83%以上学生认为在大学生活中对自己影响最大的就是宿舍关系,宿舍关系对于大学生成长的影响不容忽视,在宿舍关系里发生的种种困扰对大学生的影响也不容小觑。

第一节 宿舍关系常见问题表现

世界上没有两片相同的树叶,每个人都是独一无二的,当大学生从独立个体出发,来到校园,进入同一个宿舍,一定会遇到与你不同的人,而彼此独特的成长环境、生活习惯、个性特征等不同,导致千差万别的大学生总会遇到各种各样的问题,这种差异在宿舍关系中不同程度地表现出来,便形成宿舍关系的种种问题。本节主要讲述宿舍关系问题的具体表现,为心理委员开展工作提供指导。

一、宿舍中的生活习惯问题

(一)

小雅,独生女,大一学生,出生于某地一个普通家庭,从小在父母的关爱与呵护下长大,她的学习成绩一直很好,是父母、教师、同学眼中标准的好学生,平时生活规律,对自己的学习、生活有细致规划,做事有条不紊,对自己要求较高,很有想法,但不爱主动说话。

小雅在被夸赞中度过小学、初中、高中美好的生活,并顺利考入某重点大学。但是在大学宿舍中,她却过得不那么舒适,情绪低落、失眠多梦……她非常怀念从前的生活,不解为什么现在宿舍的其他同学到晚上十一点仍然有说有笑、有打有闹,扰乱自己休息;而到早上六点该起床晨跑晨读时,却一个也不起床还嫌自己起床打扰到她们的休息;中午也是如此,明明到了饭后休息时间,她们却一个个摆弄着手机,还时不时发出怪笑……小雅的舍友还给小雅起了个别名——"闹钟怪人",为此,她感到心烦、忧虑,眼看着住在同一个宿舍,却怎么也融不进宿舍的生活。

(二)

集体生活并不容易,大家的生活习惯各不相同,需要很长一段时间来磨合。小伟习惯了高中早睡早起的作息,而舍友们夜夜游戏开战到凌晨。一开始,小伟尝试和舍友沟通,能不能戴上耳机玩。舍友照做了,但一到游戏的紧要关头,就会大喊。等到舍友结束游戏上床睡觉时,鼾声此起彼伏,小伟比舍友还晚睡着,上早课时无精打采,这样持续了半个多月。小伟多次尝试沟通无果,不敢再向舍友提意见,也没和其他朋友说,只是生闷气,干着急。

大学阶段是个体从家庭环境、学校环境逐渐迈入社会的过渡期,在中学阶段,多数学生与父母同住,父母往往为了孩子的学习,迁就包容,使得学生活在自己独特的生活习惯中。而在大学阶段,不同同学的各种生活习惯碰撞,宿舍关系问题尤为突出,一个宿舍学生虽然只有数人,但常常在抱怨相处困难,于是,宿舍钩心斗角者有之,互相拆台者有之,互不理睬者有之。十几平方米的空间,抬头不见低头见,这种状况使许多大学生发出了"人难处,大学宿舍更难处"的感慨。

由于彼此之间的生活习惯不同,致使生活在同一空间中的同学感觉非常别扭。案例中的小雅从小到大规规矩矩,养成了较为规律的作息习惯,她无法理解为什么该早起的时间大家不早起,该晚睡的时间大家还在玩手机,可是,小雅眼中的"该早起""该晚睡"是否大家也认同呢?我们很难评判究竟谁的作息习惯是对或者错,但我们总要在宿舍中寻求一个彼此可接纳的适应空间。

宿舍生活习惯问题引起的宿舍矛盾屡见不鲜,常见的问题分为以下三类。

(1) 日常作息时间不同导致宿舍关系问题。每个人都有独特的生活作息时间,生活在同一宿舍中,自然而然会遇到作息习惯不同的同学,当个人固有作息时间在群体中被打断、不能被接纳,对现在宿舍新环境又缺乏客观评估和适应,必然导致与宿舍成员的隔阂。

(2) 个人卫生习惯不同导致宿舍关系问题。不同的卫生习惯在同一宿舍发生碰撞时,宿舍关系危机便悄悄萌生,有的人喜欢个人物品独自使用却遇到了爱分享、喜欢混用物品的同学,有的人喜欢睡觉开风扇却遇到睡觉不关风扇睡不着的同学,因个人卫生习惯导致宿舍矛盾的问题层出不穷。

(3) 家庭成长环境不同导致宿舍关系问题。家庭成长环境对学生宿舍问题的影响尤为重要,独生与非独生的同学在宿舍环境适应方面适应程度不同,彼此相处模式也不尽相同,同样可能出现问题的情况还有家庭经济条件导致的消费观念问题、家庭教育背景导致的学习观念问题等。

二、宿舍中的性格差异问题

案例

王某、刘某、李某、张某是同宿舍室友,都是大学三年级学生。四位同学经常被其他同学笑称"西游记师徒四人",因为他们的行事方式有很大的不同。王某,师父,平时话不多,脸上总是带着笑容,原则性非常强,经常对寝室和周围的情况进行评价。刘某,猪八戒,总是不爱打扫卫生,个性比较开朗,喜欢新鲜事物,但是做事有始无终。李某,沙僧,平时沉默寡言,有自己的想法,在关键时刻才会去表达,并不是那么容易接近。张某,孙悟空,非常活跃,好交朋友,也喜欢吹牛,常常因为自己的脾气和别人发生争吵。

四位同学,四种性格,四种言行,在大学三年的生活中,四个人都只看得到自己,并觉得其他三人的想法处事也应与自己一样,所以导致四人在宿舍中小摩擦常有,大摩擦不断,四人经常会因为观点不同大呼小叫,还曾数次闹到了辅导员办公室,同学们也经常说这师徒四人"八十一难不够受,取经路上很难嘛",令人哭笑不得。

大学生性格、气质不同,所表现的行事风格也不同,这样多人在同一屋檐下生活,不可避免地要面临各种各样的人际关系问题。个人发展从中学到大学的变化,最重要的核心内容就是人际关系观念的转变和彼此性格气质的适应,尤其是面临新型的人际关系,能否建立和保持跟宿舍同学的良好人际关系是每个人宿舍教育必经的一课。但俗话说"江山易改,本性难移",没有人的性格特点是随随便便就能做出改变的,那么如何在繁复的不同性格宿舍中达到平衡相处是我们重点关注的内容。

案例中的四位同学,四种气质类型,在宿舍相处中出现各种各样的矛盾,彼此缺乏包容、理解和信任,缺乏用新的眼光和观念看待新事物,这就告诉我们当人生不同阶段的主要任务发生变化之后,思维方式、生活方式都要随之变化,做出调整,这就是对生活重新评估、认知、适应的过程。

宿舍性格差异问题主要表现为个体性格、气质的差异。

(1)性格差异导致宿舍关系问题。性格的分类标准有很多,其中最常被大家提起的就是我们所讲的内向、外向,内向的人多不爱讲话、沉默羞怯、处事稳重;外向的人多活泼好动、胆大冲动、处事急躁。两种不同性格的人在同一个宿舍生活必然导致摩擦增加。

(2)气质差异导致宿舍关系问题。气质是个体心理活动和行为的外部动力特点,主要表现在心理活动的强度、稳定性、速度、指向性等方面的特点。气质类型可分为胆汁质、多血质、黏液质和抑郁质。胆汁质,情绪波动比较大,情绪低落时,无精打采,情绪高涨时,斗志昂扬,喜欢开放的环境、热烈的氛围,好表现,喜欢对比,做事不考虑后果,容易鲁莽;多血质,情绪外显,容易激动,做事容易虎头蛇尾,善于社交,为人热情,兴趣广泛,但注意力不容易集中,对于问题思考不深入,毅力不足,很在意别人对自己的看法,纪律意识不强;黏液质,不愿意抛头露面,做事能够从一而终,愿意遵守各种规章制度,喜欢从事挑战性不强的工作,给人稳定踏实的感觉,但主动性不强,理解能力较弱;抑郁质,生活中多愁善感,对大部分事物没有兴趣,情绪容易受到影响,自我调整能力比较差,内心活动强烈,非常敏感,不善社交。除此之外,还有很多同学的气质类型为交叉型气质,所以各种气质类型同学在宿舍相遇,如果不及时处理个人情绪,矛盾必然也会扩散开来。

三、宿舍中的学风问题

案例

小梁是个自尊心极强又多愁善感的男孩,虽不聪明但凭着自己的刻苦努力,在班级的成绩一直名列前茅。经过高考的拼杀,他带着良好的感觉进入大学校园,突然发觉自己站在"山顶"的感觉没有了,在高手如云的班级里,昔日那种鹤立鸡群的优越感荡然无存……

于是小梁抱着笨鸟先飞的心态比之前更加努力地学习,希望自己的成绩再次登上顶峰。小梁每天加倍读书、做笔记,可是舍友却开始对小梁产生很多的抱怨,厌烦小梁翻书、背诵声音吵到大家休息,嫌弃小梁为了学习放弃与舍友聚餐、聚游……小梁也慢慢发现,自己与宿舍其他同学的关系日渐疏远,就连从前经常与自己一起打游戏的舍友也不再与小梁组队玩游戏了。

小梁最后一个离开自习室,孤零零地走在回宿舍的路上,不禁对自己的行为和目标产生了疑问,难道只有和舍友一起聚餐、聚游才能与大家和谐相处吗?爱学习也是错的吗?

学习,无疑是整个大学阶段最为核心的内容,是每一个人在大学阶段必须完成的重要任务,但由于同学们刚刚从"除了学习还是学习"的高中生活走来,高中苦不堪言的学习终于被轻松愉悦的环境替代,压力的突然释放也导致了心理的松懈。于是很多同学开始肆意消费人生,把大学的生活活成娱乐为主、学习为辅的样子,每天与手机、计算机为伴,忽略学习,到考研、找工作时又追悔莫及。

案例中的小梁舍友也存在这样的心态,认为好不容易摆脱高中生活,走到大学就应该多些放松、娱乐,甚至开始嘲讽爱学习的小梁,在交友上孤立小梁,这不仅违背了大学生在校期间学习的初衷,也给舍友人际关系交往造成非常大的影响。

大学阶段是一个人自我意识形成的重要阶段,个体只有能够正确认识自己,客观评价自己,具有较高的自我价值感和较高水平的自尊,才会在人际交往中具有较强的安全感,能够主动与他人交往,也能够开放自我,因而更容易与他人建立起健康而持久的关系。而在学风问题上,也希望小梁和每一位热爱学习的同学都能坚持下来,同时再去寻求与舍友建立关系的新方式。

四、宿舍中的特殊学生问题

月月,女,大二学生。小时候因父母外出打工,长期与爷爷奶奶生活在一起,爷爷奶奶担心月月和他人接触容易发生危险,经常将月月锁在屋内,导致月月与人交流存在障碍,总感觉别人会害自己,害怕与人交谈,行为拘谨,经常欲言又止,无法清晰地表达自己的思想感情。

一路跌跌撞撞,月月好不容易考入一所还不错的大学,却在开学之初被诊断为抑郁症……

好在经过医生的精心治疗和心理咨询师的长期辅导,月月在抑郁症休学一年后,顺利回到班中。月月充满自信,希望舍友能够忘记自己的抑郁症病史,把自己当个正常人一样和谐相处。可一段时间过后,月月发现自己的辛苦白费,舍友们仍然总是躲躲闪闪,不时在背后对自己指指点点。月月很是困惑:为什么我好不容易走出了抑郁症,仍然没有人与我做朋友?谁来帮帮我?

当高考远去,同学们怀着一份激动、伴着一份好奇,进入了大学校园,渴望能迈上一个新的台阶,让自己的人生腾飞时,却发现一系列的问题接踵而至,客观环境的变化、自我定位的波动、人际关系的不协调都会带来无尽的烦恼,尤其是会在宿舍中遇到各种各样的舍友,难免有些舍友比较独特,属于教师口中的"特殊学生",此时便会导致整个宿舍氛围都很糟糕。

案例中的大二女生月月尽管已经通过治疗,恢复到正常状态,顺利复学回到校园,可是舍友仍然用异样的眼光看她,甚至由于没法进行正常人际交往,抑郁情况再次加重。

其实,校园中的特殊群体问题远不止月月这样的抑郁后复学群体,还有很多少数民族同学、宗教信仰同学、残疾、单亲、孤儿、正在抑郁症治疗期或抑郁潜伏期的同学,他们都会在宿舍的交往中或多或少存在问题、受到忽视,那么此时心理委员对宿舍长以及整个宿舍的引导和带动就显得尤为重要。

第二节 宿舍关系问题的应对

对大学生群体而言,随着年龄的不断增长,生活空间发生改变,交往模式也在不断发生变化,其中非常显著的一个变化就是更广泛地参与集体生活,宿舍交往成为大学生日常人际关系的主要方面。我国当前对于大学在校生的教育管理仍以集体住宿作为主要方式,一方面,宿舍安排相对密集,生活空间有限,缺乏个人空间,有许多不便之处;另一方面,宿舍生活又是青年人与同伴相处,加深对自我和他人的理解、锻炼人际交往技能非常难得的一段时光。

大学之前的生活与学习经历中,虽然有部分学生中学阶段甚至小学阶段就有过住校经历,甚至到外省就读,但是对大部分学生来讲,家和学校都是活动的主要场景,离开学习环境就会回到相对自由的家庭,有属于自己的空间。很多学生一直走读从未住校,有的学生为了学习方便会在学校附近租房由父母陪读,也有的同学住在学校提供的宿舍。而到了大学阶段,除了极个别同学因为身体或其他特殊原因申请走读或父母租房陪读,绝大部分学生要以宿舍作为自己主要的生活空间,与宿舍室友朝夕相处,共享生活空间,因此宿舍关系就成为大学生非常重要的人际关系。

人际交往涉及每个人的个性特点、自我认识、对他人的了解,涉及沟通技巧,还涉及沟通的情景、沟通的过程等,是个很复杂的心理活动过程,而大学生的宿舍人际交往更是如此。由于大学生对人际交往的重要性认识不足,缺乏社会经验,彼此独特的成长环境导致个体生活方式、价值观等诸多方面存在巨大差别,因此大学生们常常在宿舍人际关系中感到困惑。从高校心理咨询机构对大学生寻求咨询的情况来看,宿舍关系困扰也常常是学生们需要帮助的重要问题。

一、创设宿舍人际交往环境

案例

小丽是南方人,普通话不是很好,宿舍的其他同学总是拿小丽的普通话开玩笑,小丽十分不悦,觉得宿舍的同学都不喜欢自己,但自己性格内向,又不敢和身边的同学、教师讲,一直萎靡不振,上课时注意力也不集中。心理委员注意到了小丽的状态很差,主动找小丽聊天,慢慢引入,询问她最近的生活情况。小丽把半个多月来的闷气一股脑儿地向心理委员倾诉了。心理委员建议她勇敢一点儿,再和舍友沟通一次,了解宿舍同学的心中所想,对于生活中南北方差异的生活习惯问题也可以一起协商,形成宿舍公约,共同来遵守。如果沟通效果不佳,可以再寻求辅导员的帮助。小丽豁出去了,尝试和舍友再次沟通,同时给出了拟订的宿舍公约。小丽发现宿舍的同学其实很友好,只是与南方人接触少,觉得南方话很有意思才会重复讲,大家打开了心结,还相约一起去聚会。看着小丽的精神状态越来越好,心理委员也多了一份喜悦和自豪。

大学阶段是一个人自我意识形成的重要阶段,和中学时代相比,对一个人的评价更加多元,身边优秀的同辈也越来越多,原先的优势可能一直保持,也可能变得不再耀眼。一个人如果能够正确认识自己，客观评价自己，具有较高的自我价值感和较高水平的自尊，那么他在人际交往中就会具有较强的安全感，能够主动与他人交往，也能够开放自我，因此更容易与他人建立起健康而持久的关系。

有的同学自我评价偏低，不能自我接纳，内心比较自卑。看不到自身的优点，总用自己的不足和别人的长处作比较，认为自己一无是处，哪里都不如别人。比如，认为自己家里条件不够好，对自己身材、长相不满意，学习成绩不如人，兴趣爱好、特长拿不出手，等等，害怕被人看不起，不敢主动和别人交往。这种自卑心理在宿舍人际关系中就更容易被放大，习惯于把自我否定投射到室友身上，认为室友也会否定自己，因此宿舍中大家讨论的话题害怕自己没有见识而不敢随意发表意见，宿舍组织的活动因为害怕暴露缺点尽量避免参加，久而久之，就成了宿舍里那个"多余的人"。

也有的同学因为曾经在人际交往中遭受过挫折，有过不愉快的经历，担心再次遇到被拒绝的场景，对同伴交往存在恐惧心理，为了自我保护把自己包裹起来。这样虽然看起来似乎减少了受伤害的可能性，但同时也失去了与人建立积极关系的机会，而在新的环境中建立新的关系也正是对过往创伤进行修复的重要契机。那些对人际交往如履薄冰的大学生，或者采取另一种方式，处处委曲求全，交往中存在讨好心理，为了避免争执委屈自己，这种态度虽然可以保持表面上的和谐，但并不是一种平等健康的交往方式，难以在四年的大学生活中长期保持，对自身身心健康也是一种长期的损害。

作为班级心理委员，一方面要对同学可能存在的自卑心理充分理解和接纳；另一方面，可通过在班上开展主题心理班会的形式帮助同学们熟悉起来，消除自卑心理，充分展现自我。天津商业大学心理中心曾设计、开展过"谁不夸赞家乡好"的主题班会活动，同学们通过介绍自己的家乡，让大家看到自己家乡的闪光点，增进彼此了解，消除可能的偏见，也给了同学们自我表达的机会。在这个机会中植入爱国、爱家情怀，强化积极自我暗示，取得了很好的活动效果，创设了良好的宿舍人际交往环境。

二、鼓励宿舍人际交往意愿

人是社会性动物，这一生物属性决定人需要同伴和建立归属感。但在实际生活中，不同的人对交往的态度差别很大，有的同学交流意愿强烈，渴望与室友建立亲密的关系，日常交往中积极主动，愿意袒露心声也愿意提供倾听和帮助；有的同学交往意愿不强，"被动接触尚可"，很少主动与室友联络，甚至只是把寝室当作休息、睡觉的地方，久而久之就会给人一种疏离感。这样的同学往往对宿舍关系冷淡到似乎完全无所谓的态度，但很多时候内心又会觉得孤独，缺少支持。

有的同学不愿与室友交往是由于自身情绪问题，不能灵活调节情绪，不能充分意识到宿舍是一个集体，把自己的个人情绪释放在集体环境之中，影响室友之间的交往。比如，有的同学喜欢孤独，宁肯独处也不愿与室友交往，他们在学习、生活或家庭问题上遇到了困难从不对别人讲，内心的冲突与苦恼也不向别人表露，认为向别人求助是弱者的表现，也会暴露更多自己的弱点。也有的同学存在较多的同伴压力，这种竞争压力很容易转化为嫉妒心理，把别人的优势视作对自己的威胁，看到室友在某方面超过自己就会感到愤懑不悦，因此不愿与他人亲近。嫉妒具有非常强大的破坏力，会影响到宿舍生活的方方面面。

不愿交往的一个重要原因还与不良的交往动机有关，人际交往应建立在人与人之间真诚、平等、互利的基础上，宿舍关系更是如此，室友之间的关系首先应该是平等的。而有的人本身交往动机具有较强的功利性，和室友相处也总是想方设法利用他人，而不对别人有所付出，这样的剥削关系也必然不会长久。另外，大学生自我追求和自我塑造的方向也不尽相同，有部分同学认为大学阶段最重要的是学业发展和自我能力提升，不愿意花时间在宿舍人际关系上，例如，有的同学因为高考失利没有考入理想大学，感觉周围同学和室友与自己不匹配，不愿与对方交往，而更愿意结识那些能力更强、成绩更好的同学，这种厚此薄彼的态度必然会对寝室关系造成影响。

对于缺少交往意愿导致的宿舍关系问题，班级心理委员大有可为之处。从上文我们也可以看到，处在青年期的大学生并非没有交往需求，而是这样那样的原因导致自我封闭，同时还伴有很多未经处理的情绪。对于心理委员来说，如果有同学表现出明显的宿舍交往退缩，这本身就是一个比较重要的信号，需要我们心理委员去重视。在与这样的同学接触的过程中，也要注意接待、包容、共情等方式，让同学通过与我们心理委员的接触，渐渐消除对人际交往的误解，增加交往意愿。

三、开展宿舍团体心理活动

不善交往主要是指不善于和现实生活中自己身边的人进行交往。随着网络的快速兴起与飞速发展，当前的大学生群体是在网络环境下成长起来的一代人，对网络存在极强的依赖性，生活娱乐、学习交友逐渐从现实生活向虚拟世界转移。当下是信息爆炸的时代，大学生又是走在时代前列的人，对于新鲜事物总是保持极大的热情。太多事物可以吸引人的注意，同一个宿舍大家的关注点可能也各不相同，你会发现你关注的领域可能室友一无所知，而室友热切谈论的内容，你也是第一次听说。因为缺少共同感兴趣的事物，缺少共同的话题，很多时候大家只是生活在同一个屋檐下，而没办法成为真正的朋友。

对于有的同学来说，素未谋面的网友比近在眼前的室友亲近得多。其实也可能正是在现实生活中交往受挫，希望与同龄人交流的愿望得不到满足，才逐渐转向寻求网络。网络世界的开放性、虚拟性和隐蔽性，能够弥补现实生活中人际交往的障碍，可以在网络中结识朋友、收获友谊、组队游戏，扮演理想的自己。而虚拟世界带给人的满足感、归属感和成就感，使他们更依赖网络世界，对现实世界也多了一份抵触。网络世界的交友互动有时间思考，有机会自我粉饰，与真实世界截然不同，很多在网络世界呼朋引伴、游刃有余的大学生，在寝室里往往很少发言，终日戴着耳机与网络中的同伴一起消磨时光，借以缓解现实生活中的孤独。沉迷于网络世界又进一步使他们缺乏锻炼人际交往技能的意愿和机会，形成恶性循环。

还有一个比较奇怪的现象，有的同学在班级当中担任学生干部，与人交流和风细雨，在社团当中也有很多朋友，相处融洽，可以是教师眼中的好学生、工作中的好同伴、学弟学妹的好榜样。唯独回到寝室，室友间关系冷淡，互不理睬。这部分同学往往在网络中能够建立起不错的交往圈子，现实中的朋友通过网络联系也能保持很好的关系，但回到现实中却难以与身边朋友建立起令人满意的关系。这或许是部分同学的性格使然，有的同学追求完美，自我要求很严格，也非常在意别人如何看待自己，担心自己表现不好或者别人对自己不满意，因此在任何场合都尽力让自己保持优秀。但是宿舍生活是一个长期的过程，一直保持优秀既艰难又没有必要，当真实自我与经过粉饰的自我产生矛盾时，往往在宿舍关系中无所适从，人为地与室友保持距离。

心理委员作为同学的一员,只有深入了解当下大学生的心理特点与心理需要的前提下,才能做好朋辈心理工作。当前网络生活化,影响着我们生活的方方面面,这是科技进步带来的时代变化,我们应充分理解和顺应。了解为什么对有些同学来说网络社交的吸引力超过了现实交往,利用网络社交的便利性加强同学之间的联系,将网络与现实很好地结合起来,这是心理委员的着力点。同时心理委员也可以通过组织同学们喜闻乐见的体验性活动,使同学们沉浸到现实生活的人际联系中。例如,每年举办的心理情景剧大赛,很多同学以宿舍为单位组队参加,通过一起合作完成比赛,可以有效加强同学们的相互认识、相互理解和相互配合。

四、锤炼宿舍人际交往技巧

宿舍是一个大家庭,但是舍友之间偶尔也会出现一些矛盾。小A是一个内向且规矩的人,很少和舍友交流,每天早睡早起,作息规律。小B是个网瘾少年,沉迷于网络游戏,甚至在深夜打游戏时还大声喊叫,丝毫不在意舍友的心情。小C是个学霸,在人际交往方面也是佼佼者,偶尔会和小B打游戏,但是小C的朋友总是来宿舍找他,有时就会占用其他舍友的位置,让舍友们觉得很不方便。小A、小B和小C的生活习惯有很大差别,心里也都觉得对方影响自己休息,一直存在着矛盾。矛盾在刚开始时,他们都彼此忍让。但是时间久了,由于小B和小C特别吵闹,影响了小A休息,小A就警告了小B和小C。小B被小A警告过后,虽然收敛了两天,但过几天又恢复常态;如此往复,矛盾并没有根本解决。作为心理委员的小D知道这种情况后,给他们安排了一次舍务会,让他们面对面讲出了自己的问题和对舍友的不满,让他们彼此了解存在的矛盾和问题。在沟通的过程中,他们回忆了刚住在一起时,彼此互帮互助的情节,坦诚自己的错误并共同决定,以后要勤交流,多换位思考,互相理解和包容。这样,一个和谐的宿舍关系就由大家创造出来了。

有的同学虽然有着与室友和谐相处的良好意愿,但是由于缺乏人际交往技能,沟通过程总是不顺畅,这同样会影响宿舍关系,也会给自己带来困扰。

当前大学生群体中独生子女居多,家庭教育中缺少兄弟姐妹间的相处之道,大学之前又把主要的经历全部放在学习上,因此在同伴交往当中,不少同学在基本的人际交往规则方面还存在欠缺。比如,自我中心倾向,遇事往往从自己的角度出发,缺少换位思考的意识,不能设身处地地为他人着想,评价一件事的对错往往存在双重标准,对别人严苛对自我放松。也有同学在人际交往中缺乏边界意识,这在原本空间狭小、人员密集的宿舍中问题就会更加凸显。不了解他人独处的需要,对他人隐私缺乏尊重,使用室友物品,占用室友空间,甚至肢体上过分亲近,可能自身没有意识到问题,但却给其他人造成了不小的影响。

有的同学在社交方式上不够灵活变通。沟通离不开讲话,有的人讲话能准确传达自己的意思,谈吐幽默,氛围轻松,交流和谐顺畅;有的同学说的话则常被人误解,引发人际冲突;有的同学讲话太直,不顾及别人的感受,无意中伤害到别人;还有的同学讲话生硬刻板,容易与人产生距离。如果是和其他同学或者陌生人的短暂交谈,可能影响并不明显,但是在朝夕相处的宿舍生活中,习惯化了的讲话方式对于宿舍关系的质量影响就会很大。

除了讲话和自我表达,非语言沟通和准确理解他人感受在人际交往中同样重要。作为心理委员，需要帮助同学们了解与人交往中的肢体动作、面部表情、讲话声调等，会传递出对他人或尊重、关注，抑或轻视、不耐烦的态度。同时非语言行为也会带有较多的情感线索，发现室友面露愁容，究竟是悲伤还是委屈，是什么原因造成的，自己能给对方什么样的支持，都需要对当下情境的理解。有的人不善于使用和观察非语言行为，对人际关系缺少敏感度，无形中对其他人造成了干扰和影响。作为心理委员，可以通过有针对性地开展人际交往技巧为主题的培训、讲座、团体辅导，帮助同学们增进对人际交往的理解与把握。如人际交往训练、演讲与口才、角色扮演练习等。

第十二章

心理委员如何应对恋爱问题

第一节 大学生常见恋爱问题

爱情是个永恒的话题。歌德说:"哪个青年男子不善钟情,哪个妙龄少女不善怀春?"在大学里,有的人在期待遇到一段刻骨铭心的爱情,有的人在默默暗恋着那个他(她),有的人沉浸在爱情的蜜糖罐里难以自拔,有的人因和他(她)一次又一次的争吵而不知所措,有的人因失去爱情而暗自感伤……

不同的人对爱情有不同的理解:

古有"关关雎鸠,在河之洲,窈窕淑女,君子好逑"。

钱钟书说"没遇到你之前,我没想过结婚,遇见你,结婚这事我没想过和别人"。

林徽因说"感情有时候只是一个人的事情。和任何人无关。爱,或者不爱,只能自行了断"。

余秋雨说"爱一个人,就是在漫长的时光里和他一起成长,在人生最后的岁月一同凋零"。

……

古今中外,人们对爱情有着多元的探索。

渴望爱与被爱都是人的基本需求,但获得或经营一段高质量的恋爱不是大学生的"必修课",因为每一位大学生自身的需要与发展状况是不同的,恋爱充其量也就是一门"选修课"。在当代大学生中,有的大学生从来未曾"选修"过,甚至其中的一部分人因自身以及家庭多种原因,一直到他们攻读硕士或博士时也未曾"选修"。恋爱成了大学生重要困惑之一。在恋爱过程中,到底什么是爱情?如何表达爱?如何接受爱或拒绝爱?如何为爱保鲜?怎样面对恋爱中的性?失恋了该怎么办?这一系列的问题都可能给大学生带来困扰。

小李,某学校大三在校学生,出生在一个普通家庭,父母下岗后靠社会救济和打工来维持生活。小李为了给家庭减轻负担,大一入学后就申请了国家助学贷款来解决学费和住宿费,生活费靠国家助学金和平时打工赚来的钱。小李勤奋好学,刻苦努力,成绩名列前茅,大二学年荣获奖学金。但是从大三开学后,小李经常请假,偶尔还会出现逃课现象,这一现象引起了班级心理委员的注意。班级心理委员通过向他宿舍同学及平时关系好的同学了解,得知小李谈恋爱了。小李曾向好友提道：身边很多同学都谈恋爱了，他高中时也曾喜欢过一个女生，但由于高中学习紧张以及感觉对方对自己没有好感，没有勇气表白。曾有一个女生向自己表白，自己却不喜欢对方，且父母坚决反对早恋。现在他不想让同学觉得他只会学习，他也很向往校园恋情。谈恋爱后多次在舍友面前提起恋爱经过，女朋友学习成绩虽然没有自己好，但是主动向小李表白后，小李很快答应对方。小李恋爱后陪女友吃饭或者买东西，有了更多花销。所以，最近请假或者逃课，要去打工挣钱，来补充恋爱花销，要么就是去陪女朋友逛街吃饭。由于最近学习精力不足和生活开支较大，感觉力不从心，不知接下来如何相处。但假如把心思全部回归到学业，没有精力陪女朋友，是否会影响双方关系？对于小李的情况心理委员很是担忧。

在大学校园中，遇到类似小李这样困惑的同学并不少见，心理委员在开展工作前，首先需要了解同学们在恋爱中面对的难题和可能的原因，然后才能更有针对性地给予理解、实施帮扶。

一、不曾出现的那个他（她）

进入大学后，校园里常常能看到一对对情侣牵手相伴，小琳已经大三了，还没有遇到心目中的那个他，"看到室友都交了男朋友，我也好希望自己能开始一段恋情，就是遇不到合适的人，我不会真的要等到工作后随便找一个人嫁了吧？"她对心理委员倾诉道。

大学生对恋爱都抱有一份美好期待，在学习生活中，如果能有异性，可以带来不同的看待事物的想法。然而，恋爱中的同学常常这样感慨："想谈恋爱，却遇不到合适的人！""爱我的人我不爱，我爱的人却不爱我！""身边的男性总是容易被我变成男闺蜜"……很多同学会感到自己难以找到合适的恋爱对象。这种状况产生的主要原因是：①社交圈较小，日常交往基本局限在班级、专业、学院；②部分专业男女比例不平衡；③对恋爱的价值观还在树立期和调整期，对自己如何选择对象，选择怎样的恋爱对象比较迷茫；④对爱情存在理想化的要求，总是期待遇到完美的理想中的伴侣；⑤尚没有稳定的经济基础等。

二、是喜欢还是爱

涛涛是一名大二的男生，最近有个女生经常在微信上找他聊天，说他长得帅，还会主动和他一起打游戏，小强也对这个女生有些感觉，但觉得两人关系暧昧不清。最近小强找到班级心理委员，想深入地讨论一下，这个女生是喜欢他还是爱他呢？

《武林外传》中的白展堂（一个小偷）遇见展红绫的时候说"你要是个贼该多好"，可是当白展堂遇到佟湘玉的时候却说"我要不是个贼该多好"。喜欢就是想要对方跟自己一样，而爱是生怕自己不够好配不上对方。

在大学中，生活相对高中更加自主，也更为独立而自由，同学们交友更加广泛，开始接触和结交更多的异性朋友。然而在交往中，有的同学会困惑彼此之间究竟是友情还是爱情，抑或彼此的感情究竟只是有好感、一般意义的喜欢,还是恋爱。在网上"男女之间究竟是否存在纯粹的友情""喜欢和爱的区别是什么"等一直是大学生关注的热门话题。

无法分辨自己是不是真的爱上了对方,往往是由于对爱情的定义和特性还不够了解,对爱情中究竟包含哪些元素的认知趋于模糊。喜欢和爱的界限并不是泾渭分明的,喜欢有可能是爱情的初级阶段,但很多时候喜欢似乎又不足以让两人建立恋爱关系,同学们对爱情程度的模糊状态,可能会导致对双方关系做不适宜的判断。

三、爱在心,口难开

小强暗恋一位女生已经快一年了,这期间,那位女生的一举一动都牵动着小强的心,她成绩优异、面容姣好、家庭条件很不错,而小强觉得自己长得不帅气,没有特别的才能,也没有殷实的家境,配不上对方。室友看出了小强的心意,多次鼓励他公开表白、大胆尝试追求,可是小强连和她正面接触的勇气都没有。

部分同学存在自卑的心理,在大学以前,一心只读圣贤书,而进入大学后,发现自己很多方面不如别人,久而久之,越来越自卑。他们会感到自己缺乏被爱的吸引力,认为别人瞧不起自己,不敢坦然和异性交往,更害怕在异性面前失误,只好用回避和异性接触的办法保护自己的自尊心,但其实内心深处感到痛苦和失落。

究其自卑的原因,主要有几个方面:①自我评价出现偏差。过度关注别人对自己的看法,过度在意别人反馈回来的负面信息会导致自我评价过低。②社会比较的结果。大学的环境更加多元,部分同学进入大学后会发现自己不再具备原来在高中时候的绝对性优势,自己各方面和他人相比都显得逊色,由此认为自己不如别人。③对恋爱吸引力缺乏科学正确的认识。从单一维度评价自己,认为人们在择偶过程中只是关注长相、金钱和地位,所以不敢追求自己的爱情。

四、开口说"不"好难

小美有一位关系非常好的男性朋友,她一直把他当作男闺蜜,两人无话不谈,但是,今年情人节,男闺蜜在微信上对小美表白了,想和她建立男女朋友关系,这让小美很烦恼。她担心拒绝会不会让对方尴尬,会不会让对方疏远自己,甚至连朋友都做不了,她不想失去一个很好的男闺蜜,但如果答应和对方在一起,她又觉得对自己来说太违心了,因为自己并不爱对方。

正所谓"强扭的瓜不甜",恋爱中不应失去自我,每个人都应该尊重爱情的自主性。然而在一些情境下平衡友情和爱情成了一大难题。"成不了恋人,还能做朋友吗?"曾有部分同学提出困惑,他们因为这样的担心,不知所措,难以拒绝一个自己不喜欢的人也成了同学的困惑之一。

这一类型的困惑常常因个人的应对方式和内在信念而产生。有的同学在遇到需要拒绝他人的情况时，会习惯性地采用回避、讨好、拖延等方式来缓解即时的压力，"拒绝他挺不好意思的，再等等吧！""我现在先不去想，以后再说吧！""不拒绝他就不会伤害他"，等等。这类同学内心存在的不合理信念进一步阻碍了其做出决定，"如果我拒绝他，那我就会失去这个朋友。""拒绝别人就是辜负别人。""如果失去这个朋友，那我就是个失败的人。"部分同学在拒绝他人时都可能被这些信念干扰，但很显然它们是不合理的，这些信念反映了绝对化要求、以偏概全、灾难化的认知特点。

五、为什么相爱容易相处难

小月是一名大二女生，在恋爱前，独立、开朗、有很多好朋友，但自从恋爱后，变得敏感、多疑，总要给男友打电话、粘着他。其男友说："我特别喜欢那个刚认识的你，现在的你让我压力很大。"小月跟心理委员谈心时说现在两个人经常吵架，自己很苦恼。

有同学说相爱容易相处难，当热恋的激情逐渐褪去，恋爱的新鲜感也随之慢慢消失，恋人之间争吵越来越多，部分同学会陷入困惑："难道我们不适合在一起？""我们究竟是否相爱？"

恋爱中常见相处的困惑主要表现有：①度过热恋期后，发现彼此的缺点，认为不合适；②因为成长背景、个人价值观等方面的差异，频繁产生冲突；③双方缺乏对彼此的理解和包容；④分隔太远，聚少离多，因时间、空间距离等因素，使得感情变淡；⑤因缺乏信任而引起彼此猜疑等。

在恋爱的过程中，双方都比较感性，在爱的光环下对方的优点被无限放大，而对方的缺点却往往被忽视。相处越久，双方的弱点也就暴露得越多。恋人之间文化理念、道德修养、兴趣爱好、宗教信仰等不同，也极易使双方在交流沟通中产生分歧，处理不好容易产生冲突，进而影响到彼此之间的相处。

六、学习和恋爱如何兼得

小梅在参加学校活动时与小张相识，经过后来相处，发现自己很喜欢小张。小梅很想向小张表白，但是现在两人都在准备考研，小梅担心这件事情影响到各自的学习和考研计划，对在学习和恋爱面前如何选择产生困惑。

每当"学习"和"恋爱"相撞的时候，就会让部分同学很难抉择，总有同学困惑：学习和恋爱究竟该如何选择？尤其是期末考试或者考研备考时，更是面临着一场巨大的考验，觉得学习和恋爱只能留下一个。

产生这一困惑的原因主要是：①对学习和恋爱的平衡问题缺乏辩证思考，片面认为两者只能选其一；②缺乏有效管理时间的能力，在平衡学习和恋爱中出现时间分配的混乱，出现因谈恋爱而无暇学习的情况，由此产生焦虑；③过度沉溺于恋爱过程，以为有了爱情，一切皆可抛，因此影响了学业的发展等。

七、恋爱中的"老人言"

小琴已经和一位外国留学生恋爱半年了,由于快要毕业,两人经过商量,决定把恋爱关系告诉父母。但是小琴父母知道后坚决反对他们的恋情,希望小琴找一个本地人。小琴多次和父母商量都不成功,最后父母看小琴竟然陷得那么深,直接打电话给她男朋友表明了态度。

中国传统文化中,男女婚恋需遵循"父母之命,媒妁之言"。虽然现在提倡婚姻自由、恋爱自由,但是我们在生活中,一方面,受着传统文化和家庭文化的影响;另一方面,出于对父母的尊重,恋爱中的同学也希望得到父母的支持。父母常常说"不听老人言,吃亏在眼前"。有些同学的父母更注重对方家庭环境、经济条件、发展潜力等现实因素,而同学更注重自我知觉、情感体验等精神因素,不同的重视倾向会导致父母和孩子在恋爱问题上的不同认知。部分同学一方面希望自己可以自由地做出恋爱的决定;另一方面也对父母有一定的依赖,就会产生自我的情感和需要与父母观念和要求之间的矛盾,而沟通的缺乏又使得这些矛盾难以得到解决。

八、失恋后我该怎么办

顾强是一名大三的男生。大一下学期,他开始恋爱,进入大三后,女友移情别恋,最后彻底分手。几周来,他一直沉浸在痛苦、落寞、愤怒、自卑中,过去与女朋友相处的点点滴滴不断浮现在眼前。他上课无精打采,常常躲在宿舍里吸烟,借酒浇愁,唉声叹气,几次看到女友与新男友在校园里散步,怒火中烧。有一次,竟然丧失理智拦截他俩于路上,大打出手,致使双方受伤住院。他和心理委员说现在感到很痛苦。

部分同学在失恋后,往往存在几个疑惑:我现在这么痛苦,是因为舍不得这个人还是舍不得我们共同建立的那些习惯?以我现在的条件是不是不适合谈恋爱?我是不是一个很失败的人?凭什么我就这么被辜负?等等。在面对失恋时,部分同学容易产生愤怒、不甘、失望、自卑、悔恨等情绪,有的同学甚至产生严重的心理困扰。

大学生失恋存在以下几种原因。

(1)恋爱动机不明确:①排解寂寞。谈一段恋爱成为他们消除寂寞、摆脱孤独的一种方式。②情感需求。以前被压抑的情感像火山一样爆发出来,并且与异性交往会产生一种愉悦感,同时增强自己的自信心。③好奇心。好奇心主要是由于生理发育成熟而产生的。④虚荣心。部分大学生认为谈恋爱是一种能力和魅力的象征。他们为了证明自己的魅力而去恋爱。

(2)恋爱是一门学问:很多大学生不主动寻找恋爱相关的知识进行学习。在他们看来,恋爱只是一个旅途中的休憩站,恋爱的对方只是休憩站中相识的过客。

(3)能力缺乏:①缺乏迎接爱和拒绝爱的能力;②受挫能力较低;③责任感缺乏。

第二节　心理委员对恋爱问题的应对

大学校园里的恋爱是美好而又令人向往的。正值青春年华,每个人都渴望拥有一份甜蜜永恒的爱情,但这从来都不是轻而易举能够得到的。爱情不仅需要热情,还考验智慧和耐心。因此,心理委员作为班级中从事心理工作的学生干部,有责任向广大同学们宣传正确、理性的爱情观念,引导同学们注重培养自身爱的能力,帮助他们能够勇敢而又理性地追求个人的爱情理想,在恋爱的过程中实现爱和成长的双重满足。

一、帮助同学理性看待爱情

在寻找爱情之路上,每个人都要经历一段较为幽暗曲折的探索过程。人类具有丰富多彩的情感形式。爱情是人类所独有的高级情感之一,它是一对男女基于一定的社会基础和共同的生活理想,在各自内心形成的相互倾慕,并渴望对方成为自己终身伴侣的一种强烈、纯真、专一的感情。它需要人有足够爱的能力、足够爱的勇气,更需要拥有一双慧眼能够理性看待爱情。因此,心理委员有必要帮助同学们树立对爱情的科学认识,主要包括以下两点。

（一）爱情需要机遇

在大学校园里,人人都有权利拥有爱情,但这不意味着每个人肯定会收获爱情。爱情作为一种高级情感,它的产生需要诸多主客观因素的配合。单纯的爱情渴望并不一定能召唤来爱情本身。很多同学的困惑是,自己为什么就遇不到那个对的人。心理委员有必要让同学们意识到,爱情和世界上的其他事情一样,除了需要人主观上的各种准备和努力,同样还需要外在条件的配合,也就是所谓的机遇。而机遇具有不可测性,所以没人能保证肯定能在大学校园里收获真爱。不过,同学们却可以通过自己的努力来促进机遇的来临。所谓机会是留给有准备的人,所以同学们在真爱来临之前,不妨做好迎接的准备,努力地完善自己,让自己变得更优秀,扩大自己的人际交往圈以加大遇到真爱的概率等。在等待爱情的时候用心寻找,在寻找爱情的时候耐心等待,才是一种积极的态度。

（二）爱情需要发展

由于学业繁忙的原因,许多同学在进入大学之后才会有时间和心情去恋爱。青春男女在一起相处,难免会出现互有好感、互相喜欢的情愫。这同样不是爱情本身,只是爱情的准备状态。根据斯滕伯格的理论,所谓的喜欢是指两人存在亲密状态,即两人之间感觉亲近、温馨,相处感觉快乐、自在,互相理解和支持。这是爱情的要素之一,而不是全部。如果互有好感的两个人,在相互理解和相处的基础上,产生了强烈的和对方结合的渴望,并且有了长久在一起的承诺,才能称为爱情。喜欢,可以称为爱情的一个必经阶段。也就是说,当同学们产生了"喜欢"情感的时候,不要过于武断地去判断是不是爱情,而是应该给这种"喜欢"以充足的耐心,让它慢慢成长、发展。这是任何一段爱情都需要经历的过程。对一个人有好感,说明两人的关系对自己有滋养,这完全是继续相处下去的一个正当理由。等到时机成熟,是喜欢还是爱情,答案自然会呼之欲出了。心理委员在帮助同学们的时候,要注意到这一点,引导他们能够尊重自己和他人的内心感受,做好爱情的准备。

二、帮助同学掌握表达爱的能力

爱情是一种情感,需要得到尊重和表达。当大学生确定自己对某人产生了爱意,表达自己的爱就成了下一个重要的目标。然而,在实际生活中,有许多人并没有能够顺利完成这一任务,而是困在了"单恋"之中饱尝爱而不得的苦痛。总的来说,大学生不能表达爱,主要分为两种类型:一种是不敢表达,即由于害怕被拒绝而缺乏表达的勇气;另一种是不会表达,即不会用合适的方法和途径表达爱意。心理委员可以通过解决以上两个问题,来帮助同学们掌握表达爱的能力。

(一)帮助同学解决"不敢表达"

许多人不敢向心上人表达爱意,原因在于对自己缺乏信心,害怕会被拒绝。心理委员可以从增进同学的自信心入手来帮助他们。一是鼓励他们多和异性尤其和有好感的异性进行交往。通过加强和对方的交往,同学们可以增进对对方的了解,增强和异性交往的信心。二是帮助他们树立自信的外部形象。保持个人外表整洁、得体,注意锻炼、保持健美的体形,对增强个人的自信尤其是在异性面前的自信很有帮助。三是鼓励他们多做自己喜欢的事情。人对自己喜欢的事情,因为容易投入,容易获得成功,最终收获成就感,非常有利于自信心的提高。

(二)帮助同学解决"不会表达"

表达爱意,方式方法的选择非常重要。对人们的爱情故事进行总结发现,在这世界上并不存在一种"放之四海而皆准"的示爱方法。总体来说,向别人表达爱意,一定要考虑三个基本原则:适人、适度、适时。所谓适人,指的是选择表白的方式方法要注意考虑对方的性格特点。如对于个性内敛、不喜张扬的异性,可采取委婉的表白方式,如通过日常的关心、写情书、赠送礼物、约对方一起去散步或者看电影等,将自己的情感委婉地转达给对方,切忌不顾及对方的感受去公开表达;对于性格开朗、重视仪式的异性,则可以通过烛光晚餐、赠送鲜花等热烈直接的方式表白。所谓适度,则是指表达爱意要注意两人相处的感情程度。特别是在熟悉程度还不够的时候,过于冒进的表达往往会给对方带来压力,甚至会给对方造成一种对待感情比较鲁莽的负面印象。当然如果对方的意图同样已经很明显,瞻前顾后、犹豫不决则同样会影响爱的表达。所谓适时,则是要学会把握表达的时机。一般来说,爱意的表达要在对方有足够好的心情、足够的精力来面对的时候。在面临考试等重大压力或者心情糟糕的时候,人不适合做出一个重大的决定。心理委员要注意在帮助同学的时候,让他们能够充分意识到这些原则,并且能认真地遵循。

三、帮助同学学会"接受"和"拒绝"

当爱情来到身边,是选择接受还是拒绝?在感情的世界里,这是一个非常重要的问题。它意味着在未来某段时间里,是选择继续保持一个人,还是和另一个人共同度过。答应,还是不答应?都是一门艺术,也都是一种能力。在诸多大学爱情故事里,许多同学因为不能接受爱,结果错过了美丽的缘分,也可以看到许多人因为不会拒绝他人而生活在懊悔之中。所以,学会接受爱和学会拒绝爱都是十分重要的事情。心理委员有必要学会并掌握接受爱和拒绝爱这两种重要能力,以便为同学们带去及时的心理辅助。

（一）增强接受爱的能力

接受爱是一种能力，可以通过合适的方法进行培养和增强。心理委员可以从以下几个方面帮助自己和同学们增进接受爱的能力。

（1）引导同学树立对爱情的合理认知。正如前面所言，有许多大学生之所以对爱情退避三舍，其中有一个原因是因为他们对爱情的认识和观念存在不够合理的地方，比如，"不优秀，不配爱""只有准备好，才能谈恋爱""恋爱肯定会让人受伤"，等等。这些观念的共同之处在于，都具有所谓的"绝对化""极端化"的特点，都属于不合理的信念。这些不合理的信念显然过分夸大了某一种因素在爱情中的重要性或严重性，脱离了生活的实际。所以，心理委员首先要树立关于爱情的合理信念并且将其传递给同学。这些合理信念包括：爱情需要优秀，但不是唯一的必备条件，因为人人都有权利拥有爱情，这是每个人生来都具有的权利，无论是否足够优秀；而且，爱情世界里也从来没有一个公认的优秀标准，执着于这一点不是一件明智的事情。爱情也需要提前准备，但不存在完美无缺的准备，面对爱情中出现的各种问题，及时恰当的应对更为重要。爱情当然有可能给人带来伤痛，但同样会给人带来快乐和勇气，而且人在爱情世界里并非一个被动的、无助的角色。相反，在爱情世界里，人拥有足够的智慧和毅力来战胜那些伤痛。

（2）帮助同学加强对自我的接纳。正如前面所言，许多人在爱情来临的时候会产生"不配爱"的想法。这种想法往往是因为同学对自己不够接纳所致。所谓自我接纳，本质上是一个人能够自爱，能够欣然接受自己的优点而不盲目自大，能够包容接纳自己的不足而不妄自菲薄。

首先，坦然正视自身真实客观的身体特征、家庭背景、成长经历、个性特点等一切与自我相关的内容，此时仅仅是正视，不做任何好或者坏的评价。其次，要把注意力集中到自身的优势和资源上，充分体会自己的价值。再次，要学会大幅度地减少自我评价，集中注意力在问题的解决和提升自我方面。最后，学会接受个人成长是一个比较长的过程，学会通过积累小的变化，以最终实现大的改变。

（3）辅导同学增强个人的自信心。在爱情面前，不少同学表现出缺乏足够的自信心，比较自卑。所以，心理委员需要采取一些措施帮助他们增强个人的自信心。第一，鼓励多和异性尤其和有好感的异性进行交往。许多人对爱情不自信是来源于和异性交往的缺乏。加强和对方的交往，经过持续不断的学习和练习，会不断提升人际交往能力，从而进一步增强个人的自信心。心理委员可以通过开展相关主题的心理主题班会、团体心理辅导活动为这类同学提供成长的平台。第二，帮助他们树立自信的外部形象。保持个人外表整洁、得体，注意锻炼、保持健美的体形，对增强个人的自信尤其是在异性面前的自信很有帮助。第三，鼓励他们多做自己喜欢的事情。人对自己喜欢的事情，因为容易投入，容易获得成功，最终收获成就感，非常有利于自信心的提高。在和同学们的相处中，心理委员要注意多多对他们进行这一方面的启发和鼓励。

（4）鼓励同学接受专业的心理咨询。缺乏接受爱的能力的人，很容易陷入想爱又不敢的矛盾心态之中。这种矛盾心态的形成和早年经历、亲子关系、家庭氛围、感情历史等诸多因素有关。这些因素相互交织，往往很难通过一两种自助或他助的方法来解决。所以，去学校心理咨询室寻求专业心理咨询教师的帮助，是一个很好的选择。心理委员当遇到这样的情况，应该积极鼓励他们前去进行心理咨询。

(二)掌握拒绝爱的技巧

心理委员可以从以下建议出发,帮助同学们使用合适的方式拒绝对方。

(1) 要以尊重对方为主。大学生在拒绝自己不喜欢的人的表白时,一定要选择恰当的方式,尽量以尊重对方为主,因为人人有权利拒绝他人的爱,但是没有权利伤害他人,任何一种爱都值得被尊重。

(2) 看场合,再拒绝。私下拒绝,往往比当众拒绝好;有旁人在,如果被拒绝,会使对方觉得自尊心受挫。如果实在无法避开其他人,最好事后马上找机会,再与对方说明。

(3) 表现友好,先肯定再拒绝。态度友善,先给予肯定再拒绝,能降低对方"被否定"的感受。

(4) 短暂延迟,可暗示你有为难之处。毫不留情地立刻拒绝,具有强大的杀伤力。面对别人提出要求时,专心看着对方眼睛,短暂沉默,足以暗示你有为难之处。但切记不要拖延太久,痴痴等待却落空,会让人更加不愉快。

(5) 使用非防卫性语言,但一定要表述清楚。长篇大论的解释,通常会被理解成防卫或抵触。回答应该是坚决的,不能感情用事。心理委员要让同学们知道,明确地拒绝就可以,拒绝时不妨抱以歉意的微笑。心态上要无敌意、无羞愧而坚定地拒绝。

四、帮助同学解决恋爱中的冲突

(一)化解恋爱双方的冲突

恋爱必然会有冲突。有效的沟通是解决冲突最有效的途径。而争吵、冷战、任性都不利于问题的解决,需要双方用建设性的方式解决问题。这种能够化解冲突的能力,就称为解决恋爱冲突的能力。心理委员要学会培养这种能力,并且应用到实际的工作中去帮助同学增进他们的能力。

1. 引导同学接受对方指出的不足

两人发生冲突,往往是彼此身上有对方不能忍受的行为,当对方指出自己的问题,要学会接受,而不是和对方争辩,一味否定对方的说辞。和对方站在对立面,不但不能降低矛盾,而且还会让矛盾点继续升高,甚至出现更多的矛盾。所以,心理委员首先要引导同学和恋人建立共同性,同意对方的观点,避免产生更多的问题,才能更好地解决问题。

2. 引导同学给时间让双方冷静下来,不断完善自己

发生冲突后,情侣之间的不满程度很高。如果在这个时候继续争辩,无异于"火上浇油"。这时候,心理委员要引导情侣给彼此充分的时间让大家都冷静下来,引导同学根据对方指出的缺点来完善自己,不断提升自己,从而避免再次见面的时候不会继续因为之前的矛盾而争执。

3. 支持同学多欣赏少挑剔,心平气和地沟通

没有人是完人,所以难免会做出令人失望的行为,恋爱中的情侣谁都无法避免。在这种情况下,能够实现心平气和地沟通是一件非常重要的事。恋人之间能够坦诚说出自己的想法、感受和不满,并且互相接纳,就可以将冲突在无形中化解。恋人之间产生矛盾的原因之一就是试图改变对方,将对方努力改变成自己理想中的完美爱人。为了达到这个理想,在交往的过程中,人们往往不合实际地要求甚至迫使对方摒除以往的习惯和言行,以吻合自己心中的理想形象。一个人的好多习性都是先天后天综合作用的结果,不可能因为一场爱情就

整个人脱胎换骨、焕然一新。既然如此,要想避免双方因心理不合而产生矛盾,就应试着去多欣赏对方,少挑剔对方,把对方看成一件"艺术品",而不是"半成品"。因为人人都企望被欣赏而不愿意被改造。所以不要把爱当成一把雕刻刀,挖空心思地去想把对方雕琢成什么模样。总之,心理委员要让同学们知道,要想维持爱情、避免矛盾,就要对对方多些欣赏、少些挑剔。

4. 引导同学不要强迫对方为自己付出

恋人之间有时会强迫对方为自己做什么、付出什么,比如,让对方为自己买名牌服装、送贵重物品、去高级餐厅等,这是不可取的,也可能是产生矛盾的根源。爱应该是发自内心的,为爱付出也应该是自发的、心甘情愿的。如果爱到了那种程度,那么,即使不强迫,对方也会甘愿付出;相反,如果对方根本就不情愿,那么,即使在强迫下去做了,又会有什么实际意义呢?因此,心理委员有必要让同学们意识到,要想真正加深彼此之间的感情,绝对不要强迫对方为自己付出什么。

5. 引导同学认识到信任是爱的前提

恋人不可能时时刻刻纠缠在一起,而分离就意味着无数可能性存在,包括幸与不幸。要想保持爱的活力,则必须相信恋人对这份感情的投入。因此,心理委员要让同学们认识到在恋爱中信任的重要性:信则爱,不信则不如无爱。而且,还要引导同学们在恋爱中注意信任的培养,凡事充分考虑到对方的感受,不独断专行,不我行我素,给予彼此充分的安全感,为爱情奠定厚实的基础。

(二)解决爱情和学习的冲突

从本质上来说,爱情和学习是没有冲突的,两者其实并不矛盾,学习是大学生应该做的事情,恋爱是大学生可以做的事情。但对于部分初尝爱情滋味的大学生来说,可能存在沉迷于谈恋爱而无暇顾及学习的状况,尤其在女生方面表现得更为突出。如果心理委员发现这种现象,应帮助同学们正确地认识爱情和学习的关系,可通过团体心理辅导、班级主题班会、新媒体推送宣传等形式,利用其爱情的积极心理因素进行引导。

(1)真正的爱情能够唤醒双方的力量和潜在的才能,促进人的自我价值的实现。马克思曾说:"一个人干不了事,要想美好地度过一生,就只有两个人的结合。因为半个球是无法滚动的,所以每个成年人的重要任务是找到和自己相配的另一半球。"他和燕妮的结合,以各自不同的方式将生命融化在事业之中,为人类爱情树立了典范。因此要让同学们知道,只有建立在共同理想和奋斗目标之上的爱情才是真正的爱情。

(2)把握恋爱的"度"。科学研究表明,爱情在初期阶段主要表现为激情状态,主要是由体内激素变化而产生的,但其持续时间相对短暂,会慢慢退却。因此,心理委员有必要让同学们知道:大学阶段是大学生学习专业技能的黄金时期,是决定未来方向的关键阶段,不要在热恋中迷失自己的人生方向,应在恋爱中把握分寸,多参加有益于身心健康的活动,做好时间管理,充实自己的大学生活。

(3)共同树立合适的目标,互相学习和成长。爱情三大要素之一为承诺,恋爱双方对对方是有责任的,这也体现在对双方未来应进行相应的规划。心理委员要引导同学们在恋爱中相互支持、鼓励,共同在学业上取得进步和成绩,在爱情中得以更好地成长。

(三)解决和父母的冲突

每个人的爱情都渴望得到别人的祝福,尤其是来自父母的认可。所以,当恋情遭遇到父母反对的时候,同学们往往会承受着很大的心理压力。在此时,心理委员要给予同学充分的支持和理解,帮助他们以平和的心态来度过这段比较艰难的时期。

1. 引导同学理解父母反对恋情的初衷

父母之爱子,则为之计深远。当父母反对一段恋情的时候,往往是由于对孩子未来幸福的担心,而这种担心的起点则是对孩子的爱。或许他们的担心实际上并不明智,抑或是他们的沟通方式有欠妥当,但大学生需要明白他们的初心,而不要一味地陷入"反对—反反对"的怪圈之中。在两辈人面对恋情产生争议的时候,双方的注意力往往会集中于具体理由的争辩上,甚至会演变成无谓的意气之争。因此,心理委员有必要引导同学能够在面对争端时理解父母的初衷,并将这种理解传达给父母。这是两辈人解决冲突的重要基点。

2. 鼓励同学尊重父母与自己的差异

亲子两代人由于出生背景、生活经历和性格的不同,会在生活中的诸多问题上存在差异,甚至矛盾。这是客观存在的。尤其是在孩子的恋爱乃至婚姻这种人生大事上,父母和孩子总会存在不同意见。父母有阅历、有经验,但不代表他们就是永远正确的,所以孩子没有必要完全去附和父母。同样地,孩子也不能去勉强父母完全接受自己的意见。因此,心理委员要鼓励同学们尊重和父母之间的差异,接受并尝试理解这种差异,在此基础上努力缩小分歧。

3. 帮助同学反思自己的恋情存在的问题

世界上没有完美无瑕的爱情。父母之所以反对,往往是只看到了恋情中存在的风险和问题,而同学自己对恋情充满信心,则是由于注意力集中在了恋爱中美好的一面。一般来说,父母一辈由于自身的阅历,好发"老人言",以过来人的身份指点,容易失之于武断,但也不能否定其中有真知灼见。父母的态度是检验恋情质量的一面镜子,所以心理委员可以引导同学趁此机会重新审视一下彼此的相处,是否存在令人担忧的一面,父母的反对意见的合理性有多少。

4. 引导同学不急于做出恋爱的重大决定

恋爱是人生的重要经历,当事人和父母都需要不断地去了解、去认识。所以,在恋爱受到父母的怀疑时,同学们不需要立即就做出相关的决定,要给父母和自己机会进一步了解这段恋情。尤其在涉及婚姻这种人生大事,同学们不能过于草率地放弃,或者过于固执地坚持。这时候,心理委员要引导他们静下心来,以平和的心态看待恋爱,正常地生活相处,保证足够的观察时间,以便做出合理的决定。

五、帮助同学正确面对失恋困扰

(一) 为失恋的同学提供心理支持

有恋爱就必然有失恋,越是美好的东西,失去之后给人的伤害就越大。假如身边同学失恋了,心理委员的陪伴、理解和支持尤为重要。

1. 鼓励同学合理宣泄

失恋后,悲伤、痛苦油然而生。最好的办法是不要过分埋藏和压抑失恋的痛苦,可以向知心朋友毫无保留地倾诉自己的烦恼和苦闷,甚至大哭一场,任何人都应该有哭的权利,尤其是在失恋之时。不能在众人面前哭的人,可以找个地方私下痛哭,以释放心理的负荷。总之,心理委员如果遇到积郁很深、难以排解分手之苦的同学,就有必要鼓励他们采取合理的方式宣泄,或到学校心理咨询中心寻求帮助。

2. 引发同学积极转移

所谓积极转移,即在面临失恋后及时适当地把情感转移到失恋对象以外的积极的人或事上。如同学失恋后,心理委员可鼓励他们:与同性朋友多交流思想,倾吐苦闷,求得开导和安慰;或把注意力分散到自己感兴趣的活动中去,主动置身于欢乐、开阔的环境;或努力把精力投入学习中去;或参加一些文娱活动,以消除心中的郁结,解除失恋带来的心理压力。

3. 引导同学将失恋升华

爱情固然重要,但不是生活的全部,并非人生的全部意义所在。心理委员面对失恋的同学,可以鼓励他们把自己的精力投入学习工作中去,因为个人的发展和对社会的贡献会让失恋者很快获得新生,也进一步加深对生活的理解。如"乐圣"贝多芬31岁时深深爱上了一位少女。恰在这时他患上了耳聋症,这使贝多芬无法娶到他钟爱的姑娘,两年后姑娘出嫁了。病痛的折磨,失恋的痛苦,使他痛不欲生。但贝多芬并未被挫折压倒,而是更加接受生活,接受音乐事业,从音乐中找到感情的寄托。正是在这次失恋之后,贝多芬用他的天才和情感创造了著名的《第一交响曲》,这就是升华。

(二) 为失恋中的同学提供心理援助

心理委员作为班委会成员之一,面对班级同学遇到失恋的问题,结合自己的岗位特点及掌握的知识和工作技巧,可以参照以下几个方面展开工作。

(1) 坚持保密原则。心理委员对自己所了解到的情况必须严格遵守保密原则。对自己所接触的失恋同学的隐私不得向亲朋及班级其他同学泄露,特殊情况可向辅导员或心理咨询师请教。

(2) 依据所学知识,敏锐观察并密切关注失恋同学心理变化动态,不夸大、不引申,记录内容务必真实客观,而且谨慎保管、严加保密、定时销毁。必要时,向失恋同学提供学校心理服务的信息,如向同学告知学校心理咨询服务部门的详细位置、咨询预约电话及工作内容,转变同学对心理咨询的偏见。如果情况严重导致同学的身心安全受到影响的,则需要向辅导员、心理咨询中心进行口头或书面汇报。

(3) 心理委员对本班失恋同学提出心理援助时,应严格遵守心理健康知识与心理咨询技能。运用自己学到的心理学知识帮助失恋同学解决问题。要跟失恋的同学保持良好的交往和交流,如果需要心理辅导教师帮助的,可以帮助预约或者陪同到咨询室。在超出自身的干预能力范围时,心理委员应及时向有关同学建议转介到校心理咨询中心。

(4) 在班级组织相关主题的心理团辅活动。针对大学生当中出现的恋爱问题,心理委员应通过多种途径如心理测试、心理主题班会、团体心理辅导等宣传和普及正确的爱情观。同时在新媒体时代下,心理委员的工作可以借助新媒体平台来丰富和创新,使同学们对恋爱问题及失恋问题有更及时有效的了解,比如,通过微信订阅号推送并普及恋爱心理知识,通过自媒体方式来实现心理团体辅导互动多元化。

第十三章

其他人际交往问题

人际交往是大学生在社会生活中必不可少的组成部分和生活方式,对大学生的认知、情感以及世界观、人生观、价值观等都有重要影响。多数大学生选择异地求学,来到一个陌生的城市和学校,难免会在学习、生活、交友等方面存在挑战,容易出现孤独、自卑、焦虑等情绪问题。大学生通过与新认识的教师、同学等建立良好的关系,在互动中交换信息与思想,表达情感与需要,获得支持与安慰,交流经验与技能,从而扩展人际脉络,丰富关系之网,实现相互认识、理解、合作与促进。

第一节 大学生常见的其他人际交往问题

从广义上讲,大学生拥有多种类型的人际关系,包括家庭关系、宿舍关系、恋爱关系、师生关系、社团人际关系等,相应的人际关系对应着特定的交往。心理委员掌握各种类型关系的特点及相关问题的应对,将有利于班级心理健康教育工作的顺利开展。家庭关系、宿舍关系和恋爱关系相关的问题已在其他章节具体阐述,本节将聚焦于师生关系和社团人际关系问题进行探讨。

一、大学生常见的师生关系问题

小王是一名大四学生,家里的独生子。大三暑假时,他遭遇了父亲意外身故,他在悲痛中处理完父亲的后事,同时也开始面临学费和生活费的供给问题。返校后,性格要强的他没有将家庭变故告诉同学和辅导员,而是选择自己默默忍受。为了多挣一点钱,他找了一份兼职工作,经常在夜间超负荷搬运货物。为了回避痛苦,他常常拖着疲惫的身体在早上回到宿舍后倒头就睡。宿舍同学虽发现他的表现有一些异常,但并没有在意。辅导员隔三岔五查寝时,发现小王连续多次未请假就夜不归宿,而舍友和班干部也不知道其中缘由。辅导员电话联系他,但多次拨打后均未接通,辅导员便误以为他在网吧打游戏。多次之后,辅导员便按照学校政策给他严重警告处分,并将处分通告贴在了宿舍楼门口。该生下班后回宿舍时,看到了处分通告,情绪瞬间爆发了。他恨得咬牙切齿,发朋友圈表达自己的愤怒,并扬言要找辅导员算账。他像一头失控的狮子,双手攥拳,不停地颤抖着,脸上的肌肉变形,眼泪在眼眶中打转,此时的他又累又困、又恼又恨,在校园里四处游荡……无意中,他在操场遇到了班级心理委员。心理委员被他脸上的眼泪和表情吓到了,于是带他去了学校心理健康教育咨询中心,他的经历才被大家发现。后来,经小王同意,在学校、学院的共同努力下,辅导员诚恳地向他道歉,学院也撤回了处分和通告,并协助其申请到困难补助。后来,经过多次心理咨询,咨询师陪伴其走出了压抑的悲伤情绪。他发现自己一直在采取回避的消极应对方式,知道了必要时主动沟通和求助是一种积极的应对方式之后,他与教师和同学时常主动交流个人思想和困惑。

师生关系是指教师和学生在教育教学过程中形成的道德、教育、心理等方面的关系。教师和学生是学校教育过程中的两个主体,两者之间存在着心理和行为领域等多方面的相互作用。在教育过程中,教师处于相对主导地位,是学生学习上的教育者和生活上的引导者,特别是辅导员,指导着学生的思想政治教育、日常管理、就业指导、心理健康以及学生党团建设等多个方面。由于大学生在认知、情感、思想和行为上有特殊的年龄特征和个性特征,因此师生之间容易因存在差异而造成冲突,有直接的、公开的冲突,也有曲解指令等隐性冲突。表现为师生之间的冷漠和情感上的不满,或者争吵、对峙甚至暴力的形式,使师生之间的交往过程变得紧张。因此,师生关系问题集中、外化的表现就是师生冲突。师生冲突会直接导致大学生的问题行为,而且对大学生的学习、自我概念、性格以及心理健康状况都有深远的影响。上述案例中,小王因隐瞒处境而造成辅导员对其产生误解,形成强烈的冲突。除此之外,学生还可能因辅导员查寝、遭受批评教育、工作任务分配、奖学金评选、班委会选举、党员发展、权威恐惧等因素而形成对辅导员的负性评价,与辅导员关系疏远或者发生正面冲突。

二、大学生常见的社团人际关系问题

小张是一名大二学生,她从5岁开始跟随爷爷学习吹笛,曾在初中、高中的才艺比赛中凭借吹笛获奖。上大学后,她希望继续发扬自己的这项技能,踊跃地报名加入了学校笛箫协会。入会初期,她还能积极地参与协会每周一次的集体练习,几周之后她发现很多人的技能水平较低,便不屑于与他们一起练习,找各种理由在集体练习时请假缺席。在社团每年一次的晚会筹备过程中,部长为其安排了一些策划、采购之类的工作,而她对这样的安排比较不满,认为这是大材小用,自己就应该成为舞台上的主角,而不是幕后的打杂工,于是拒绝了部长的安排,两人还为此争执起来。因为她常常缺席练习,最终也未能成为晚会节目中的主角,她为此很失落、愤怒,在节目排练中消极怠工,从而引发其他社员的不满情绪,对其态度也很冷淡。社团安排集体烧烤团建活动,她因为不喜欢吃烧烤而拒绝参加,成为所有成员中唯一缺席的人。在社团换届选举中,她报名竞选部长,但获得的票数很低,未能通过。她的心情也因为此事变得十分低落,默默退出了社团,开始怀疑自己的能力,认为别人都看不到她的闪光点,处处排挤自己,慢慢开始不愿与他人进行人际交往活动。班级心理委员发现她的变化后,及时找到其谈心交流,并推荐其寻求专业的心理帮助。在心理咨询师的陪伴下,她意识到自己在人际交往上存在的问题,并进行了积极的调整,最终问题得以改善。

大学生社团人际关系是指大学生在社团活动中建立的各种人际关系以及这些人际关系组成的人际关系网络,主要包括社团成员之间的人际关系,工作中上下级的人际关系,社团成员与指导教师和学校的关系。大学生加入社团的主要原因是个人兴趣、爱好或个人发展的需要，同时社团又是以一个集体在运转，非常注重团队合作。社团成员自发组织在一起，开展各种无偿性的训练或活动，虽然在很大程度上具有自由性、自发性，但社团同时也需要接受学校的统一管理，完成学校安排的任务。每个社团都拥有相对独立的管理架构，设有社长、副社长、部长、副部长、部员等职位，即便大家都是同校学生，身份平等，但在管理和结构设置上依然存在等级性。另外，社团的成员流动性也会较大，通常除部分决策层和管理层的成员会在社团里工作较长时间，其他成员基本都会每年更替，或者老成员的角色逐渐淡化。基于这些特点，社团在运转过程中，由于成员在性格特征、角色定位、发展需要、技能水平、集体意识等方面的差异，必然涉及比较繁杂的人际互动关系，冲突也就在所难免。比如，成员彼此间或成员与指导教师之间的意见不合，成员对社团管理模式、训练方式不满意，财务管理问题，活动方案策划、执行过程中的标准不同等，都可能导致激烈的人际冲突。上述案例中，小张由于过度自信、缺少团队合作意识、不善于人际关系经营而导致自己在社团中被边缘化，最终受挫而出现心理问题。

三、其他类型的人际交往问题

大学生时刻都处在各种类型的人际关系之中，除家庭关系、宿舍关系、恋爱关系、师生关系、社团人际关系外，还包括与班级、年级同学之间的关系，与后勤服务人员（包括宿舍管理员、教学楼管理员、校园超市服务员、食堂工作人员等）之间的关系，与老同学、教师等之间的关系，与师兄师姐或师弟师妹之间的关系，与社会人员（社交朋友、兼职同事、家教服务对象等）之间的关系，与陌生人之间的交往关系，与网友之间的关系等。在各类人际关系中，大学生可能面临不同的挑战和矛盾。

第二节 心理委员对人际交往问题的应对

每个人都渴望拥有健康和谐的人际关系。在大学生寻求专业心理帮助的主诉问题中，人际交往困惑一直是位居前列的求助议题。心理委员应当充分发挥心理知识宣传者、心理问题发现者、心理陪伴支持者、心理健康示范者等角色的职能，通过多元的工作途径，帮助同学获取人际交往相关的知识和技能，促进同学人际交往能力的提升，进而推动班级心理健康教育工作的良性发展。本节主要聚焦于心理委员如何应对师生关系问题和社团人际关系问题。

一、心理委员如何应对师生关系问题

首先，心理委员作为心理健康示范者，应当在学习人际交往相关知识和技能的基础上，主动、积极地与教师建立起良性的互动关系，同时也需要与班级同学建立联结，开放自己，以真诚的态度与他们相处，力争与班内每一位同学都能进行良好的互动，进而为发挥班级同学与教师之间沟通的桥梁作用奠定基础。谈心谈话是辅导员的重要工作内容之一，心理委员既可以帮助辅导员开展组织协调工作，也可以通过事先了解同学的困扰，然后向辅导员做反馈，以帮助辅导员更全面立体地了解同学情况，使谈话方向更加有针对性。

其次，心理委员可以充分利用组织主题心理班会的机会，邀请辅导员参加，并设计一些

辅导员可以参与的活动环节，促进教师与同学的近距离接触。如组织"知你知我"活动，通过每人分享自己故事的方式，让辅导员借机向同学们分享其工作的性质，帮助大家了解辅导员身份的多重性；组织"百问百答"活动，通过相互提问与回答的方式，增进教师与同学之间的相互了解。另外，心理委员可以利用教师节等特殊的节日，组织全班同学向辅导员送祝福，表达感谢，加深情感联结。

最后，针对像上述案例中小王的情形，心理委员可以通过组织研讨活动，如辩论赛的形式，帮助同学辩证地认识将自己的困难报告给辅导员的利与弊。同时，针对部分同学不敢主动报告的情形，心理委员可以开展一些角色扮演活动，如两人搭档，一人扮演辅导员，一人扮演面临困难的同学，通过演练沟通报告的过程，帮助同学熟悉情景、克服担忧与畏惧心理。

二、心理委员如何应对社团人际关系问题

首先，社团人际关系是一种跨专业、跨年级而形成的人际关系，同学因类似兴趣而相聚在一起，必然会经历从陌生到熟悉的过程。因此，心理委员为了更好地帮助同学适应社团人际关系，可以优先考虑通过系列活动促进班级同学成长与陌生人建立关系的能力。比如，在班级中开展人际关系体验活动。

"守护天使"活动是一个促进班级同学间的人际关系从陌生向熟悉的方向发展的项目，通过抽签的方式让班级内每位同学抽取一名自己守护的天使，且守护过程为秘密行动；要求每个同学在守护期间关注天使的喜好、特点等，帮助同学练习关注生命的能力；守护周期可以根据每个班级的实际情况而定，一般建议至少一个星期。在中期设置"告白天使"环节，让每位同学提前为自己的天使准备一份小礼物，准备一张小卡片并写上自己想对天使表达的话语，如天使的三个优点等，以此协助同学练习表达欣赏、建立人际联结的能力。活动后期，可以组织同学与天使一起做一些有意义的事情，彼此以真诚的态度一起用餐、一起上自习、一起过生日等，进而帮助同学练习沟通表达、用心经营关系的能力。

心理委员还可以组织跨班级、跨专业、跨年级甚至跨学院的人际互动体验活动。如可以采用素质拓展活动的形式，在破冰环节通过游戏促使之前没有任何交集的同学相互认识联结；通过两人小组或多人小组间的竞技游戏，促进陌生同学之间的交流与合作；随着彼此联结的深入，可以进行互留联络方式、交流心声等活动。当同学们在班级里锻炼起与陌生人相处的能力，自然可以胜任在社团里、社会中等情形下的人际交往。

其次，心理委员可以通过主题心理班会的形式，向班级同学分享参与社团可以锻炼的能力以及可能面临的挑战，比如，可以锻炼组织协调能力、团队合作能力、活动策划与组织能力、沟通表达能力等，还可以拓展人脉圈、发展特长技能等，同时也会面临人际间的冲突与矛盾、时间管理协调等问题，进而帮助同学辩证地认识参与社团的价值与意义，添加相应技能，预防社团人际关系问题的发生。

再次，针对像上述案例中小张的情形，心理委员可以通过组织班级团队建设活动，如拓展类的团队合作游戏、班级聚餐等，在活动过程中促进同学分享感受与体验，增强班级凝聚力，协助班级同学培养团队合作意识。

最后,心理委员作为班级同学心理问题的发现者,应密切关注班级同学人际关系状态。心理委员可以通过调查的途径掌握班级同学加入社团、学生会、团委等学生组织的情况,建立名册,并保持与他们的沟通交流,采用拉家常、谈心谈话等方法,了解他们在各类学生组织中的人际关系状态、情绪情感状态等。一旦发现这些同学存在困惑,心理委员便可以及时进行相应的支持。

三、心理委员如何应对人际关系中的冲突问题

心理委员应当在日常工作中,向班级同学传播冲突管理相关的知识和技能,帮助同学建立对冲突的合理认知方式。每个人因为从小成长环境的差异,建构起不同的事物认知方式。由于在想法、观念、价值观、需求、表达方式等方面的不同,人际交往过程中难免会面临冲突。冲突如果处理得当,可以成为人际关系的催化剂,促进彼此了解,加深关系的亲密;如果处理不妥,则会导致关系破裂,彼此受伤。因此,个体需要建立起"利用事件与冲突去成长"的思维方式。面对冲突,个体首先要让自己平静下来,不陷入情绪,跳出"对错输赢"的逻辑方式,学会觉察与探索彼此产生冲突的深层原因,通过换位思考、核对与表达,主动解决问题,利用冲突锻炼自己融合差异的能力。

如果同学正在面临着冲突,心理委员可以积极地创造机会与他们进行谈心交流,起到初步的心理陪伴作用。心理委员应当保持中立的态度,以好奇的视角而非评判的视角看待同学的人际交往问题,通过倾听与共情建立信任的关系,通过开放式提问获取更多信息,促进同学表达困惑与情绪。如针对在社团或学生会工作中面临人际冲突的同学,心理委员首先要理解他们的情绪反应,可以充分地肯定他们参与工作的正向动机,挖掘同学既往解决问题的积极资源,为其赋能;针对在师生关系上存在冲突的同学,心理委员可以在理解的基础上,陪伴其一起探讨如何利用事件去锻炼自己与权威人物之间的关系,为将来走上工作岗位后处理与领导之间的关系奠定基础。

有效沟通是解决冲突的重要途径,心理委员可以通过分享知识和组织角色扮演练习,帮助同学提升沟通能力。在人际关系中,个体的情绪与感受、观点与想法、内心的期待等都是可以被表达的,表达的状态和方式决定了沟通的效果。很多人在向对方表达情绪时习惯用"你信息",将内心的任何感受一倾而出,比如,"你没有等我一起吃饭,这让我很难过,我觉得你一点儿都不在乎我""你每次都迟到,让我非常生气"。这种表达就如同不断数落对方的不是,沟通变成了责骂,将自己的感受和体验都归咎于对方,这会激起对方的防御和对抗,常常会让冲突升级,关系变得更加疏远。

有效的沟通可以使用"我信息",冷静地将自己的情绪和需求表达出来。"我信息"的表达可以用一个公式来描述:当……时候(描述自己看到、听到的客观事实),我觉得……(陈述自己的感受),因为……(陈述产生感受的原因)。例如,当我知道你已经一个人先吃了午饭的时候,我觉得还蛮难过的,因为我特别想多一些时间和你在一起,下午你可以陪我去逛逛街吗?在这个过程中,表达情绪的目的是分享,让对方真正了解你的需求,找到彼此共建的方向和路径,而不是为了改变、控制或报复对方,这样才能真正促进关系更加融洽。练习"我信息"表达的初期通常会感到很别扭,因为这是对我们过往习惯的挑战,如果能够坚持,

一旦固化成为新的沟通方式,则会让我们的关系品质更上一个台阶。

　　当然,心理委员作为一名普通同学,也可能会面临各种人际关系中的困惑与冲突。心理委员如果感到自己面临的人际关系问题超越了自我调节能力,应当积极寻求专业的心理帮助,在解决自身问题的同时也能产生良好的示范效应。另外,心理委员如果发现陪伴同学的过程已经超越了自己的胜任能力,应当及时转介同学到心理咨询中心求助,并协助其做好预约、信息反馈等工作。

第十四章

心理委员如何应对网络过度使用问题

小张,男,某重点高校大二学生,因沉迷于网游而无法自控,学业受影响,人际封闭,情绪低落,在母亲陪伴下来到学校心理咨询中心求助。咨询师观察到小张面容憔悴,头发长而油腻,低头不语。交流中了解到小张同学在大学适应阶段没有很好转变角色,加上家庭、性格等因素影响,以单一的生活的方式度过了一学期。第一学期小张虽然很努力但成绩中等,湮没在学霸的世界里,心里很是失落。

据小张描述,父母务农,家庭经济条件不好,还有一个妹妹。父亲性格暴躁,家庭争吵不断。第二学期开学后,小张变得迷茫,深深的无力感控制着自己。无聊中小张开始接触网络游戏,熬夜、旷课、抄作业慢慢变成习惯了;小张与同学交流更少了,性格变得更孤僻。

班级心理委员察觉到小张的异常,主动去了解情况,并告知了辅导员。经过谈话劝导,小张控制自己减少了网络游戏,但会觉得周身不适、心烦易乱,担心同学眼光,注意力不集中,入睡困难等。最终小张还是无法控制自己,甚至逃课到社会网吧,彻夜不归。期中考试结果多门功课不及格,辅导员通知了其父母,建议家长带孩子去往学校心理咨询中心寻求专业的帮助。

小张究竟怎么了?如何正确面对网络,又怎么才能帮助他找回昔日的自己呢?

第一节 大学生网络过度使用的概述

一、网络过度使用的界定

在我们的文化中,网络的使用已经无处不在,大学生的校园生活中,部分学生出现了放不下的手机、停不下的游戏、离不开的网络,不自主长期的网络使用现象已成为一个值得关注的重要社会问题。

随着互联网越来越进入人们的生活,大学生已经成为使用互联网的主力军。2020年4月28日,中国互联网络信息中心(CNNIC)在京发布第45次《中国互联网络发展状况统计报告》,据统计显示,截至2020年3月,我国网民规模达9.04亿人,互联网普及率达64.5%。中国网民以青少年、青年和中年群体为主,20~29岁年龄段的网民占比最高,达21.5%;由于越来越多的大学生上网,学生网络过度使用者的数量在不断增加。华东师范大学的梁宁建等对大学生网络过度使用的调查显示,341名被试中网络过度使用者为51名,网络过度使用检出率为14.95%。

案例中的小张上网行为失控,已经不属于正确地使用网络,或者对自己生活有方便的情况下使用,是网络过度使用的表现。网络过度使用主要表现为一种长期不自主的强迫性使用网络的行为,重复过度地使用网络所导致的一种着迷状态,并产生难以抗拒的再度使用的愿望,同时产生增加使用时间的张力与耐受性。毫无疑问,过度使用网络会导致个体明显的生理、心理和社会功能的损害,严重的后果就是网络成瘾,要把网络正常使用和网络过度使用以及网络成瘾界定开。

网络过度使用往往与现实生活的挫折和获得自我实现的成就感有关,是一种内在矛盾冲突的转移,许多上网学生处于网络过度使用阶段,在这个阶段会发现学生暴露出来的行为偏差问题,部分大学生目标感缺失,不知道自己该做些什么,天天无所事事,沉迷于网络打发时间。

网络过度使用的表现形式各种各样,包括网络游戏、无节制刷抖音、沉迷于网络交友聊天、网络无节制浏览购物等。像上述案例中的小张那样,沉迷于网游而无法自控,学业受影响,人际封闭,情绪低落,尽管对此有所认识,但仍无法自控,这种行为经常受到他人的批评而导致冲突或是可怕的后果,如果不进行有效的干预,就会由网络过度使用发展为网络成瘾,对身心健康带来不良影响。

网络过度使用具有明显的特点:首先,网络成为其日常主要活动,在无法上网时,个体会体验到强烈的渴望心理。其次,情绪行为明显波动。网络过度使用容易产生情绪上的改变,如果强行停止上网行为,就会产生情绪上的波动,焦躁不安,无法正常学习生活,必须逐渐增加上网时间,投入全部精力达到一定的程度,才能获得以前曾有的满足感。如果这种行为不能遏制就会网络成瘾,导致与周围环境发生冲突,如与家庭、朋友、亲情关系淡漠,封闭自己,逃避现实,产生工作能力、学习成绩下降等社会功能损害。

二、网络过度使用的判断依据

网络过度使用是大学生中普遍存在的问题,对于网络过度使用的界定,天津大学詹启生博士提出六条网络过度使用判断依据,大学生可以用来自我判断或者心理委员帮助他人判断。

第一条是上网、下网的标准。

(1)上网标准。大学生上网没有一个固定的规律,上网的时间不限定,可能每天有超过4小时的时间,同时上网的目的非常确定,就是他上网可能是打网络游戏或者是从事自己某方面的兴趣和爱好。

(2)下网标准。时间没有固定的规律,但是下网的原因是非常确定的,那就是被动下网,可能是有客观的原因,例如,可能是他的网卡没钱了,或者是被别人阻断了,被教师、被家长找到领回去了,还有一种可能是太饿了,或者是特别疲惫,没有办法,不得不下网,不是学生自己主动下网的。

第二条是关于起床和睡觉的标准。

大学生活一般是早上起床上课,社团活动,晚上上晚自习等这样一个正常的作息习惯。但是网络过度使用的学生是白天睡觉、晚上上网,以至于作息习惯和正常大学生有差别。

第三条是夜不归宿的标准。

网络过度使用的大学生会在网络上打游戏、看视频或者聊天,晚上可能存在在外面的网吧通宵上网、不回寝室的现象,在心理上和行为上产生很大的变化。

第四条是逃学旷课的标准。

为了上网说谎、找理由请假或者不惜违反校规校纪,直接逃课、旷课。

第五条是挂科、重修的标准。

由于过度使用网络,不定期地逃课、逃学,造成挂科、重修等学业上的问题。

第六条是交往困难的标准。

因为通宵上网影响宿舍室友休息,发生矛盾,造成人际关系问题。

因此,对于这些学生的网络过度使用问题,学校、家庭和个人需要高度重视,如果任其发展往往会导致网络成瘾。作为心理委员,有必要了解网络成瘾基本情况。

网络成瘾是指个体反复过度使用网络,导致社会功能受损的一种精神障碍,表现为对网络的过度使用产生强烈的欲望,停止或减少使用时出现戒断现象。根据世界卫生组织的规定,网络成瘾已纳入精神疾病的范畴,美国心理学会《关于精神疾病的诊断与统计手册》第五版,DSM-5中关于网络成瘾的九条标准如下。

(1) 渴求症状(对网络使用有强烈的渴求或冲动感)。

(2) 戒断症状(对戒断有紧张、易怒、焦虑和悲伤等)。

(3) 耐受性(为达到满足感而不断增加使用网络的时间和投入的程度)。

(4) 难以停止上网(一旦上网就无法停止,无法自觉下网)。

(5) 因游戏而减少了其他兴趣(因为玩网络游戏减少其他方面兴趣)。

(6) 即使知道后果仍过度游戏(缺乏理智,知道了后果仍然继续网络游戏)。

(7) 因网络游戏撒谎对其投入的时间与费用(为玩网络游戏会撒谎)。

(8) 利用网络游戏来回避现实生活或者缓解负性的情绪。

(9) 因玩网络游戏危害或者是丧失了其友谊、工作、教育或就业机会。

第二节 心理委员面对大学生网络过度使用的应对策略

本章开头案例中介绍的某重点高校小张同学因沉迷于网游而无法自控,导致学业、情绪都有不同程度影响。面对诸如这样一种现象,作为班级心理委员,该如何开展工作,帮助大学生共同应对网络过度使用问题呢?

心理委员是经过专业严格训练的朋辈辅导者,他们因其专业性而在同伴中享有权威性和认同感;同时年龄相仿,观念一致,彼此有共同语言和相似教育背景,是一支重要的朋辈心理支持与援助力量。根据岗前受训知识技能以及个人综合素养,心理委员在学校心理咨询中心和学院二级心理辅导站的指导下针对性开展工作,实施同伴平行影响,组织开展丰富多彩的活动,有效帮助网络过度使用学生回归学习与生活,重构大学的精彩篇章。

在工作理念层面,心理委员作为专业受训过的朋辈心理队伍,首先要对网络成瘾有科学的认识和正确的态度,客观辩证看待网络,既要肯定网络对现代生活的积极影响和作用,也要深刻认清网络成瘾的危害,关注和重视网络的影响。网络依赖非为不治之症,把握时机,有效治疗,也可以被控制或疗愈。每一种行为背后都有相应的心理动机,心理委员借助于自己的工作角色和同伴身份,对于班级学生网络过度使用的具体原因要深入了解,正确把握。识别同学是缺乏自律意识,自控力差而沉迷于网络;还是无法摆脱人际孤独,借助网络来宣泄压抑的情绪;抑或逃避现实的学习困难,满足于虚拟的世界;更有缺乏高远的目标和志向,没有动力和进取精神;也不排除过往家庭环境和成长经历的影响。总之,一把钥匙开一把锁,做到心中有底,心里有数。在工作中多积极关注,帮助同学重建信心,以其自身经历为基础,给予针对性实效帮助。

一、心理委员帮助网络过度使用同学正确认识网络

上述案例中的小张,看到室友同学们经常一块儿兴奋地聊着网游,艳羡不已。虽然也很想加入,去体验网络的新奇,但对于基本没怎么接触过这类游戏的自己,小张也只好默默地压制着内心的冲动。第二学期开学后,小张没有了之前的学习热情和努力的劲头,变得迷茫,漫无目的,深深的无力感控制着自己。无聊中小张开始上网,接触网络游戏,之前对网络游戏一无所知,甚至避而远之,接触下来后发现游戏也可以让人忘却烦恼,好像生活学习中的不如意也可以抛之脑后了。随着时间和精力的投入,小张在网络游戏技术上进步很快,找到少有的成就感和满足感,也与一起游戏中的人有更多话题交流,慢慢地游戏越来越多占据了小张的生活空间和时间,熬夜、旷课、抄作业慢慢变得习惯了。

作为班级心理委员,需要帮助同学们辩证地看待网络。网络是把"双刃剑",网络世界是个虚拟的空间,是一个信息极其丰富的百科世界。我们可以在任何时候任何终端,有针对性地自主选择获取所需知识,及时了解国内外信息,更大地开阔视野、拓宽求知途径。互联网的普及拉近人与人之间的距离,人们生活的方方面面都离不开网络,使用网络已成为人类正常进行学习和工作、交往的必备技能,互联网的发展是社会进步的必然结果。互联网是一个可以自由展示的平台,在网络中,大学生除了可以主动获取所需的资料信息,还可以根据自己的兴趣爱好自由地表现自我,提出看法,成为信息的制造者和传输者。这些不仅拉近了人与人之间的距离,也消除了现实生活中人们之间的种种隔阂,从而使他们真正感受到了身心和言行上的自由快感。

随着网络在现实生活中的影响越来越大,作为"双刃剑"的网络给人们带来的负面影响也引起人们的广泛关注,对于互联网的过度使用或者使用不当等关于网络使用方面的研究也成为当今心理学研究的热点问题之一。案例中小张成长经历中对于网络因为家庭的影响和家人态度而不敢去接触和面对,缺少一种客观的认识和理解,导致无法有一种合理的观念和认知。

二、心理委员呼吁共同关注网络,通过丰富多彩校园活动合理引导控制

案例中我们可以看到,小张在大学之初是按时上课并写作业,出入图书馆自习,学习按部就班,也是生活的重心,由于内心自卑,对于班级活动参与不多,觉得难以融入还不如多刷刷题;到第二学期,学习的热情减退,漫无目的,开始接触网络无法自拔。

小张从一开始以学习为重心到后来沉迷于网络,心理委员可以提供哪些帮助呢?

这也是很多高校大学生的普遍现象,经过高强度的高中生活,大学生活让同学们变得迷茫不知所措。作为班级心理委员可以呼吁共同关注网络,帮助合理控制干预;学校是大学

生主要生活空间,学校要积极引导大学生正确认识网络,帮助学生树立合理的上网动机,摆正网络在生活中的地位。要强调大学生网络沉迷的危害性,需要不断通过教育引导大学生提升对网络的辨识能力,自觉抵御成瘾性网络游戏与不良网络内容;同时通过校内外的网络体验和实践,多形式、多渠道引导大学生正确认识、科学对待、合理控制、理性使用网络。在大学校园里,要充分发挥学生工作队伍的作用,增强辅导员班主任对网络过度使用同学的谈心谈话,提供更多的关心和支持;同时开展丰富多彩的文体活动和社会实践活动,鼓励大学生积极参加,将注意力从网络虚拟世界转向真实世界。

三、心理委员从家庭角度理解网络过度使用行为的深层原因

本案例中的小张来自农村,父母务农,家庭经济条件不好,还有一个妹妹。父亲性格暴躁,常因琐事家庭争吵不断,自己总是战战兢兢。父亲对待孩子教育,要求严格,方式简单粗暴,对于孩子的学业期望很高,唯学习至上;自上学以来,为了让父亲开心,小张也是被迫无奈放弃了童年的玩耍而苦读,一切与学习无关的事情在父亲眼里都是不务正业,总是被严格限制。

小张变得沉迷于网络而无法自拔,导致学业、情绪都受到影响,又是如何造成的呢?作为心理委员又该如何去帮助他呢?

作为心理委员,要认识到大学生网络过度使用行为的深层原因之一与原生家庭的影响有关。父母是孩子的第一任老师,父母的言传身教与孩子的健康成长有着不可分割的关联。大学生的网络过度使用同样离不开家庭环境因素,这其中包括家庭的结构、家庭的经济条件等客观环境,也包括家庭氛围、父母教育的方式等主观环境。

从众多网络过度使用的大学生看,我们不难发现家庭环境糟糕,家庭关系不和谐,亲情的缺失导致孩子在家庭中缺少应有的关爱和重视,孩子就会通过一种被动攻击方式来获取家长的关注。此外,重组家庭对学生成长也有影响,这种家庭的孩子更加容易沉迷于网络;在重组家庭中还有一种可能就是父母一方离世,重组后可能会使孩子感到被家人遗忘而将自己封闭起来,到充满虚拟的网络来寻找缺失的情感,这为其网络成瘾埋下了隐患。单亲家庭的孩子缺少父爱或者母爱,安全感差,常常压抑自己的不良情绪。而造成单亲家庭的无非两种原因,父母一方因故去世和父母离异。再者父母的教养方式不同,青少年的个性发展会呈现不同的结果。不正确的教养方式易导致孩子心理问题的产生,也就更容易造成网络过度使用。不正确的教养方式包括专制型、冷漠型、娇宠型,从案例中可以看出,小张同学家庭基本属于专制型。研究也指出教养方式与大学生是否网络成瘾有一定的联系。

因此,面对网络过度使用,家庭预防的第一道防线是首要的。家长重视家庭家风的建设,父母自觉做积极健康生活的榜样,给孩子模范引领,避免给孩子过多的压力和过高的期望。在成长过程中,家长多了解孩子的内心想法和情绪感受,多支持理解孩子,与孩子建立和谐的亲子关系。家长需要让孩子感受到来自父母的包容和鼓励、接纳和赞许,满足自我成长和发展的成就感,从根本上避免借助虚拟网络寻找成就感。

四、心理委员明确工作界限,充分利用校内外专业人员资源

在本案例中心理委员发现了小张同学,因沉迷于网游而无法自控,学业受影响,人际封闭,情绪低落,及时发现给予心理帮扶,并报告了辅导员,共同建议家人陪伴下来到学校心理

咨询中心求助。

那作为心理委员面对同学网络过度使用问题,又该如何明确工作界限,更好地借助资源呢?

心理委员不是咨询师和治疗师,只是朋辈支持者。从案例中小张的情况来看,网络使用已经影响到其学业,多门功课不及格,并且人际回避明显,不与同学接触,不愿意参加班级活动,从社会功能角度判断小张受影响程度已经比较严重了,需要专业人员干预。这是作为心理委员需要具备的一个初步评估的能力,能够判断问题的性质和严重程度。

从专业工作资源角度,心理委员可以把小张同学的情况向辅导员进行汇报,由辅导员向小张及其父母建议,放平心态,寻求学校心理咨询中心专业的心理帮助。因为大多数辅导员都接受过心理问题专业性培训工作,对于把握问题比较准确。在面对网络过度使用的问题上,通过心理评估,判断其问题的严重程度。如未达到心理障碍程度,学校心理咨询中心会提供全力支持和帮助。在专业的工作环境中,咨询师以理解和支持的态度与小张建立良好的咨询关系,调动他的积极性,树立治愈的信心。同时用准确、专业、亲切的语言分析网络过度使用的原因、过程及危害,逐步帮助小张认清网络。如若问题达到心理障碍程度,超出了学校咨询帮助的范围,就需要求助于专科医院,进行必要的心理和药物治疗。

从心理委员工作角度,充分尊重和理解,做到真诚关注和关心同学,共情倾听同学内心的心声,感人所感,避免对这些同学的歧视和排斥。心理委员通过日常对心理问题的知识和技能的培训了解,去分析评估判断,并起到积极引导、鼓励、督促作用和功能,接纳安抚网络过度使用的同学,让他们放下心理包袱,以积极的心态面对问题,跟他们做朋友,提供现实中的友情支持。而在本案例中,心理委员在发现问题之后,经过自己与小张同学之间的接触,了解他的问题及其严重程度;第一时间完成报告任务,将问题告知辅导员班主任,进而辅导员班主任通过谈心谈话方式来帮助引导小张同学;在辅导员班主任和同学的共同关注与努力下,并不是每一个同学都能很好地回到正轨;对于超出工作能力范畴的问题,辅导员班主任积极联系家长,建议家长带领孩子到学校心理咨询中心,寻求更专业的帮助,这也是非常重要的。

五、心理委员开展具体朋辈援助工作,帮助网络过度使用的同学

具体而言,心理委员可以从以下几个方面开展工作。

(1) 针对上网时间开展工作。网络过度使用同学往往会有相对固定的时间段,比如,晚上、周末等时间节点,时间一长就形成了相对固定的生物钟节律。如果到时不能上网,会出现明显的身心反应,坐立不安,这是网络过度使用的症状表现。因此,心理委员可以根据班级网络过度使用同学的上网习惯时间来开展工作,在征得对象同学的理解基础上共同商讨约定,进行时间上阻断,在关键时间节点安排其他必要性活动,比如,谈心谈话、小组读书活动、团体放松游戏等,以打破他们的原有生物钟习惯,使他们逐步减弱上网的欲望,回归到平静状态。

(2) 针对学业受影响开展工作。网络过度使用毫无疑问会对学业产生影响,成绩下降是为结果,更需要关注过程,比如,对于逃课、上课不专心、作业拖拉或是抄作业等。案例中小张的表现就是典型的网络沉迷对学业状态产生明显的影响,进而影响到学业成绩。心理委员可以在辅导员班主任的支持下,发动班级其他干部或是党员同学成立学习互助小组,在

学业上提供必要的支持和帮助。根据小张同学的表现，学习上还存在适应的问题，不了解大学的真实竞争环境，依旧停留在过去的学习感觉中，所以认识所处学习环境，重新进行目标定位，制订切实可行的学习计划非常重要。同时调整学习方法，借鉴优秀同学好的学习策略都是应对眼前学习困难的重要方法。大多数网络过度使用同学学业兴趣下降、注意力不集中、情绪焦躁等问题，是没有在当下学习中建立价值感和自信心，心理委员可以通过学业互助，让这些同学重拾信心，体验学业努力后的现实成就与价值，自觉远离虚拟网络。

（3）针对人际回避开展工作。众多心理学研究表明，大学生人际关系越好，学生的网络依赖程度就会越低；大学生人际关系越差，学生的网络依赖程度就会越高。正所谓：人机互动越多，人际互动越少。在案例中，小张正是因为过往家庭的原因，父母经常争吵，家庭经济困难，内心存有羞耻感，不好意思走出去与人交往，觉得比不上同学，内心深深的自卑感限制了人际活动。心理委员可以通过谈心谈话，帮助这些同学分清楚过去经历与现实自我努力的关系，鼓励网络沉迷同学积极参加班级人际交往与互动，参与丰富多彩的班级和校园活动，发展自身综合素质，拓展人际交往圈，结识新的朋友，体验被接纳的感觉，进而能够从虚拟网络世界回到现实世界。心理委员也可以从更小的范围入手，比如，宿舍关系，开展班级宿舍寝室文化建设，加强室友之间的友好相处，营造一个良好的寝室氛围。从宿舍到班级，从班级到学校，逐步打开小张的人际圈。

（4）利用体育运动干预网络依赖问题。现在国内外已经达成共识，充分利用体育运动来干预青少年的网络依赖问题，促进其依赖行为的改善和心理健康水平的提高，尤其是针对当代大学生，干预是可行的，干预影响是有效的，能够显著地改善大学生的网络依赖症状。针对案例中小张同学疏于锻炼，过度封闭自我，可以从体育锻炼角度入手。通过锻炼可以增强身体素质，加强血液循环，提高身体的新陈代谢，让人精神焕发，精力充沛。同时网络依赖的大学生会有心情压抑和沮丧感，体育运动锻炼促进大脑垂体分泌激素内啡肽，消除机体的紧张焦虑情绪，产生愉悦的运动快感，调节机体的心境状况。尤其对于网络过度使用的同学来说，大多数都有意志力不坚定现象。因此对于自我意志力培养和人际关系体育运动锻炼也是很好的方式，通过运动依赖网络的时间也逐渐减少，加强了人际交往，重新建立自尊和自信，改善自我评价，从而更有信心控制网络使用行为，自控力和意志力也显著提高。

（5）针对网络依赖心理开展工作。网络过度使用同学在长期的虚拟世界形成了固有的心理和行为模式，有时候改变起来难度非常大。除了家庭、同学的帮助和支持以外，不可否认专业心理干预是一条不可或缺的路径。心理委员可以根据这些同学的问题程度，推荐大家参加学校心理咨询中心开展的专业团体辅导和个体心理辅导活动，让大家在相互支持基础上得到专业心理工作者的帮助，重新建立生活的信心，重新投入健康的生活和学习之中。

网络是一把"双刃剑"，只要正确认识网络，对待网络，加以科学引导，大学生一定会自觉抵制网络的有害信息，减少网络过度使用，合理应用网络获取信息，开阔视野，丰富知识，做网络真正的主人。

第十五章

心理委员的性别、专业、人际关系与其工作实务

本章主要讲述不同性别的心理委员对其开展班级心理健康工作的影响；不同专业的心理委员对其开展班级心理健康工作的影响；具有不同人际关系的心理委员对其开展班级心理健康工作的影响。

第一节 性别与心理委员

自从我国高校有学生干部以来，没有一个职业像心理委员一样强调性别角色的重要性。班长可以由男生或女生单独负责，团支部书记也可以由男生或女生单独负责，学习委员等学生干部也同样可以由男生或女生单独负责，唯独心理委员这个学生干部需由班级男生与女生分开负责，其原因说来也很简单：男生与女生分别对自己所属性别群体有更多的接触，因而也相应地有更多的了解。特别地，男女生分开住宿，同班级男生相处机会更多，同班级女生也同样彼此更加熟悉。

自 2004 年天津大学实施心理委员制度以来，通过对男女不同性别心理委员实际开展心理工作的情况进行分析，发现需要关注以下两项事务。

(1) 班级男女比例影响着男女心理委员的数量。一般来说，高校每一个自然班级中，男生数量与女生数量是不等的，一般也不是人为规定好或设计好的。实际情况是，理工科专业的班级中，通常男生人数多于女生人数；而在文学、语言、艺术以及管理学科等班级中，通常女生人数多于男生人数。在男女生人数相差不大时，可以按常规设置 1 名男心理委员与 1 名女心理委员即可。而当男女生人数相差很大时，也可以灵活变通，如当男生人数大大超过女生人数，全班 35 名学生中，男生约 30 人，而女生为 5 人左右，此时可以考虑多增设 1 名男心理委员，这种情况在机械学院、电子信息工程学院、建筑工程学院等就常遇到；又如，当女生人数大大超过男生人数，全班 35 人中，只有两三名男生，其他都为女生，有的班级甚至全班没有一个男生，这时就可以考虑多增设一两名女心理委员，这种情况在管理学院、文学院或法学院等较常见。

(2) 按性别分开管理与共同协商交流是相辅相成的。男女心理委员分别负责同性的心理健康工作，总体上有一定的方便之处，但实际工作中也不是一刀切的。由于心理委员的个性差别的存在，同学之间彼此交往亲密程度也有一定差异，每一个学生在选择交流对象时都有自己独特的性别取向，有的学生乐于选择同性交流，而有的学生乐于选择异性交流，还有的学生对同性伙伴与异性伙伴都乐于交流。也正因为如此，男女心理委员的同时设置正好

满足了这些学生不同性别取向的需求。

 案例

某女心理委员,在经过一年多担任心理委员的经历后,她对舍友总结似地说:"其实我更适合与男生交谈,我在男生中更有人缘,不过与女生交往也没有什么困难。"

由此可见,不仅班级同学在对男女不同性别心理委员的选择上有自己的主张,不同性别的心理委员在对本班同学的交流上也有自己的看法。当然,我们对心理委员进行培训时,还是会强调"心理委员要学会尊重每一位同学(当然最好不要戴上性别差异的变色镜),尊重就是无条件接纳,也就是无条件接纳班上的每一位同学,接纳他们的优点与缺点"。

以下是2018级天津大学环境工程学院女心理委员陈丹青的工作体会,她作为女心理委员,在开展班级心理工作时感觉到女心理委员的优势所在。她记录着:

面对异性的感情问题可从不同角度解读。男生并不知如何判断其女朋友是否或为何生气,我从异性的角度建议男生回想最近发生的事情及聊天内容,先揣测,若未果,再进行有效沟通。女生大多数比男生更敏感。

下面是2019级兰州理工大学机械设计制造及自动化男心理委员冯泽森的工作体会:

男女学生的心理差异在某些方面是很大的。在班级管理中充分利用和发挥男女学生自身的优势与特点,对搞好班级建设,促进良好班风的形成有着实际的意义,对促进学生健康心理的发展和个性特征的发展也是有益的。利用男女生的不同心理特征,担负不同职责,能充分发挥各自优势,使班级工作更具特色。一般来说,作为男生意志果断,自制力强,宽容大度,思维趋向理性思考,品质具有深刻性、独立性和创造性。担任心理委员,可取长补短,刚柔并济,更有利于班级开创新局面。而在我的班级男生占大多数,因为男生之间没有太多小心思,比较直爽,偶尔遇到那种沉闷性格的人也应付得来,其次我还算比较善谈,大多数情况都可以处理。不能处理的我会及时跟辅导员或班主任沟通。

下面则是2019级兰州理工大学工程造价女心理委员张玉莹的工作感言:

作为一名女心理委员,开展班级活动会有很多好处,比如,会细致地发现班上同学的情绪变化、同学之间的小矛盾或小别扭,用温柔易接受的方式方法解决这些矛盾,使同学之间的关系更加融洽。下面我就举一个我的例子。

有一天我发现同学小杨和小李之间的关系很奇妙,两人的对话交流少之又少,这两人以前可是一直在一起玩关系很不错的。于是我就观察了几天,也和两人多交流并了解了一下原因,原来是两人前几天因为一点儿小事吵架了,因此互相不理睬了。于是我让两人分别找出吵架的原因对错,互相找出自己的不足,让彼此换位思考,站在对方的角度感受彼此的情绪。两人都认识到了自己的错误,互相道了歉,又重新和好了。

作为班级的心理委员,应该时刻注意班级同学的情绪,及时解决他们之间的矛盾或负能量,使得同学之间的关系更加和睦,心态更加积极向上,更好地学习和成长。

总之,不同性别的心理委员在开展心理工作时心理特征是有差别的,由此可提出不同性别心理委员的心理工作重点以及相应的工作方式,特别是男女心理委员如何相互默契配合,共同推进心理委员工作模式的创新。

第二节 专业与心理委员

每一个心理委员都有自己独特的专业。心理委员如何结合各自的专业特征,合理安排好自己的时间,创造性地为大家服务,这是务实开展心理委员工作需要引起注意的又一个重要问题。

心理委员作为一个学生骨干,为了开展心理健康工作的需要,他们需要学习一门与自己专业不同的崭新学科——心理学。当前在心理委员制度比较规范的学校中,对心理委员都有一系列的上岗前培训,培训符合要求后颁发培训合格证,由此使每一位心理委员转变成不折不扣的"修双学位者",在自身专业学习的基础上,增修了一门心理学专业。

就天津大学的本科生而言,迄今有本科专业72个,其中包括全国排名第一的化学工程与技术专业等。各个专业的心理委员都需要主修基础的心理学知识。

一、心理学专业基础知识学习同本专业知识学习的关系

为了使心理委员的培训工作形成良性循环,心理学专业知识的学习与自己主修专业的学习形成良性循环,双赢促进,可在心理委员中举办上述主题的专项调查。以下为专项调查中发现的内容:某男心理委员,自己学习的专业是计算机,他陈述道"计算机科学中有一块就是关于人工智能的,而心理学探讨的内容之一就是人的思维过程,这两者有相近之处,我对此很感兴趣",在他看来,自己主修的专业与心理学相关知识之间有一定联系,进而又激发了其学习的兴趣。

二、结合所学专业特征开展心理健康服务的特色工作

心理委员在学习中一方面可以试图发现本专业与心理学的联系,以促进学习。另一方面,还可以发现本专业存在的常见问题,从而更好地、有针对性地开展心理健康服务的特色工作。以下为一位建筑学院女心理委员朱雅蕾所做的涉及专业的工作思考。

案例

我是建筑学院的心理委员,我们的主要专业课是设计课,设计课中最大忌讳便是设计上的抄袭,因此,大家对这一点也格外敏感。虽刚入学不到一年,我已经看到并且接触到我身边一些"抄袭"的例子。对于这种难以界定,但容易在很大程度上引起我们情绪波动的事情,我一般会根据倾诉人的状况和"抄袭"的程度进行开导工作(加引号的原因是我们现在处于初学者阶段,看到同伴很好的想法,想要学习模仿是很正常的。我们对于这件事太过敏感,可能会把一些借鉴或是由自己的作品产生的启发认为成抄袭,从而产生一些消极的情绪)。

倘若在我判断后认定没有构成抄袭,我会根据倾诉人情绪来决定应对方案。若倾诉人情绪较为平缓,但心中有郁结,我会用很真诚的语气去称赞倾诉人作品中的闪光点,并尝试用欣赏的语气表达出"正是因为他的作品做得好,才会有人想要去学习借鉴"的意思。而这个过程本身就是促进同学们之间交流和共同进步的过程。但倘若倾诉人情绪较为激动,我首先利用一些正确积极的方式使其情绪平稳,如深呼吸等。然后同前一种情况处理方式相

似,但语气要更加轻柔婉转一些。

如果确认构成了抄袭(目前我还未遇到这种情况),我会视情况严重程度,协助倾诉人情绪平稳地报告教师或参赛平台,尽量保证倾诉人可以尽量心平气和地叙述清楚过程,正当维权。

前一段时间我就经历了这样一件事,在终期评图时,我的一位同班同学认为同组的组员方案抄袭,我看后觉得两个方案虽然相似,但仍有很多不同之处。所以就先尝试用转移话题矛盾的方式,让倾诉人先平静下来,比如,问他一些关于设计上的问题(一方面转移话题;另一方面表达了我对他的设计的赞许。千万不能为了获得倾诉人的同感而去盲目批评"抄袭者",这种方法虽然在前期会使得倾诉人与自己产生很大共鸣,但却是饮鸩止渴,对于本不构成抄袭的事例来讲,这样的方式只会让倾诉人情绪逐渐走向偏激),等他情绪渐渐平复下来,我开始夸赞他方案中的闪光点(通常也是方案中被学习的点),最后我尝试将两个方案中相似的地方拿出来,比较结合前面我夸他时用到的分析开导他,这并不算抄袭,而是互相学习沟通,能够促进双方的进步。通过这样循序渐进的方式,不仅能够开解倾诉人心中的烦闷,还能够使其更加意识到同伴之间互相学习的重要性。

每个专业都有自身的特征,如果心理委员们都能结合各自专业有效开展一些心理健康服务工作,就能点滴推进整个专业乃至整个学校的心理健康工作进程。

第三节 人际关系与心理委员

人际关系的数量、亲密度、阶层结构特征等对一个人的成长与发展会产生较大影响,人际关系的动态变化及应对也是影响个体的重要方面,对心理委员而言,他们的人际关系状况对心理委员开展心理工作也同样会产生较大的影响。

在职业探索中,我们常常会把职业与承担的职责进行简单的"人""事"倾向的区分,心理委员所承担的职责主要是倾向于人际交往的,属于偏向于"人"的部分。做"人"的工作与实务,离不开心理委员自身的良好人际关系。

心理委员的良好人际关系具体包含哪些要素呢?

这主要可以从静态要素与动态要素两个方面来表现。

一、静态要素

从静态要素而言,心理委员的人际关系包括其数量、亲密度与阶层结构特征等。如一个心理委员所在的班级35人,如果他(她)与本班其他34人已形成亲密关系的数量分别占全班总人数的25%、50%、75%时,他们在班级开展工作的顺利程度会不同;如果心理委员同学习好的同学、学习差的同学、已谈恋爱的同学、家境好的同学、家境差的同学等都能关系密切并相容,对其开展心理工作也是有利的。

二、动态要素

从动态要素而言,心理委员的人际关系要结合其结识新朋友的速度、应对人际冲突的方式等维度来评估。

任何人都不可能走进周围的每一个同学的内心,心理委员也不例外。一个人缘再好的心理委员,也不可能或者很难做到与全班每一个人都能心心相通,最多是与有些同学"相通"

得多一些,与有些同学"相通"得少一些。心理委员与班级同学的人际关系图可以用圆与圆的交叉来简化,交叉范围的大小表示彼此亲密程度的不同。

一个善于开展工作的心理委员,最重要的工作方式并不完全在于他(她)自身良好人际关系的构建,而更重要的在于他(她)善于识别其所在班级成员的人际关系图,并能充分随时调动发挥这种人际关系网络的作用。

(一)利用好影响与受影响规律开展工作

社会心理学中,在对心理委员人际网络进行分析时,重点把握"个体接受影响的规律、个体影响他人的规律"的内容。先看一个心理委员访谈案例。

化工学院一位大四心理委员在回顾四年的心理委员任职时感言:"四年中,我只有一次为同学服务的机会,但问题的解决让我很有成就感。不过总体来说,感觉心理委员的作用是有局限的。其一,同学们有心理问题未必找其倾诉,除非是好友。其二,部分心理委员缺乏耐心与必要的疏导方法。"

感言中的"其一"是很有意义的,这里反映的本质问题是:班级同学如有心理困惑,更有可能会找自己的"好友"。在此,对心理委员提出了两点要求:一是要尽可能多地做同学的"好友";二是让每一位同学都学会编织好自己的"好友"网络。

(二)利用不同角色开展与同学交流

心理委员身兼不同角色,在实际开展班级心理健康服务工作时,善于结合心理委员自身人际关系的特征以及角色特征,对其工作是非常有利的。

以下是天津大学心理委员陈丹青讲述的一个以舍友身份开展工作的案例。

女生丁是我的一名舍友,有一次她向我咨询如何预约心理咨询及何时可进行心理咨询,我猜测是比较紧急的事情,于是以舍友身份及时了解情况,丁向我倾诉在辩论训练中的一次失败经历,觉得比较丢人,有挫败感,我与丁一起去食堂用餐时聊了这个话题,丁有了明显的情绪改善。

利用好各种身份,适时开展工作会取得更好的成效。

(三)关注改选后的新心理委员,重建班级心理委员关系网

由于心理委员需要培训,培训就需要一定的成本,因此心理委员队伍最好保持稳定。但是由于种种原因,心理委员的队伍总有一定的变动,改选班委后总会出现一部分新心理委员。

尤其在近年来,各高校实施大类招生后会出现大二时重新确定专业与重新分班的情况,新心理委员的新增比率呈显著增加趋势。

对于改选后的新心理委员,应该进行必要的附加培训,可以采用"精彩一讲"的方式,把开学时系列心理委员培训讲座都录制好视频,对未参加培训者、参加培训但缺课者以及改选后的新心理委员都能做到及时补课。

特别地,对于改选后的心理委员,需要注重其人际关系图的分析,以便帮助他更好地开展工作。

第十六章

心理委员对心理问题的分年级筛查

本章主要讲述心理委员如何结合从大一、大二、大三、大四、研究生等不同年级的心理特征开展心理问题的筛查工作。通过对心理委员在不同年级的心理变化规律分析,提出了不同年级心理委员的心理工作重点以及相应的工作方式的转变。

大学生心理问题表现出年级特征,此年级本质上与年龄相关。而从心理学的视角看,关于年龄是有特定内涵的,具体包括"生理年龄"与"心理年龄"。从生理年龄上讲,高校学生也有很大差别,有的年龄才十六七岁或更小一些,有的年龄二十六七岁或更大一些,年龄相差可达 10 岁左右。

高校学生不仅生理年龄有差别,而且心理年龄也有着较大差别,而这种差别最直接地就是表现在学校的年级差别上。所以分析心理委员的心理行为特征不能离开生理年龄特征与心理年龄特征。

早在 2008—2010 年期间,天津大学心理研究所就围绕心理委员面对不同年级学生应如何有针对性地开展心理工作进行了三年的研究,特别是在"大学生心理问题筛查与非正常死亡预防干预研究"这个教育部课题中,提出了高校学生"符合年级特征的心理问题筛查专题项目"。在随后的 2011—2020 年的十年中,不断对有关项目及时做一些微调,最终为心理委员关注周围同学的心理问题提出了更加科学的指导,为心理委员针对不同年级学生有效开展心理筛查工作指明了方向,具有很好的操作性。

由于各个年级产生的主要心理问题不同,因此需要有符合年级特征的心理问题筛查专题项目来测查特定年级学生的心理问题,也正因为如此,本章提出了分年级筛查的方式,随之进行了一系列的研究。论证分年级筛查的依据,进行分年级筛查题项的筛选与讨论。最后,经过对大学一年级至大学四年级以及研究生的心理问题调查、研讨与实证,得出了关于大学生心理问题的分年级筛查问卷。

第一节 本科生心理问题的分年级筛查

经研究,符合年级特征的心理问题筛查专题项目已得出,列举如下。

一、符合大一年级特征的心理问题筛查专题项目

(1) 目前所学的专业不是我感兴趣的专业。
(2) 当前所就读的学校不是我理想中的学校。

(3) 我很不适应大学的学习方式。
(4) 我参加社团太多,严重影响了我的生活。
(5) 因为方言很重,影响了我跟同学的正常交流。
(6) 我上大学对我家来说是沉重的负担。

二、符合大二年级特征的心理问题筛查专题项目

(1) 我对当前正在学习的课程绝大部分因没有兴趣而痛苦。
(2) 我对平衡学习与参与社团活动的时间很困难。
(3) 到目前为止,我不及格课程学分累计接近试读规定的标准。
(4) 我感觉自己在混日子。
(5) 我逃课特别多。
(6) 我因为上网而上课精力无法集中。

三、符合大三年级特征的心理问题筛查专题项目

(1) 我对毕业去向选择考研、出国或就业感到很艰难。
(2) 到目前为止,我正处在试读期间。
(3) 想起大一、大二的生活我常感到后悔。
(4) 未来的就业形势让我忧心忡忡。
(5) 目前我有多门课程不及格。
(6) 我有几门重修课程考试依然不及格。

四、符合大四年级特征的心理问题筛查专题项目

(1) 我的英语四级考试仍然没有通过。
(2) 我觉得四年的大学学习几乎没有留下有意义的回忆。
(3) 我对毕业找工作感到困难重重。
(4) 我很有可能拿不到毕业证书。
(5) 我在大学为自己设计的目标绝大部分都没有实现。
(6) 我为毕业论文的事情十分忧虑。

第二节　研究生心理问题的分年级筛查

一、符合研究生特征的心理问题筛查专题项目

(1) 我为以后的婚姻很烦恼。
(2) 我为毕业论文感到很困扰。
(3) 我总是与导师针锋相对。
(4) 因为读研需要家里的经济支持而感到愧疚。
(5) 我感到找工作比本科毕业还困难。
(6) 我在选择进一步深造或就业时感到十分矛盾。

二、各年级学生心理问题筛查的共同题目

(1) 我晚上睡觉失眠的现象较多。
(2) 我有时想轻生。
(3) 有时觉得有人故意跟我作对。
(4) 和宿舍同学相处我常常感到不舒服。
(5) 我经常想打人和骂人。
(6) 我感到大多数人都不可信任。
(7) 我对什么事情都不感兴趣。
(8) 我感到自己被人监视。
(9) 我感到自己没有价值。
(10) 我坚决不能原谅伤害过我的人。
(11) 我至今走不出失恋的阴影。
(12) 因为感情问题失去了继续生活的勇气。
(13) 和别人发生争执的情况下我通常觉得自己是正确的。
(14) 我常压抑内心的愤怒和不满。

每个年级有各自主导的特征题目6个,各个年级的共同题目则是最后给出的14题,共同构成每个年级的筛查题目为20项。

在2008年,这个问卷开始被应用,而且还把这个问卷中的一些心理问题筛查项目用在针对大一新生的入学心理滚动调查中。

如天津某大学2008级新生入学时,为了做好大一新生的心理问题筛查,还专门围绕8个有针对性的问题进行了调查,参加该次调查的对象为天津某大学2008级全体新生3791名,其中实际参加调查的人数2955人,参测率为77.94%。

在8个滚动调查的问题中,第一个问题就是关于新生的学校适应状况,具体对应于大一心理问题筛查量表中的"当前所就读的学校不是我理想中的学校"。通常来说,大学在大一新生的眼中是神圣而美好的,面对向往已久而又非常陌生的新环境,他们是否满意?天津某大学是否如他们心中所想?调查显示,2955名新生中,有17人(0.6%)未回答对"所选学校的满意程度",1926人(占65.2%)对现在就读的天津某大学表示"满意",1012人(占34.2%)对高考志愿选择天津某大学表示"不满意"。新生对选择的学校不满意,这种情况出现的原因是多方面的,需要做进一步的研究分析。其他7个问题也可以同样地开展探索与分析。十一年后,2019年,在4123名新生中,2736人(66.4%)满意,1387人(33.6%)不满意,相关百分率没有发生大的变化。

以上内容不仅展示了不同年级心理委员其工作特色是不同的,而且心理委员自身的心理状态也是一样符合同年级学生的心理特征的。

为了帮助心理委员开展好同龄人的心理辅导等工作,可以以"心理委员自我成长分析"为活动主题,组织一个团体心理行为训练活动,让各位心理委员陈述回顾自我的成长之路,分享自己的成长经验,分担成长过程中曾经经历的风风雨雨,总结成败得失,促进个人发展。以下为在大学四年级心理委员中专门开展的"畅谈担任心理委员四年以来的体会(自由回答,字数不限)"之活动。

案例

精仪学院大四某心理委员:"从大一设立心理委员之初,我就担任本班的心理委员。我觉得心理委员的职责是在发现同学有较大的异常时及时与教师及心理研究所联系;在同学有一些心理不正常的时候能够跟他沟通并且帮助他走出困境。担任心理委员后与同学的交流变多,对本人身心健康发展也大有裨益。我觉得心理委员作为心理健康教育的基层力量,在心理健康知识的宣传和普及、心理危机的预防和干预中起着重要作用。人在不断地成长,人的心理也在不断地完善。由于心理委员职责的需要,平日里我都会留意同学的心理情况,四年来也看到了同学们的心理日趋完善,这也是值得我欣喜的。"

在助人中自我也在不断成长成熟!

参 考 文 献

[1] 美国精神医学会. 精神障碍诊断与统计手册[M]. 张道龙,等译. 5版. 北京：北京大学出版社,2014.
[2] Burger M. 人格心理学[M]. 陈会昌,译. 北京：中国轻工业出版社,2014.
[3] 莫妮卡·麦戈德里克,兰迪·格. 家谱图评估与干预[M]. 谢中垚,译. 北京：当代中国出版社,2018.
[4] 阿里斯特·冯·施利佩,约亨·施魏策. 系统治疗与咨询教科书：基础理论[M]. 史靖宇,等译. 北京：商务印书馆,2018.
[5] 蔡静. 大数据时代大学生学习方式的实证研究——以H省W市C校为例[D]. 武汉：华中师范大学,2018.
[6] 陈璟. 大学生考试焦虑现状及其影响因素的研究[D]. 大连：辽宁师范大学,2006.
[7] 大卫·萨夫,吉儿·萨夫. 客体关系家庭治疗[M]. 童俊,等译. 北京：世界图书出版公司,2012.
[8] 郑文红. 大学生心理委员培训教程[M]. 北京：新世界出版社,2010.
[9] 杜志强. 论大学生学习目标的确立[J]. 湖北经济学院学报(人文社会科学版),2010(11)：149-150.
[10] 范伟. 失范理论视角下的大学生考试作弊行为分析[J]. 教育与职业,2015(9)：37-39.
[11] 葛秀玺. 大学生学习动机功利化探讨[J]. 黑龙江教育(高教研究与评估),2013(7)：79-80.
[12] 龚娴静. 大学生考试焦虑的现状与缓解策略[J]. 宜宾学院学报,2013(2)：100-103.
[13] 何娇,秦龙. 浅谈大学生社团人际关系的特点和处理[J]. 中国商界(下半月),2008(9)：251.
[14] 何蔚,王瑶. 心理咨询与治疗[M]. 郑州：河南大学出版社,2010.
[15] 黄翯青,苏彦捷. 共情的毕生发展：一个双过程的视角[J]. 心理发展与教育,2012(4)：434-437.
[16] 吉姆·丁克奇. 那些伤,为什么我还放不下[M]. 南宁：广西科学技术出版社,2014.
[17] 江光荣. 心理咨询的理论与实务[M]. 北京：高等教育出版社,2012.
[18] 李京诚. 不同放松方法的心理训练对主观松弛感和自主生理反应的影响[D]. 北京：北京体育大学,2002.
[19] 刘丽. 呼吸放松训练对负性思维的作用[D]. 苏州：苏州大学,2018.
[20] 刘启刚. 大学生心理危机干预机制的建构[J]. 青年心理,2005,5(4)：24-26.
[21] 刘勇. 团体心理辅导与训练[M]. 广州：中山大学出版社,2007.
[22] 卢丽君. 我国大学生学习信念的实证研究[D]. 厦门：厦门大学,2013.
[23] 马永红,赵雪梅. 大学生专业学习兴趣激发的探讨[J]. 辽宁工业大学学报(社会科学版),2008(12)：99-101.
[24] 玛莎·戴维斯. 放松与减压手册[M]. 宋苏晨,译. 南京：译林出版社,2010.
[25] 申继亮,刘霞. 离异家庭儿童心理研究[M]. 北京：北京师范大学出版社,2015.
[26] 申继亮,刘霞. 留守儿童与流动儿童心理研究[M]. 北京：北京师范大学出版社,2015.
[27] 沈渔邨,等. 精神病学[M]. 北京：人民卫生出版社,2005.
[28] 孙文静,罗俊. 大学生考试作弊行为的心理学探究[J]. 学周刊,2017(11)：11-13.
[29] 孙远刚. 团体心理行为训练技术概论[M]. 北京：研究出版社,2017.
[30] 万峰,成婷,陈倩. 当代大学生学习心理分析[J]. 当代教育理论与实践,2017(6)：95-98.
[31] 王晓明. 学习心理学[M]. 北京：中国轻工业出版社,2009.
[32] 王永珍,田晓红. 咨询心理学[M]. 北京：科学出版社,2018.
[33] 吴才智,江光荣,段文婷. 我国大学生自杀现状与对策研究[J]. 黑龙江高教研究,2019(5)：95-98.
[34] 吴才智,于丽霞,孙启武,等. 自杀大学生中的应激事件[J]. 中国临床心理学杂志,2018,26(3)：472-476.

[35] 吴金昌,刘毅玮,李志军.大学生学习心理障碍成因、负效应与对策[J].中国高教研究,2010(5):81-82.
[36] 吴少怡.新编大学生心理健康教程[M].西安:西安交通大学出版社,2016.
[37] 夏翠翠.大学生心理健康教育:慕课版[M].2版.北京:人民邮电出版社,2019.
[38] 谢丽秦.渐进式肌肉放松对四肢骨折患者焦虑影响[D].长沙:中南大学,2009.
[39] 颜志强,苏金龙,苏彦捷.共情与同情:词源、概念和测量[J].心理与行为研究,2018,16(4):433-440.
[40] 姚斌.心理委员工作指南[M].西安:西安交通大学出版社,2019.
[41] 俞靖.共情在大学生思想政治教育亲和力提升中的重要作用与实现路径[J].佳木斯大学社会科学学报,2018(4):104-107.
[42] 詹启生.心理委员的基础知识与实用技能[M].北京:人民出版社,2017.
[43] 詹启生.心理委员工作手册[M].上海:同济出版社,2017.
[44] 张冬梅,王辛刚,高雪芬.基于问卷调查的大学生学习兴趣缺失因素分析[J].高教研究与实践,2017(3):14-19+78.
[45] 张海燕.团体心理教育训练实用手册[M].北京:格致出版社,2016.
[46] 章周炎,汪丽华.大学生心理危机的识别与预警[J].当代青年研究,2012(7):76-80.
[47] 中国心理卫生协会.心理咨询师(三级)[M].北京:民族出版社,2012.
[48] 朱迪思·赫尔曼.创伤与复原[M].施宏达,等译.北京:机械工业出版社,2015.
[49] 佐斌,张陆.学习目标和人际关系对大学生主观幸福感的影响[J].中国临床心理学杂志,2007(2):37-39+30.